U0921322

集美大学学科建设经费资助出版

刑法修正案研究

——以刑事政策为视角

吴贵森 著

XINGFA XIUZHENGAN YANJIU
YI XINGSHI ZHENGCE WEI SHIJIAO

法律出版社
LAW PRESS·CHINA

序

吴贵森博士的专著《刑法修正案研究——以刑事政策为视角》即将由法律出版社付梓出版，对此我感到很欣慰。吴贵森是我的博士研究生，其博士论文选题亦是师生之间反复沟通而确定的。积我多年带博士生之经验，博士论文选题最好能够把学术价值、理论价值和实践价值统一起来，既可作为个人学术生涯的基础，也能够为相关领域学术研究做出创造性贡献。吴贵森在博士论文基础上形成的专著《刑法修正案研究——以刑事政策为视角》，符合学术研究的规律，也填补了学术界以刑事政策为视角对刑法修正案进行整体分析研究的空白。

法律制度如何回应不断发展变化的社会需求，是法律发展的一个永恒课题。我国刑法 1979 年制定，1997 年第八届全国人大第五次会议对刑法做修订之前的十七年间，全国人大常委会通过了十五个条例、补充规定和决定。1997 年刑法修订，对十五个条例、补充规定和决定需要继续适用的都纳入刑法，已经不适用的予以废止。此后我国刑法修改采用修正案的方式，及时应对运用刑罚惩罚犯罪的新需求。到目前为止，立法机关已经通过了十个刑法修正案，修改的内容覆盖刑法总论分论的各个部分。

20 多年来，刑法修改遵循了从事实到规范，再从规范到事实的逻辑顺序，回应了新的社会条件下构建和完善社会法律秩序的需求。这种回应是在刑事政策和刑法理论规制下的规范选择过程。哪些规范应该被修改,哪些规范应该进入刑法典,什么样的行为应该规定为犯罪等,是一个综合各种理论和丰富现实因素的考量过程,具体做法是否适当有效也需要一定的检视。因此对十个修正案进行系统的梳理研究,归纳分析修正案的内容具有现实需要和意义。刑法修改的过程其实是事实和规范之间的相互影响选择的过程,而影响和规制该过程的主要因素是刑事政策。刑事政策是事实和规范之间的桥梁。从刑事政策的视角去研究刑法修正案,是一个寻找修正案发展规律的方向和指引。在这个意义上,这本专著确实具有开创意义。

作者的研究是扎实的,实证的。例如,对宽严相济刑事政策的概念、历史沿革、定位、内涵进行确定,结合理论和现实情况详细分析刑事政策刑法修改的关系;以宽严相济刑事政策作为分界点和标准,对修正案进行综合性的研究,包含罪的增减、刑罚的增减、犯罪构成要件的变化;以各个客体为类别结合社会事实,从刑事政策的角度分析修改的内容;最后尝试探寻刑事政策和刑法之间转化和规制的可能的原则、模式、方法和路径。相信这本专著能够成为新的历史条件下我国刑法发展的奠基之作。

学术研究是学者安身立命之本,而著述是呕心沥血、皓首穷经的表现形式。我希望《刑法修正案研究——以刑事政策为视角》是个良好的开始,作者在此基础上不断追寻,久久为功,在这个方向上做出更大的成绩。

是为序。

2019 年 12 月

目　录

第一章

宽严相济刑事政策的梳理

第一节　宽严相济刑事政策的确立及定位

一、刑事政策概念略述

1803 年德国教授费尔巴哈(Feuerbach)最早提出刑事政策的概念。他认为,刑事政策是国家据以与犯罪作斗争的惩罚措施的总和。[①] 该观点立足于惩罚措施上,这一意义上的刑事政策含义较为狭窄,仅限于犯罪惩治措施的范围。李斯特认为,刑事政策是国家与社会据以组织反犯罪斗争的原则的总和,[②]其观点立足在原则层面,是社会政策有机组织的一部分,是全社会关于预防、控制犯罪的思想、对策、措施的总和。米海依尔·戴尔玛斯·马蒂提出,刑事政策就是社

① [德]安塞尔姆·里特尔·冯·费尔巴哈:《德国刑法教科书》,徐久生译,中国方正出版社 2010 年版,第 18 页。

② 杨春洗主编:《刑事政策论》,北京大学出版社 1994 年版,第 4 页。

会整体对犯罪现象的反应和方法的总和,①概括性地包含了原则和方法。日本学者大谷实认为,刑事政策是国家机关通过预防犯罪、缓和被害人及社会一般人对于犯罪的愤慨,从而实现维持社会秩序目的的一切措施政策,②其指出了秩序机能的一面,是措施性的内容。德国刑事政策的含义有广义和狭义之分。狭义的刑事政策仅指刑事制裁措施的建构、适用和执行。广义的刑事政策被认为是包括实体刑法、刑事诉讼法和行刑法在内的刑事法学的一部分,内容涉及以下几个方面:第一,为适应时代需要而对犯罪构成要件进行调整;第二,确立、变更刑事处罚的先决条件;第三,符合目的地构筑刑事程序和刑事追诉制度措施;第四,制裁制度的构筑、适用和改革;第五,监狱以及刑罚执行制度的确立和改革等。同时,以刑事政策为研究对象的刑事政策学还与犯罪学紧密相连,一方面,它们同是刑事科学的组成部分;另一方面,刑事政策学的发展完善要不断吸收犯罪学的发展成果。

中国学者对刑事政策概念的表述有:我国的刑事政策是指中国共产党和人民民主政权,为了预防犯罪,减少犯罪,以致消灭犯罪,以马列主义、毛泽东思想为指导,根据我国的国情和一定时期的形势,而制定的与犯罪进行有效斗争的指导方针和政策。③ 刑事政策是国家或执政党依据犯罪态势对犯罪行为和犯罪人运用刑罚和有关措施以期

---

① [法]米海依尔·戴尔玛斯·马蒂:《刑事政策的主要体系》,卢建平译,法律出版社2000年版,第98页。

② [日]大谷实:《刑事政策学》,黎宏译,法律出版社2000年版,第299页。

③ 马克昌:《中国刑事政策学》,武汉大学出版社1992年版,第5页。

有效地实现惩罚和预防犯罪目的之方略。① 刑事政策是国家或社会团体对犯罪、犯罪者以及犯罪诸现象,根据以镇压、压制或抑制和预防犯罪为目的的原则,采取有效的有指导意义的活动或措施。② 刑事政策,是指国家(执政党以及政府等国家机关)基于预防犯罪、控制犯罪以保障自由、维持秩序、实现正义的目的而制定、实施的准则、策略、方针、计划以及具体措施的总称。③ 刑事惩罚政策是指国家机关运用刑事法律与违法犯罪作斗争的一切手段、方法和措施,包括刑事立法政策、刑事司法政策和刑事执行政策,刑事立法政策是指在刑事立法中的策略、方针和原则,是刑事立法的灵魂,刑事司法政策是指导刑事司法实践的具体指导思想和策略原则,刑事执行政策是指导刑事执行实践的具体指导思想和策略原则。④

综合以上表述,笔者发现对刑事政策的论述存在一定的逻辑混乱,即确实是"四分五裂、支离破碎的刑事政策概念"。⑤ 将刑事政策定位于指导方针、方法、原则、方略、措施、准则、策略、计划、指导思想和策略原则等表述,出现了明显的交叉模糊。以上论述至少违反了以下几个逻辑性或范畴性的界定:一是在逻辑上存在理念——原则——规

---

① 储槐植:《刑事政策:犯罪学的重点研究对象和司法实践的基本指导思想》,载《福建公安高等专科学校学报》1999年第5期。

② 甘雨沛、何鹏:《外国刑法学》,北京大学出版社1984年版,第74页。

③ 曲新久:《刑事政策的权力分析》,中国政法大学出版社2002年版,第68页。

④ 严励:《广义刑事政策视角下的刑事政策横向结构分析》,载《北方法学》2011年第3期。

⑤ 曲新久:《刑事政策的权力分析》,中国政法大学2001年博士学位论文,第45页。

范的结构关系,理念处在原则的前端或是高位,将理念和原则界清是必要的。刑事政策不会既是指导思想又是原则的范畴。二是在法律构造体系中存在指导思想——路线——方针——政策——法律的位阶关系,指导思想之下是路线问题,路线之后是方针,方针之后才是政策问题,最后体现为规则之法律。刑事政策首先应该定位在政策层面,而不应该和方针、指导思想混同。三是从词义来看,政策是"国家、政党为实现一定历史时期的路线和任务而规定的行动准则",①或是"国家或政党为实现一定历史时期的路线而制定的行动准则"。②从词义看,行动准则是从路线衍生的,至少不能和指导思想及路线混同,而更倾向于原则或依据。而措施应该属于处理办法或解决方法的范畴,与规范更为贴近。如果将这些概念列于一个坐标之上,不同的概念位于不同的阈值,这样至少可以将刑事政策的概念确定在大体的坐标上。指导思想、路线、理念、方针、方略这些概念离政策比较远,与政策有明显的区隔;原则是政策之下的概念,而措施是具体的方法类规则属性的东西,与政策贴近但有区别;而与政策处在同一阈值的是策略、准则和方法。

因此,笔者在本书中将刑事政策定义为:国家针对犯罪现象,围绕预防、控制和惩罚犯罪而制定的策略和准则。就其内容而言,刑事政策不仅包括对犯罪的预防、控制和惩治,还包括对犯罪人、犯罪嫌疑人和犯罪被害人的态度;刑事政策不仅包括刑事立法政策,还包括刑事司法政策、刑事执行政策和刑事社会政策;刑事政策之"刑事"亦应作广义理解,一方面,不仅对构成刑法意义上的犯罪所作出的国家

---

① 《辞海》,上海辞书出版社 1980 年合订本,第 1465 页。

② 《现代汉语词典》,商务印书馆 1983 年版,第 1477 页。

反应,而且对那些虽然不构成刑法意义上的犯罪、但属于犯罪学上的犯罪行为所作出的国家反应应属刑事政策范畴;另一方面,像对危害社会的精神病人、被劳动教养者、被收容审查者、被收容遣送者、被强制戒毒者和被强制收容教育者等采取防护措施等也应属于刑事政策的范畴。

二、刑事政策基本原则

刑事政策的基本原则主要有人道主义原则、法治国家原则和公正原则。

第一,人道主义原则决定刑事政策的制定、执行要以保护人、尊重人、教育人为目的。这项原则表明,刑事政策思想的核心是突出强调刑事立法、司法和行刑均应更多地考虑人的自由、权利和尊严,包括一般人、被害人和被告人。当前,刑事政策措施的设定、适用和具体执行尤其要考虑行为人、被告人和被判刑人的个性,以负责任的态度对待他们,以便其能够顺利地重返社会。人道主义的刑事政策思想要求废除死刑等刑罚;从长远看,对不名誉的刑罚,甚至对长期监禁,也持否定态度。人道主义原则也使罪犯重返社会的思想替代了刑罚的过分压制势态,彻底改变了刑罚执行的指导思想,而认为犯人应得到人道的和作为人所应有的尊重。基于对同胞的责任意识,人道主义原则还要求在刑罚之外扩大救济措施,改善对犯罪者的处遇、促进被释放者的再社会化等。

第二,法治国家原则决定刑事政策的制定、执行要受法律的制约。这一原则表现为形式和实体两个方面。从形式的角度看,刑法是保证法安全性的法治国家原则的要素,但因其是国家对公民的个人自由最严厉的干涉方式,有必要采取特殊的预防措施防止其被滥用:一是法律制约。它要求刑事干预需以明确的法律规定作为可适用性的基础，包括规定进行刑事干预的先决条件、相对小的刑罚幅度、详细区分情节的严重程度等。二是实践制约。它对警察的侦查权、检察官的追诉权、法官的自由裁量权进行必要的限制，以保障公民对自身合法权利的知悉权、保有权等。三是行刑制约。它要求在刑罚执行中，法院及行刑机构对受刑人应有的宪法权利提供足够的保证，不允许进行体罚、虐待或施以酷刑。法治国家原则体现了法律对整体刑事政策的制约性，具体表现为：一是手段的适当性原则，它要求对违法行为的判决不能有感情色彩和情绪的决定因素，而应以保护社会所必需的法律规定为标准；判决不得受法官个人的价值观、情绪的影响，而只能以立法者的价值观、对案件本身的斟酌和一般性认识为基础。二是法律面前人人平等原则，它要求法律平等地对待每一个人，量刑要考虑个人的具体情况，执行要有助于犯人重新适应自由的生活，社会要禁止歧视刑释人员等。

第三，公正原则决定刑事政策的制定、执行要符合目的性、要适度。该原则的作用一方面旨在保护行为人免受国家的过度压制，另一方面是要使作为国家非难手段的刑罚之适用范围，严格限制在受到社会伦理否定评价的犯罪人的行为上。刑事政策措施的适用要考虑社会保护的需要和犯罪人人格及行为的具体状况，保护社会的目的只能以公正的方式实现。在司法实践中，公正原则是量刑的基础，这意味着科处刑罚只能基于法律已有之规定，对犯罪行为只能责难行为人本人。刑罚的确定以预防的观点为基础，但行为责任在科处刑罚的最高限度时起到一定的限制作用，即其预防的目的不允许超越公正的刑罚。因为刑罚毕竟也是违法有责行为的抵偿，保持责任内容和刑度的适当比例关系是必要的。刑罚的公正性应与公众的价值观达成一致。

三、我国刑事政策发展略述

我国的刑事政策经历了从惩办与宽大相结合到宽严相济的过程。

1979 年《刑法》确立的惩办与宽大相结合的刑事政策，成了我国的基本刑事政策。高铭暄教授指出，惩办与宽大相结合是我们党和国家同犯罪作斗争的基本政策。这项政策是从无产阶级改造世界、改造人类的使命出发，根据反革命分子和其他刑事犯罪分子中存在不同情况而制定的。它对于争取改造多数、孤立打击少数、分化瓦解敌人，有着重大的作用。① 其主要内容为首恶必办、胁从不问、坦白从宽、抗拒从严、立功折罪、立大功受奖。② 自改革开放以来，我国进入了一个社会转型时期，犯罪形势严峻，犯罪呈明显上升趋势。1997 年《刑法》删除了惩办与宽大相结合刑事政策的规定。一部分学者认为，这是用“严打”刑事政策代替了惩办与宽大的刑事政策。③ 另一部分学者认为，这意味着惩办与宽大刑事政策上升为应然的刑事政策，而“严打”则为实然的刑事政策。④ 但是通说认为，惩办与宽大相结合是中国的基本刑事政策，而“严打”是具体刑事政策。

“严打”政策并没有真正解决犯罪居高不下的问题，“严打”之后的社会治安形势依然严峻。在构建和谐社会理念之下，借鉴国外“轻轻重重”的刑事政策，我国逐步提出宽严相济的刑事政策。2004 年 12 月 22 日，罗干在中央政法工作会议上第一次提出宽严相济的刑事

---

① 汪明亮：《“严打”的理性评价》，北京大学出版社 2004 年版，第 33 页。

② 肖扬主编：《中国刑事政策和策略问题》，法律出版社 1996 年版，第 72 页。

③ 陈兴良：《宽严相济刑事政策研究》，载《法学杂志》2006 年第 1 期。

④ 梁根林：《刑事政策：立场与范畴》，法律出版社 2005 年版，第 23、42 页。

政策,同时要坚持惩办与宽大相结合。2005 年 12 月在全国政法工作会议上,罗干第一次将宽严相济作为独立的刑事政策提出,认为宽严相济是我们在长期的维护社会治安的实践中形成的基本刑事政策。贯彻宽严相济的刑事政策,一方面坚持"严打"的方针不动摇,另一方面要充分重视依法从宽的一面。据此,在基本刑事政策层面上,宽严相济政策已经取代了惩办与宽大相结合的政策。从两次表述可以看出,"严打"在惩办与宽大的政策和宽严相济的政策中都有被强调,由此,"严打"应该只是两种政策之下的具体的政策内容。在惩办与宽大政策实行的后期阶段,着重强调了"严打"。在宽严相济的开始阶段,"严打"仍是其中的内容。①

2006 年 3 月,最高人民法院和最高人民检察院的工作报告都强调了宽严相济的刑事司法政策。2007 年 2 月,最高人民检察院发布了《关于在检察工作贯彻宽严相济刑事司法政策的若干意见》,从司法的角度解析了宽严相济的内容。2010 年 2 月,最高人民法院通过了《关于贯彻宽严相济刑事政策的若干意见》,认为宽严相济刑事政策是党中央在构建社会主义和谐社会新形势下提出的一项重要政策,是我国的基本刑事政策。

因此,宽严相济政策便成为我国目前基本的刑事政策。宽严相济刑事政策的确立既符合中华文化,也是历史发展的选择,符合当前的形势。

四、宽严相济刑事政策的定位

宽严相济刑事政策是刑事司法政策还是基本刑事政策,尚有一

---

① 马克昌:《宽严相济刑事政策研究》,清华大学出版社2012 年版,第 65 页。

定的争论。[①] 在我国社会治安综合治理政策是上位概念。社会治安综合治理政策系指综合运用政治、经济、文化、社会等综合的措施、手段建构的犯罪预防体系，其应该包括刑事政策和相应的经济政策、治安政策、社会管理政策等。从法律活动中适用的对象和范围看，刑事法律政策可以分为两类：一是基本刑事法律政策，即刑事立法、刑事司法或者刑事执行等各种法律活动都必须遵循的法律政策，在我国指的是惩办与宽大相结合的刑事政策和宽严相济的刑事政策。二是具体刑事法律政策，即在某个领域或是某个阶段适用的针对性的刑事政策，如“严打”政策；坦白从宽、抗拒从严的刑事政策；保留死刑、慎用死刑的政策；“老虎苍蝇一起抓”的反贪污贿赂犯罪政策；抓早抓小，把纪律挺在前面的反腐政策；针对未成年人的“教育、感化、挽救的方针”等。尽管有不同的观点，认为宽严相济刑事政策的地位有待论证，但是通说的观点认为，宽严相济刑事政策是我国的基本刑事政策，贯穿于刑事立法、刑事司法和刑罚执行的全过程，是惩办与宽大相结合政策在新时期的继承、发展和完善，是立法机关立法、司法机关适用法律、执法机关执行法律的总指南。[②]

---

① 孙万怀：《宽严相济刑事政策应回归为司法政策》，载《法学研究》2014年第4期。

② 陈兴良：《宽严相济刑事政策研究》，载《法学杂志》2006年第1期；马克昌：《论宽严相济刑事政策的定位》，载《中国法学》2007年第4期；赵秉志：《宽严相济刑事政策视野中的中国刑事司法》，载《南昌大学学报》(人文社会科学版)2007年第1期；梁根林：《解读刑事政策》，载《刑事法评论》2002年第11期；刘仁文：《刑事政策初步》，中国人民公安大学出版社2004年版，第94页；杨春洗主编：《刑事政策论》，北京大学出版社1994年版，第397页。

以2006年罗干提出宽严相济刑事政策为界,之前颁布的六个刑法修正案,是在惩办与宽大的刑事政策指导下修正的,而且具体的刑事政策还是“严打”的政策,因此前六个修正案都是在严密、严格和严厉的内容上作修正,基本没有宽大、宽缓和宽容的一面。而《刑法修正案(七)》则已经有不少条款能够体现宽大、宽缓和宽容的一面。从《刑法修正案(七)》到《刑法修正案(十)》则是在宽严相济的刑事政策指导下进行的,能够充分体现宽严相济的两个方面。

第二节 宽严相济刑事政策的内涵

对于宽严相济的刑事政策的内涵,不同的人有不同的认识。马克昌先生认为:该严则严,当宽则宽;严中有宽,宽中有严;宽严有度,宽严审时。① 他认为,“该严则严”是指针对严重犯罪须从严惩治,包含对危害国家安全罪、有组织犯罪、严重危及公共安全犯罪、严重侵犯人身财产犯罪、严重的毒品犯罪、贪污贿赂犯罪、累犯、再犯等都要从严处罚;当宽则宽是针对罪行较轻恶性较小的犯罪须从轻处罚,包含对轻罪从轻,未成年人犯罪、中止犯、从犯、胁从犯、初犯偶犯、自首、立功等可以从轻处罚;“严中有宽”是指即使罪行严重,但是有法定或酌定从宽情节的,应予从宽处罚。严重犯罪中有自首、立功、从犯等情节,对有组织犯罪中的从犯,对共同犯罪的胁从犯,对于过失犯罪中积极挽回损失的,都应当严中有宽;“宽中有严”是

① 马克昌:《宽严相济刑事政策研究》,清华大学出版社2012年版,第75页。

指虽然罪行较轻，但是有法定从重情节的，应当从重处罚，如轻罪之累犯；“宽严有度”是指对犯罪人的处罚，无论宽或严都必须以事实为根据，以法律为准绳，不能宽至无边，也不能严无限度，宽严之度须坚持法治的原则；“宽严审时”是指对犯罪人宽严的选择须考虑一定时期的社会情况，要根据经济和社会发展及治安形势的情况进行调整。① 据此，一定时期的“严打”、一定范围的集中整治、对特殊犯罪群体的特赦，只要在法治的范围内，都是允许的。②

储槐植教授从刑事一体化的角度提出了“严而不厉”的命题，认为刑事政策存在又严又厉、严而不厉、厉而不严几种模式。“严”为严肃、严格、严密之意；“厉”为厉害、猛烈、苛厉之意。严密指的是法网严密，没有漏洞，凡是犯罪行为都应该受到刑罚的处罚，不能给犯罪分子逃脱刑罚的机会。严格是指对犯罪人的惩罚要严格依法行事，不可以法外徇情。严肃是指要做到有法必依、执法必严，不能用政策代替法律。严厉主要是指刑罚的严苛，多指重罪重刑，没有宽缓空间，没有替代措施可用。宽严相济中的“严”包括严格之意，即凡是犯罪的必须要定罪，凡是应受刑罚处罚的不能减免。宽严相济之严还含有严厉之意。这里的严厉主要是指判处较重刑罚，当然是指该重而重，而不是指不该重而重，当然也不是指刑罚过重。③

陈兴良教授认为，宽严相济的刑事政策应该从“宽”“严”和

---

① 马克昌：《宽严相济刑事政策研究》，清华大学出版社2012年版，第75~81页。

② 马克昌：《论宽严相济刑事政策的定位》，载《中国法学》2007年第4期。

③ 储槐植：《刑事一体化论要》，北京大学出版社2008年版，第27页。

“济”三个方面加以科学界定。宽严相济之“宽”，继承自惩办与宽大相结合的“宽大”，其目标指向是刑罚轻缓。刑罚的轻缓分为两种：该轻而轻和该重而轻。该轻而轻是罪刑法定和罪刑相适应的本身要求。该重而轻是指在罪行较重的情况下，行为人具有坦白、自首或者立功等法定或者酌定从轻情节的，给予行为人刑罚上的奖励而予以轻判。宽严相济之“严”，是指严密、严格、严厉。严密指刑事法网严，没有漏洞，通常指向立法；严格指施加刑事责任要严，判处刑罚该重就要重，判处刑罚应遵循罪刑均衡原则，而不是指任意从重、加重处罚，对构成犯罪的务必要定罪，应受处罚的一定要处罚；严厉是指刑罚的严厉，是指不仅在立法上、司法上，还是执法上，重罪重刑，要保持刑罚的威慑力。“济”是指救济、协调与结合之意。宽严相济中的宽与严要分量合适，保持某种比例与平衡，否则严远大于宽或是宽远大于严都不是宽严相济，在宽与严两者中要保持互相衔接，形成良性互动，以避免宽严偏差的发生。在宽严相济刑事政策的语境中，既不能宽大无边或严厉过苛，也不能时宽时严，宽严失当。①

宽严相济刑事政策的官方表述为：贯彻宽严相济刑事政策，要根据犯罪的具体情况，实行区别对待，做到该宽则宽，当严则严，宽严相济，罚当其罪，打击和孤立极少数，教育、感化和挽救大多数，最大限度地减少社会对立面，促进社会和谐稳定，维护国家长治久安。要正确把握宽与严的关系，切实做到宽严并用。既要注意克服重刑主义思想影响，防止片面从严，也要避免受轻刑化思想影响，一味从宽。贯彻宽严相济刑事政策，必须坚持严格依法办案，切实贯彻落实罪刑法定原

① 陈兴良：《宽严相济刑事政策研究》，载《法学杂志》2006年第1期。

则、罪刑相适应原则和法律面前人人平等原则，依照法律规定准确定罪量刑。从宽和从严都必须依照法律规定进行，做到宽严有据，罚当其罪。①

第三节　宽严相济刑事政策与刑法关系论述

一、大陆法系对于二者关系的论述

自费尔巴哈提出刑事政策的概念起，刑事领域便面临如何处理刑事政策与刑法体系之间的关系的问题。费尔巴哈将刑事政策概念定位在立法上，刑事政策被放在刑法教义学体系之外，作为指导刑事立法的智慧之术，指导罪刑关系的配置。李斯特沿袭了费尔巴哈的思想，根据刑事政策与刑法体系完全不同的任务，为二者设定了不同的目标。一方面，他认为刑事政策包含刑法的意义、目的、任务和预防控制惩罚犯罪的方法；另一方面，刑法的内容则指的是规范层面在于保障权利自由的东西。刑事政策与刑法体系之间关系的特点可概括为：一是刑事政策仅作为立法层面的政策；二是刑事政策被置于刑法教义学体系之外来处理，形成刑事政策与刑法教义学不属同一体系，割裂开来的情形；三是刑事政策与刑事立法之间的桥梁是刑罚，刑事政策指导立法层面的刑罚的配置与运用，对立法上如何达到罪刑相适应进行指导。② 罗克辛将李斯特将刑事政策与刑法体系相互割裂理论现

---

① 最高人民法院印发：《关于贯彻宽严相济刑事政策的若干意见》的通知(法发〔2010〕9号)。

② 劳东燕：《刑事政策与刑法体系关系之考察》，载《比较法研究》2012年第2期。

象称为“李斯特鸿沟”。①

罗克辛对“李斯特鸿沟”予以贯通(被称为“罗克辛贯通”),其将刑事政策引入犯罪论体系,将刑事政策的精神内容、价值要求、政治意图等因素融入犯罪构成体系,使得三阶层中形式的该当性变成实质的该当性,形式的违法性变成包含价值判断的违法性,将有责性目的化,形成了其目的理性的犯罪论体系。② 罗克辛将刑事政策融入刑法体系中,将刑事政策置于刑法规范构建中,其从刑事政策的视角出发,对构成要件符合性、违法性和罪责各阶层分别加以研究,进行了体系化加工。在他看来,刑事政策在构成要件层面的机能在于实现法治国的明确性要求;在违法性层面的机能则是解决社会冲突,而基于这种刑事政策上的功能,必须将违法性予以体系化,体系化的任务就是,尽可能完整地提炼、列举出正当化事由及原则并确定这些原则之间的关系;在罪责层面,需要讨论的核心问题并非经验层面的行为可能性,而是原则上应科处刑罚的行为到底是否需要和需要在多大程度上予以处罚。③

二、我国对于二者关系的观点

通说认为,刑事政策是刑法的灵魂与核心,刑法是刑事政策的条文化与定型化,因而刑事政策对于刑法的制定与适用都有着直接

---

① [德]克劳斯·罗克辛:《刑事政策与刑法体系》,蔡桂生译,中国人民大学出版社2011年版,第4页。

② 陈兴良:《刑法教义学与刑事政策的关系:从李斯特鸿沟到罗克辛贯通中国语境下的展开》,载《中外法学》2013年第5期。

③ 劳东燕:《公共政策与风险社会的刑法》,载《中国社会科学》2007年第3期;劳东燕:《罪刑规范的刑事政策分析》,载《中国法学》2011年第1期。

的指导意义。在法治环境没有完全形成的今日,如倡导刑事政策之于刑法的灵魂地位,因其具有强烈的政治性色彩,一旦出现某种严重的犯罪态势,人们可能就异常渴求社会的规则有序,从而丧失理性和平日温情脉脉的面孔,爆发出情绪性的甚至是歇斯底里的盲动。此时的刑事政策就凌驾于刑法之上,刑法的人权保护与公平正义的精神遭到了蔑视和抛弃,最终导致对刑事政策自身的诘难和危机。①

从刑事政策与刑法立法来讲,刑事政策是刑法的灵魂,刑事政策高于刑法;从刑事政策与刑法司法来讲,刑法则高于刑事政策,刑事政策只能在刑法的框架内运作。指导刑法立法的刑事政策是基本刑事政策;影响刑法司法的是具体刑事政策。基本刑事政策,指在较长时期内在犯罪控制全过程中起主导作用的刑事政策。相对于基本刑事政策而言,具体刑事政策指在犯罪控制的某一领域或某一阶段中起作用的刑事政策。具体性和对基本刑事政策的依从性,是具体刑事政策的特征。基本刑事政策通常是长期的、稳定的,是预防和控制犯罪的规律性的东西。所以,基本刑事政策能够指导刑法立法,它高于刑法,也可以说,刑法是基本刑事政策的具体化、法律化。对于具体刑事政策或者说临时性刑事政策,其是否能够揭示预防和控制犯罪的规律还有待实践检验,所以,其不可能指导刑法立法。对于刑法司法,基本刑事政策已经法律化,所以贯彻刑法就是贯彻基本的刑事政策。具体的刑事政策主要是对刑法司法发生作用,但这种作用只能在刑法之下发挥。原因有三:一是临时性刑事政策虽然也考虑到了犯罪的态势和控

---

① 董文蕙:《也论刑事政策与刑法的关系——对“刑事政策是刑法的灵魂”论的质疑》,载《云南大学学报》2004 年第 1 期。

制犯罪的策略，但它毕竟是临时的，其合理性还需要检验；二是临时性刑事政策依从于基本刑事政策，既然基本刑事政策已经法律化，那么临时性刑事政策也就要依从于刑法，即只能在刑法框架下运作；三是在法治社会中，政策发挥作用的空间只有两个途径——要么转化为法律，要么在法律内运作。

三、刑事政策贯通刑法的方面

刑事政策的精神体现在刑法的内容上，具体表现为以下各方面：

（一）刑事政策与犯罪圈的划定

犯罪圈是指刑法规定犯罪的范围，包括两方面：一是刑事法网的宽窄，指不同种行为犯罪化数量的多寡，即罪名数量多少问题；二是刑事法网的疏密，指同种行为犯罪化程度的高低，即刑事责任范围大小问题。在不同的刑事政策指导下制定的刑法，其犯罪圈是不同的。对犯罪的认识不同，划定的犯罪圈也是不同的。比如，许多在外国属于犯罪的行为，在我国则不属于犯罪，而属于一般违法行为。这是因为我国的犯罪概念中有着质与量两种因素的界定，而其他国家的犯罪概念中仅有质的因素，却无量的限定。

（二）刑事政策与犯罪构成的设置

刑事政策对犯罪构成的影响涉及犯罪构成的四要件：1. 刑事政策与犯罪客体。哪些社会关系受刑法保护，哪些社会关系不需刑法保护，社会关系受到侵害到达何种程度才受刑法保护，也就是说，刑法对社会关系保护的范围和程度等问题，都是刑事政策要考虑的。另外，我国刑法分则对犯罪的分类也是按照犯罪客体划分的，其排列也是基于国家对各类社会关系保护的重要性考虑的。2. 刑事政策与犯罪客观方面。首先，我国刑法规定，犯罪行为必须具有有形性，即只有外化为客观存在的行为才构成犯罪。这就是“不惩罚单纯的思想”刑事政策的具体体现。当然，对于具体犯罪的客观方面的规定，则涉及该类犯罪的刑事政策的影响。比如对于危害国家安全犯罪，刑法将其放在分则第一章，表明国家对该类犯罪的严厉打击，所以，刑法规定的该类犯罪大多为行为犯，在客观方面并不要求实害结果的发生。3. 刑事政策与犯罪主体。犯罪主体范围大小的划定直接受刑事政策的影响。比如，刑法对相对刑事责任年龄的规定，就体现了惩办与宽大相结合的刑事政策。刑法对具体犯罪的主体的规定也涉及该类犯罪的刑事政策。4. 刑事政策与犯罪主观方面。我国刑法规定，构成犯罪必须要求行为人具有主观罪过，不能客观归罪。如果行为人不存在主观罪过，即使认定其构成犯罪而给予刑罚处罚，也达不到预防的目的。我国刑法规定故意犯罪要求行为人具有社会危害性认识，而不要求具有违法性认识，这些都涉及刑事政策问题。另外，刑法对具体犯罪主观方面的规定，也受到涉及该类犯罪的刑事政策的影响。

（三）刑事政策与刑罚的配置

刑事政策中有很大部分是涉及刑罚的政策。可以说，目的刑思想直接导致刑事政策思想的产生，而刑事政策则又直接影响刑法中所规定的刑罚目的以及刑罚的配置。1. 刑事政策与刑罚体系的设置。刑罚体系是指刑法所规定的刑罚按照一定的次序进行的排列组合。刑罚体系的设置受刑事政策影响很大。我国的惩办与宽大相结合的刑事政策就直接影响了刑罚体系的设置。我国对犯罪总体上采取分化的政策：对于极其严重的犯罪，我国向来采取严格的刑事政策，即严惩不贷；而对于轻微犯罪，则采取宽松的刑事政策，即宽大处理。这样，必然要求刑罚体系既要有严厉的刑罚，也要有轻缓的刑罚，以满足惩办与宽大相结合刑事政策的贯彻。总体来说，我国刑罚体系体现的是刑事政策中的目的刑思想，也即从控制、预防犯罪的目的出发，当然，其中也存在浓烈的报应刑思想。2. 刑事政策与刑种的设置。刑种是指刑罚的种类。刑事政策中涉及某种刑罚的政策直接影响该刑罚的设置。比如我国贯彻的是“限制死刑”的政策，则 1997 年《刑法》中就尽量少设置死刑。再如管制，虽然 1997 年《刑法》修订时，有不少人主张废除，但还是保留下来。因为它适合刑罚轻缓化和刑罚执行的社会化的潮流，同时，我国向来主张依靠人民群众预防犯罪、教育改造罪犯的刑事政策，而管制则迎合了这一政策。3. 刑事政策与具体法定刑的配置。我国刑法对具体法定刑的规定采取的是相对法定刑，这就是为了贯彻惩办与宽大相结合的刑事政策。当然，影响具体法定刑配置的刑事政策主要是涉及该类犯罪的刑事政策。比如对于经济犯罪，就少配置甚至不配置死刑，而多配置财产刑；对于其他严重刑事犯罪，就多配置自由刑、生命刑，而少配置财产刑。

四、刑事政策与刑法类型化关系的界定

（一）道德性的刑法与功利性的刑事政策

从社会伦理的视角来看，刑法更注重其道德性，而刑事政策则更注重其功利性。刑法的道德性是指刑法的社会伦理基础，即犯罪是对国家、社会伦理规范的违背和否定，而刑罚则是社会的非难，是对犯罪的否定，是否定之否定。道德性是刑法的内在属性，道德性的刑法是保障自由的基石。一个人只有在客观上侵害了刑法所保护的法益、违背了道德性的刑法、具有非难可能性时才能施以刑罚。因此，李斯特说“刑法是刑事政策的樊篱”。政策性的属性决定了刑事政策是功利

的,是注重效率和实践效果的。在此,刑事政策并不是不关注道德,而是认为道德仅仅是一种现实的或潜在的政策手段和方便使用的政策工具,是可以随时变动的政策策略和措施。政治的、社会的,精神的、物质的,道德的、民事的、行政的、刑事的手段都可以作为刑事政策的工具,所以才会有"最好的社会政策也就是最好的刑事政策"的说法。刑事政策的功利性还表现在其更加注重未来,即刑事政策关注的是行为人未来的善恶、关注的是将来社会秩序的好坏,而不是对已然犯罪行为的谴责。

(二)正义性的刑法与目的性的刑事政策

正义性是刑法的哲学基础,而刑事政策则关注其维护社会秩序的目的性。博登海默指出:"在一个健全的法律制度中,秩序和正义这两个价值通常不会发生冲突,相反,它们会在较高的层面上紧密相连、融洽一致。一个法律制度若不能满足正义的要求,那从长远的角度来看,它就无力为政治实体提供秩序与和平。但在另一个方面,如果没有一个有序的司法执行制度来确保相同情况获得相同待遇,那么正义也不可能实现。"刑事政策是国家以控制和预防分裂性社会行为系统中各种蔑视社会秩序的、最明显的、最极端的行为为直接目的而建构起来的政治战略、对策和方法,维护社会秩序是其价值目标。大谷实说:"刑事政策的终极目的是维持社会秩序,也即强调构成社会的个人和集团之间的调和,安定并促进社会的发展。"但是,其维护的社会秩序只能是人类社会最基本的秩序,其只能是针对分裂性社会行为中最为严重的一部分,包括犯罪和越轨行为。其他的社会秩序如宪法秩序、民事秩序、行政秩序等则不是刑事政策所论及的内容。刑事政策之所以区别于其他公共政策,是因为它是社会公共政策体系中的底线,是起着最后保障作用的政策,所指向的自然是最严重的分裂性社会行为，所维护的社会秩序自然是影响到人类社会生存和发展的最基本的社会秩序。刑事政策维护的社会秩序并不以公平和正义为度，而以有序性、恒常性为要旨。当公平、正义有利于维护社会秩序之时，刑事政策理所当然地将其作为选项之一；而当公平、正义与维护社会秩序发生冲突之际，对社会秩序的捍卫则必然成为刑事政策的优选项。

（三）契约性的刑法与控制性的刑事政策

刑罚的发生以及刑法的生成是社会契约的结果，所以说刑法是契约性的刑法，是市民社会与政治国家的统合。刑法的契约性使得刑法制定、修改和废止的主体必须是民选的立法机关，因此，刑法的契约性也就意味着其民主性；另外，刑法的契约性使得刑法必须是明确的、确定的，对于什么样的行为处以何种刑罚必须是事先约定的。刑事政策是自上而下的，其指向是单方向的。一项法律不会仅仅因为其政策需要而成其为法律，而一项刑事政策却可能是赤裸裸的政策策略的运用。刑事政策的控制性使刑事政策经常是灵活的、多变的，以适应各种复杂的实际情况。

（四）保障权利的刑法与运用权力的刑事政策

刑法的契约性决定刑法是以保障权利为依归的。“人进入社会并不是要使自己的处境比以前更坏，也不是要使自己具有的权利比以前更少，而是要让那些权利得到更好的保障。”而刑事政策的控制性则决定了刑事政策是权力运用的一种样态。刑事政策具有的政治属性，不可避免地带有权力的烙印，权力是刑事政策的背景。刑事政策并不是不讲法制，而是不讲法治。在封建专制国家也有刑法，但是刑法只是刑事政策的政策工具，如果妨碍了国家对社会的控制，则可弃而不用；在法治国家也有刑事政策，但是刑法却是刑事政策的界限，是防范刑事政策的洪堤。追求及时、有效、灵活与便利地打击犯罪，维护社会秩序是刑事政策的目的所在，而限制国家权力、保障公民权利却是法治国家刑法的重要机能。

（五）规范性的刑法与手段性的刑事政策

刑法作为法律具有规范的属性和作用。法律规则和法律原则是法律的构成要素，是进行法律推理和法律解释的前提和基础，对于刑法而言，其法律要件和法律效果必须具有法定性、实定性和明确性，推理过程的逻辑性要求更加严密。而刑事政策是政治活动的过程和结果，虽然其意欲“规范”某些人的行为，但是却不能以此为依据进行法律推理和法律解释，更不能将其作为司法裁判规范。是故，刑事政策不具有法律规范的属性。另外，其功利性目的和运用权力的属性决定了刑事政策的手段性，即刑事政策是运用国家权力资源，以各种战略、策略、行动和计划达到其控制社会秩序的目的。

（六）安定性的刑法与灵活性的刑事政策

法律的内在属性决定了其稳定性和连续性。法律能见成效，全靠民众的服从，而遵守法律的习性须经长期的培养，如果轻易地对这种或那种法律常常作这样或那样的废改，民众守法的习性必然消减，而法律的威信也就跟着削弱了。刑事政策的一个突出特点就是灵活性，具体表现在：一是手段多样的灵活性。刑事政策并不局限于刑罚手段，而可以选择不同层次、不同种类的手段，甚至可以多管齐下，共同应对同一个问题。二是制定程序的灵活性。刑法的道德性、正义性和契约性以及刑罚后果的严厉性，决定了其必须经过严格、繁琐的立法程序才能出台；而刑事政策是运用政治权力决策的结果，所以其制定、出台的程序表现出更大的灵活性。三是组织应变的灵活性。国家出台专门的刑事诉讼法对刑法的适用予以规范，也具有很强的程序性；

而刑事政策却可以根据犯罪态势适时组织、灵活应对,可以根据实际效果分阶段有步骤地实施,适时调整策略和手段,在实施过程中表现出较强的阶段性和适时性。四是刑事政策评估和废止的灵活性。刑事政策的功利性决定了其更加注重实际效果,因而可以比较容易地进行评估,而一项刑事政策的废止仅仅因为一道命令或一纸公文即可;刑罚的适用却是以其道德性为基础的,附带地考察预防犯罪的效果,而刑法的废止和修改则只能由立法机关通过严格的法律程序而为之。

(七)谦抑性的刑法与扩张性的刑事政策

刑法的谦抑性具有限制国家权力的机能,即国家只有在必要时才可以动用刑法。刑法的谦抑性是法治国家刑法应有的价值意蕴。刑事政策的权力属性却使之具有扩张性,为了维护社会秩序、抑制最严重的分裂性社会行为,对道德的、民事的、行政的、刑事的等各种手段无所不用。因此,刑事政策内在地有一种突破法律的冲动,必然要动用公共权力对刑事法律的不适应性予以矫治。

五、对二者关系的评价与解析

刑事法治的价值在于保障人权,而政策是基于维护自身秩序的需要而构建的,因此政策与法治或刑事政策与刑法规范处在维护秩序和保障人权的两个端点,其间的关系必然是不能完全融合的。二者可以建立起一种平衡的体系,在这个体系中,刑事政策的思想可以向刑法规范转化,刑法规范对刑事政策起着规制的作用。

从“李斯特鸿沟”到“罗克辛贯通”被很多学者认为是刑事政策与刑法关系发展的正确路径,希望借此能够构建一个刑事政策引导刑法和刑法规制刑事政策的完美体系。笔者认为,关于两者关系的选择要区分不同的法治环境、司法人员素质及法治运行体系。就像选择形式罪刑法定原则和实质罪刑法定原则一样，当法治环境较差、司法人员素质较低、没有良好的法治运行条件的情况下，选择形式的罪刑法定原则是合适的，因为形式罪刑法定原则下要求司法人员严格按照法律规定适用，不能对法律进行精神实质的解释，在法治环境不好的情况下，该种解释可能会成为歪曲法律、徇私枉法的出口；而只有在良好的法治环境中，在司法人员具有较高素质的情形下，解释才有可能遵循法律的精神实质进行。同样，刑事政策与刑法之间形成的“鸿沟”关系，即刑事政策指导刑法的制定与适用（先前的立法扩充到后面的司法适用），刑事政策置身于刑法体系之外，指引、制约、监督着体系的运行，刑事政策与规制对象之间横隔着刑法规范的桥梁，刑事政策不能跨越这个桥梁直接作用于规制对象，而是通过刑法的桥梁作用于对象之上。而刑法作为桥梁也规制着刑事政策的延伸，也即刑法是刑事政策不可逾越的樊篱。如果要将此“鸿沟”贯通，也即将刑法之桥固化为刑事政策岛屿的一部分，通过填海造地将两座岛屿相连，刑法就失去了对刑事政策岛屿延伸的制约作用，刑事政策的孤岛就与规制对象的孤岛相连，刑事政策就直接作用于规制对象。在这种情况下，要求两座岛屿有很强的相融性，无须隔离缓冲，也即刑事政策直接作用于规制对象，要求很好的法治运行体系和环境，要求很高素质的司法人员，政策的弹性和延展性与规范的稳定性和法定性是背离的，就是说政策的适用与罪刑法定原则等法治原则是冲突的。如果没有拿捏精准的高素质司法人员，法治将可能会陷入崩溃。因此在中国当下的司法背景下，特意构建“鸿沟”反倒是需要的，鸿沟对于构建法治、解决冲突是必需的。

在法治环境较好的情况下，可以由形式理性向实质理性发展，刑事政策融入刑法规范体系中，使政策的秩序维护取向和规范的权利保障取向达到形式上的合体，政策和规范一体化。这就要求司法人员具备极高的素养和品行，能够准确把握二者的精神内涵，很好地驾驭政策的权力属性。在法治环境较差的情况下，司法人员素质较低，法律的素养不高，很难从实质角度对法律及政策进行把握。因此，应该将政策这种实质的权力属性的东西置于立法层面解决，而在司法层面坚持形式理性，坚持规范的“僵化”，即刑事政策仅仅对刑事立法发生作用，与规范体系的运行进行分离。

六、刑事政策与刑法关系的定位

从刑事政策与犯罪的关系角度看，犯罪学与刑事政策学之关系，可比喻成医疗上的诊断与治疗的关系。① 刑事政策的主旨在于探讨国家如何有效合理地组织对犯罪的反应，作用在于如何指导刑事立法，以及刑法如何在刑事政策的指导下制定、完善，以更好地保护社会和保障权利。刑事政策与犯罪的原因联系在一起，它探讨如何描述犯罪构成要件特征，以便契合犯罪的实际情况；设定刑罚措施及作用方式；划定刑罚的触角边界而不侵犯公民的自由权利；检视实体的价值规定与程序的技术构架是否相互支撑。② 储槐植教授就提出，刑事政策对刑法具有导向与调节两大功能：导向功能在于厘定打击范围、确定打击重点、设定打击程度与选定打击方式之上；调节功能则体现作为刑事立法与刑事司法之间沟通的“中介”（内部调节），同时也作为

① 许福生：《刑事政策学》，中国民主法制出版社2006年版，第16页。

② ［德］耶塞克·魏根特：《德国刑法总论》，徐久生译，中国法制出版社2001年版，第28～29页。

刑事法律与外部社会因素之间的调节器(外部调节)。① 但是,刑事政策如果可以作为内部调节器,在立法与司法之间沟通,似乎明显地与罪刑法定原则相冲突。刑事立法与司法之间如果太多地糅入刑事政策的力量,可能会明显地与法治原则矛盾,笔者认为这是不值得提倡的。而作为外部调节器则是刑事政策应有之义。

从政治和法律之间的关系角度看,刑事政策定位于更有策略性地使政治力量深入法律,同时使法律力量脱离政治,使政治问题不再直接介入刑法规范,而是通过刑事政策反映政治对刑法的要求,如此一来,只要在刑事政策的层面讨论如何策略性地运用刑罚,就能解决刑事立法最核心的政治本质问题。② 因此,从刑事政策的缘起及发展可以看出,刑事政策是建构在政治与刑法之间的,反映国家对犯罪的态度,将国家对犯罪的控制和预防的政治策略通过刑事立法过程外化到刑事法律规范中的科学。如罗可辛教授所言,"只有允许刑事政策的价值选择进入刑法体系中去,才是正确之道,因为只有这样,该价值选择的法律基础、明确性和可预见性、与体系之间和谐、对细节的影响,才不会倒退至肇始于李斯特形式—实证主义体系的结论那里。法律上的限制和合乎刑事政策的目的,这二者之间不应当互相冲突,而应该结合在一起"。作为制度化的公共政策的一种,面对风险社会的种种危险,刑法若不在场,也将是渎职和不妥当的。面对恐怖主义、信息网络等新型违法犯罪,国家着重刑法的积极预防,其

---

① 储槐植:《刑事政策的概念、结构和功能》,载《法学研究》1993年第3期。

② 劳东燕:《刑事政策与刑法体系关系之考察》,载《比较法研究》2012年第2期。

不失合理性,而且可以预测,随着国民安全需求的提升和不确定因素的增加,未来社会对刑法积极参与社会治理的诉求会变得越来越强烈。

从政治和刑法之间的关系可以扩展到经济、社会、文化、民意等与刑法之间的关系,刑事政策作为桥梁在其间发挥着"缓冲""隔离""转化""融合"的功能,从这个角度才能更好地把握刑事政策在中国语境下的状态。刑法泛化、刑事政策突破刑法规范的樊篱和刑法规范刑事政策化,都可以从政治社会观念、刑事政策和刑法之间的关系得出结论。

因此,刑事政策与刑法的关系可以界定为:社会因素(政治、经济、文化、犯罪态势等)与刑法之间以刑事政策为桥梁,刑事政策与犯罪行为之间以刑法为桥梁,也即形成一个事实到规范、规范到事实的逻辑循环。在这个循环中,社会因素不能直接反映在刑法规范中,必须通过刑事政策的过滤和筛选。对于政治诉求、社会呼声、经济需要等要求进入刑法规制范畴的事项,只有通过刑事政策进行回应。而刑事政策只有通过刑法规范施加于犯罪行为,不可以越过刑法规范直接作用于犯罪行为。而且这个作用过程是单向的不可逆的过程,刑法规范只能对刑事政策起着隔离、缓冲、转化和融合的作用,不能反向去影响刑事政策,但是可以通过对犯罪行为的规制产生社会效果而进一步影响到刑事政策。同样,犯罪行为也不可能直接反作用于刑法规范,犯罪行为必须通过类型化的积累或是产生的社会效应,然后通过刑事政策对刑法规范进行影响。刑事政策向前联系影响刑事政策的各种因素:犯罪现状、社会发展需要、政治需求,对公平正义的追求,向后指导以刑法为核心的具体犯罪防控措施的制定。

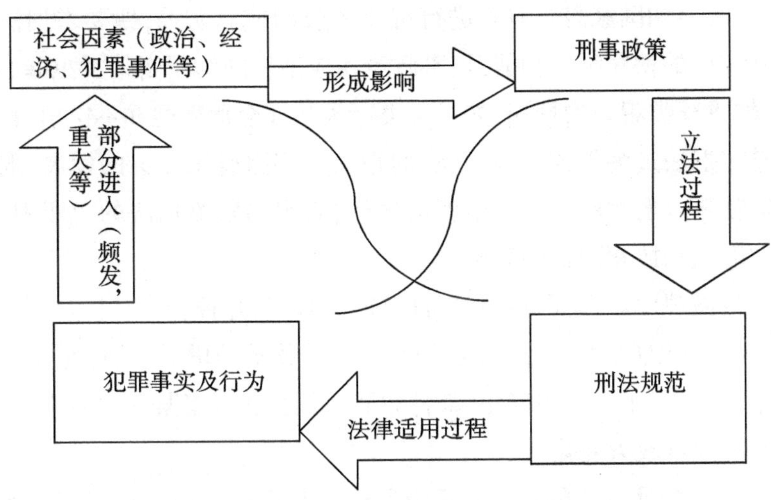

图1-1 刑事政策、刑法规范和社会因素关系图

七、刑事政策前置影响因素的解析

影响因素从宏观层面可以分成社会因素和国家政治因素。社会因素是自下而上滋生的非强制因素，具体包括：经济社会发展的因素，社会公众对自由、安全和秩序的因素，文化发展及自身发展伴随的法律意识的因素等。其中，经济社会发展因素最为突出。社会因素需要获得立法者的认同，才能进入法律的视野。社会因素影响刑法变化有两种途径：一种表现为某类社会行为或现象大量出现，并通过一定途径和渠道向立法者反映；另一种表现为国家在社会治理过程中主动关注社会因素。社会因素对刑法的影响是自下而上的，而政治因素对刑法的影响是自上而下的。

影响因素积累后形成的效果就是刑事政策的改变及刑事政策对犯罪圈和刑罚圈的改变。如果某类犯罪增多，或者某类危害行为大量出现,社会和国家需要对其进行有效的规制或者防控,便要求刑法展现其相应的秩序维护功能,刑事政策相应地反映为严密某类犯罪的法网、加重某类犯罪的处罚;如果某类行为的社会危害性并不突出,社会不希望刑法过多干预,或者刑法的相关规定阻碍了社会的发展,刑事政策就要求刑法展现其自由保障功能,表现为限缩刑法的犯罪圈、进行非罪化和放宽刑罚的策略。

从微观层面看,影响因素可以分解为以下几种:

(一)犯罪形势。在一定时期内,犯罪数量的增减、某种犯罪类型变化、某种犯罪方式的变化、某种犯罪突然变化或者某种犯罪消亡,都会影响刑事政策变化。

(二)犯罪客体的对应政策情况。公共安全政策、经济政策、社会管理政策其实是刑事政策的上位概念,上位政策的变化必然导致刑事政策的变化,比如在发展市场经济的大潮中,国家经济政策决定或影响了刑事政策,经济政策的变化必然会影响刑事政策的变化。例如,在计划经济时代不允许物资的流通和自由买卖,于是出现了投机倒把罪;但是改革开放后,鼓励自由市场的流通,相应地,打击自由买卖的政策就必然要废除。

(三)重大个案影响。重大案件有巨大的影响力,特别是在网络社会超速度、超空间的传播之后,其对国民的心理影响、对社会精英和政治家的态度都会产生很大的作用力,在一定程度上甚至可能左右刑事政策的调控方向和调控力度。类型化重大个案的发生往往导致国家对该类犯罪的态度的变化,比如近年频频发生的对幼女性侵的案件最终导致嫖宿幼女罪被废除,频频发生的暴恐事件加快了反暴恐犯罪的刑事立法。

(四)社会文化。文化无疑是刑事政策内容里不可或缺的因素,在某种程度上会成为决定性的因子。包括关于死刑存废的死刑文化，乱世用重典的文化观念等。

（五）决策人的观念。美国政治学家 R. P. 纳森（R. P. Nathan）指出："政治家决策时一般依据五个信息基础，即个人观念、舆论、顾问意见、政策分析和应用社会科学。"①在国家政策的制定中，决策人的思想观念作用不可忽视。

（六）理论学说。"刑事政策的制定，无论制定者们是否自觉地意识到，都不可能不受某种刑事学说理论的影响，而且历史事实也表明：近代刑事政策的萌生与刑罚目的理论相联系，刑事政策的成熟与犯罪原因学说相联系。"②

（七）国际公约。国际公约对于我国犯罪刑事政策的建立与强化具有重要影响。西方"轻轻重重"的刑事政策即是我们宽严相济刑事政策的借鉴来源之一。国际人权公约和国际反腐公约对我们的刑事政策都有一定的影响。

八、依法治国方略下的政策解析

2013 年 11 月 12 日，中国共产党第十八届中央委员会第三次全体会议通过的《中共中央关于全面深化改革若干重大问题的决定》提出，全面深化改革的总目标就是完善和发展中国特色社会主义制度、推进国家治理体系和治理能力现代化。根据全球治理委员会的定义，

---

① 陈伟：《刑事立法的政策导向与技术制衡》，载《中国法学》2013 年第 3 期。

② 劳东燕：《公共政策与风险社会的刑法》，载《中国社会科学》2007 年第 3 期。

治理是一个任何组织、公与私管理共同事务的各种方法的总和,是一个持续的过程,既包括有权迫使人们服从的正式制度和规则,也包括各种人们同意符合其利益的非正式的制度安排。治理有四个特征:治理既不是一整套规则,也不是一种活动,而是一个过程;治理过程的基础不是控制,而是协调;治理既涉及公共部门,也包括私人部门;治理不是一种正式的制度,而是持续的互动。现代治理是在全球化背景下国家有效回应市民需求以及应对危机的产物,体现了政府与公民对公共生活的合作治理之原则。现代治理理论引发了政治领域内主体多元化、结构网络化、过程互动化和方式协调化的改革诉求,同时也影响到作为治理工具的刑法规范的生成路径,刑法立法具有了从传统的自上而下的政治统治工具向上下互动的政治治理工具转变的特征,尤其是公民意志在刑法立法中有了明显的体现,刑法立法成为国家与公民社会相互协商、妥协的结果。在政治治理理论影响下,刑法立法是否能发挥规制社会的实在效果,已经不再是立法者在发动立法程序时所首要关注的问题,或者已经沦为立法的次要目的。相反,刑法规范的目的更多被定位于期待国家与大众之间形成一定的合法与不法意识,以表示国家正在与某种不法行为进行积极斗争,安抚民意、稳定民心,减少政治国家与公民社会的对抗摩擦,减小社会矛盾。

2015 年,中国共产党第十八届中央委员会第四次全体会议通过了《中共中央关于全面推进依法治国若干重大问题的决定》(以下简称《决定》),对法治建设进行了全面部署。《决定》至少明确提供了四种法律规范体系:规范整个国家发展方向和目标的路线、方针和政策;规范国家机构、社会组织和公民行为的国家法体系;规范执政党和党员的党内法规体系;规范各种社会组织和个人行为的社会习惯法。

笔者认为,刑事政策这种具体领域的政策从其制定来源来说,应该规范为国家政策,党的政策中有关刑事法律的内容应该转化成国家政策,国家政策再通过相应的立法程序进行转化。也就是说,党的路线、方针应该先转化为党的政策,党的政策转化为国家政策,这样政策层面才会更具备法律规范的属性,避免政策与规范的混同,以利于法治界限的确定和法治体系的运行。

第四节　刑事政策刑法化

一、刑事政策刑法化的原则

刑事政策刑法化是指国家将刑事政策贯彻于刑法规范之中,因为刑事政策必须借助于刑法规范的桥梁而不能直接作用于社会现实。如果刑事政策直接作用于社会,那么法治原则就会遭到破坏。刑事政策能够在多大范围和多大程度上转化为刑法规范,是刑事政策科学要研究的核心问题。

行为被规制为刑法行为的过程是刑事政策刑法化的过程,刑法泛化通常被认为是刑事政策过度入侵的表现。刑事政策刑法化在立法层面是谈不上法治规制的。按照法治规制的原则,刑事政策不能突破罪刑法定原则、罪刑相适应原则和罪刑平等原则,但是这种原则只适用于法的适用和执行阶段。因为在立法阶段,设定犯罪圈和刑罚圈完全是立法者意志的体现,是对罪刑法定等原则内容的增减,法律一经制定就属于罪刑法定的内容了,罪刑法定是对司法适用者的规则。因此,在立法阶段,刑事政策刑法化的规制原则并不能简单地用刑法是刑事政策不可逾越的樊篱来解释。在刑事立法阶段,刑事政策刑法化规制的原则是伤害原则等,而在法律适用阶段,刑事政策刑法化的原则才是罪刑法定原则等。

社会行为刑法化的依据在不同的法系有不同的论述,我国刑法采用社会危害性理论,认为社会行为能够被刑法化是因为其具备相当的社会危害性。而大陆法系和英美法系遵循"法益侵害原则"或是"伤害原则",即刑法规制的行为应限于对他人权利和社会、国家公共利益造成伤害的行为。"伤害原则"一般认为由19世纪英国著名法哲学家约翰·密尔确立,他指出:"在一个文明化的世界里,强力能够正当地适用于其任何成员的唯一目的就是防止对他人造成伤害。"①当代美国著名法哲学家费因伯格对伤害原则的发展做出了杰出贡献,他在详细阐述对刑法家长主义和刑法道德主义的反对意见中,对该原则做了进一步解读,他认为,"支持刑法将某种行为犯罪化好的理由是,行为的犯罪化能够有效阻止(消除、减少)行为对他人的伤害而不是对自己的伤害,并且在不花费更大成本的情况下没有其他方法比将行为犯罪化更为有效的。"②刑罚毕竟是法律规定的"禁止之恶",其适用同样会导致对个人自由等权利造成新的伤害,所以,必须将刑法禁止的行为限定在绝对必要的限度内,刑法犯罪化还应强调"最小化原则"。因此,刑事政策刑法化的过程要符合"伤害原则""责任原则""最小化原则"。

日本学者将日本当前的立法特征总结为以下5个方面:(1)将新

---

① [英]约翰·密尔:《论自由》,程崇华译,商务印书馆1982年版,第10~11页。

② Joel Feinberg, *The Moral Limits of the Criminal Law*, Vol. 1, Harm to Others, New York, Oxford University Press, 1984, p. 26.

出现的社会危害行为犯罪化;(2)前置可罚性,允许国家介入的阶段越来越早;(3)处罚的严厉化,也即对人造成严重法益侵害的行为人的反应越来越强烈;(4)法益的理念化与抽象化,也即所欲保护的法益欠缺经验上的说服力;(5)刑法被分裂为适用不同原则的多个部分,造成刑法秩序成为“拼图式地毯”。我国有学者将日本晚近以来刑事立法动向更简练地归结为“犯罪化和重刑化”:(1)扩张刑法处罚范围;(2)提前刑罚处罚阶段;(3)提高刑罚处罚幅度等。①

按照哈塞默尔的观点,与古典刑法相比,现代刑法的特征具体表现为以下几个方面:(1)现代刑法强烈的预防性导向。传统刑法的刑罚目标是报应和惩罚,但这在解决社会巨型问题(风险)方面意义不大。(2)现代刑法作为解决巨型社会问题之工具,是事先预防性的,而不再是事后回应性的。(3)现代刑法放弃了刑法最后手段性原则。刑法的介入成为优先的、有时甚至是唯一的手段。(4)在刑法典或附属刑法中,通过设置新的构成要件或提高法定刑。(5)越来越倾向于以集体法益作为犯罪化的标准,例如毒品刑法中所谓的“保护国民之健康”、补贴诈骗犯罪中所谓的“国际经济有效运行的公共利益”。(6)越来越倾向于规定无被害人或被害人难以明确的犯罪(如经济犯罪、环境犯罪、毒品犯罪与腐败犯罪等),导致刑事不法行为越来越不具有可视性和可感性。(7)放弃以侵害犯作为构成要件的主要类型,引入越来越多的(抽象)危险犯。如此,就会减少刑事处罚的前提条件,反过来也就减少了辩护的可能性。(8)现代刑法放弃核心刑法中那些有碍于刑法控制有效性的基本原则,例

① 黎宏:《日本刑事立法犯罪化与重刑化研究》,载《人民检察》2014年第21期。

如,在环境刑法与经济刑法中,放弃个别性的责任归属,而是进行集体性的追诉。①

在德国,魏根特教授指出刑法立法的扩张是德国当前的趋势,且在未来仍将持续。刑法分则方面的扩张主要体现在两个方面,一方面是安全刑法,在网络犯罪、经济犯罪和金融犯罪领域的扩张,欧盟在未来则会强化而不是遏制扩张经济刑法和金融刑法的趋势;另一方面体现在"道德违反"领域,即刑法的(再)道德化。而"安全刑法和道德刑法是以追求全面且有效地对抗一般性违法行为为目标",这就不可避免会促使刑法干涉范围的扩张。②

1968 年美国刑法学家帕克尔提出行为犯罪化的六项具体标准:一是这种行为在大多数人看来,对社会的威胁是显著的,是不能被容忍的;二是对这种行为科处刑罚符合刑罚的目的;三是对这种行为进行规制不会产生负面的效应或是抑制社会的发展;四是对这种行为能够进行公平的、无差别的评价;五是对这种行为程序上的技术处理的时候不会产生罪质与罪量的矛盾;六是对这种行为的处理符合刑罚最后性原则,没有非刑罚的替代措施。③ 帕克尔从社会威胁出发,更多关注目的和技术,也注意到最后性问题,但是欠缺标准的周延性和逻辑性。

张明楷教授提出犯罪化的五个标准:一是行为具有严重社会危害

---

① vgl. Hassemer, Das Symbolische am Symbolischen Strafrecht, in: FS-Roxin, S. 1007.

② [德]魏根特:《德国刑法向何处去——21 世纪的问题与发展趋势》,载赵秉志主编:《刑法论丛》(第 49 期),法律出版社 2017 年版,第 387 页。

③ Herbert L. Packer, *The Limits of the Criminal Sanction*, Stanford University Press, 1968, p. 296.

性,并且对行为的刑法规制符合大多数人的观点;二是体现刑罚的最后性,没有非刑罚的替代措施;三是适用具备积极性,不会产生抑制社会发展的负面影响;四是对这种行为的处理上能够做到价值判断与技术实现的平衡,不会产生罪质与罪量的冲突;五是刑罚的适用具备特殊预防和一般预防的效果。① 张明楷教授从严重社会危害性出发,结合了最后性、积极性和技术可行性进行论述。但是,在危害性的主观性上加上大多数人认可的因素,其实是张老师勉为其难的选择,因为对于社会危害性而言,其规范判断的困境在于与法治的规范相违背,不利于作明确的限定。

王明星博士从相反的角度出发,认为下列行为不宜犯罪化或者慎重犯罪化:一是纯粹思想领域活动不得犯罪化;二是纯粹私人之间的行为不得犯罪化;三是行使宪法权利的行为不得犯罪化;四是身份和状态不得犯罪化;五是没有罪过的行为不得犯罪化;六是对不具有常态和普遍性的危害行为应当慎重犯罪化;七是对利害交织的模糊行为应当慎重犯罪化。② 利用反向排除条件的限定不失为一个好的视角,但是采用列举的方式去排除,很难穷尽所有的情况,没有揭示事物的本质。

二、刑事政策刑法化的路径

(一)立法拟制。法律拟制是最常用的形成规范的手段,即将按照正常法理或是逻辑不能适用的情形,用拟制的方法进行同类适

① 张明楷:《论刑法的谦抑性》,载《法商研究》1995 年第 4 期。

② 王明星:《刑法谦抑精神研究》,中国人民公安大学出版社 2005 年版,第 80 页。

用。在刑事实体法领域,拟制具有两种情况:一是入罪拟制,即将原本不符合犯罪构成的行为拟制为犯罪;二是加重刑罚的拟制,即将轻罪的犯罪构成拟制为重罪的犯罪构成,或是将轻的刑事处罚拟制为重的刑事处罚。

(二)推定。推定分为实体法的推定和程序法的推定,也分成立法推定和司法推定。典型的如推定不满14周岁的未成年人不具有自由意志,排除其作为犯罪主体的责任能力。这种推定就具有很强的刑事政策的逻辑,不同的国家对于刑事责任年龄的认定就各不相同,其中很重要的因素在于国家对未成年群体入罪的态度。抽象危险犯被认为是立法推定,而具体危险犯被认为是司法推定,例如非法制造、买卖、运输、邮寄、储存枪支弹药罪中,如果行为人买卖气枪铅弹,即使行为人连枪都没有,买来一堆的铅弹,也认为构成犯罪,这种情况下现实的危险性是很难确定的,但是法律推定只要有该行为就已经产生危险,无须做司法上的证明。子弹可能会造成枪击的危险并非本罪的构成要素,被告方对铅弹仅仅只是一堆金属块的举证不能推翻对危险的立法推定。

(三)行为范畴的拓展、责任范围的扩张和责任形式的多样化。刑法中的行为以作为为原则,例外地包括一些不作为。当代刑法中,不仅不作为有扩大趋势,持有这种行为样态也在不断地扩张。① 行为范畴的拓展见证了风险社会中刑法经历的巨大变迁,更多的人类行为

---

① 1997年《刑法》共规定了四个持有类犯罪,分别是非法持有枪支弹药类,非法持有毒品类,非法持有伪造货币类,非法持有国家机密文件类。但是《刑法修正案(八)》增加了非法持有虚假发票罪,《刑法修正案(九)》增加了非法持有宣扬恐怖主义、极端主义物品罪,两个修正案就增加了50%。

纳入刑法调整的范围。古典刑法中的责任属个人责任,即只能就自身实施的行为对行为人进行非难,包含三层含义:一是自身的行为是责任的唯一根据;二是个人是承担责任的唯一主体;三是行为人对他人不法行为的事后容认不足以成为追究刑事责任的根据。随着法人组织成为社会活动的主要角色,一种偏离古典刑法因果法则与个人责任的全新责任形式———代理责任,逐渐突破侵权法的桎梏与责任主义的制约,登上现代刑法的舞台。①

(四)犯罪构成的改变。包含四种情况,一是犯罪标准的前移。危险犯的设置是典型,即将构成要素由实害结果改为危险状态。还有将预备行为实行化,将组织、参与行为实行化等。② 二是构成要素的增减。增加构成要素能够限缩入罪的范围,而减少构成要素则具有扩大犯罪圈的功能。严格责任的入罪就是对主观要素的删减。三是因果关系准则的创新。传统因果准则以条件说为基础,并通过相当性、客观归责或中断性的判断限制因果关系的成立范围,而且因果关系属于控方证明的内容,但是公害事件的频发导致因果关系简化为简单的条件关系的判断。四是法定量刑情节的设置。从规范层面看,法定刑的配置由罪质与罪量决定,这是基于罪刑相适应和刑法平等的要求。罪质与罪量的评估经常需考虑规范外因素,法定刑的配置本身更是受公共政策、政治形势、立法者偏好及权宜之计等因素的影响。如为突出对未成年人的保护,各国刑法对未成年人犯罪一般都规定从轻、减

---

① [英]史密斯·霍根:《英国刑法》,李贵方等译,法律出版社2000年版,第198~202页。

② 预备行为实行化在《刑法修正案(九)》的恐怖类犯罪中就大量适用,《刑法修正案(八)》和《刑法修正案(九)》都有危险犯的设置。

轻乃至免除处罚；将未成年人作为被害人的或是被利用人的则从重处罚。基于某些犯罪对公共健康的巨大危险，立法者会在累犯之外规定特殊的再犯，如我国刑法对走私、运输、制造、非法持有毒品罪被判过刑，又犯毒品类犯罪的，从重处罚。①

① 劳东燕：《公共政策与风险社会的刑法》，载《中国社会科学》2007 年第 3 期。

第二章

宽严相济刑事政策视野下的刑法修正案梳理

第一节　修正内容归结

一、修正案、单行刑法和立法解释汇总

近20年来,我国先后通过一部单行刑法、十个刑法修正案和十三个刑法立法解释文件。我国刑法立法间隔的时间均不长,刑法立法活动较为频繁。具体而言,全国人大1997年3月14日通过了经全面系统修订的刑法典,随后全国人大常委会于1998年12月29日通过了单行刑法《关于惩治骗购外汇、逃汇和非法买卖外汇犯罪的决定》,之后全国人大常委会分别于1999年12月25日、2001年8月31日、2001年12月29日、2002年12月28日、2005年2月28日、2006年6月29日、2009年2月28日、2011年2月25日、2015年8月29日和2017年11月4日先后通过了十个刑法修正案,前后间隔的时间分别是361天、615天、120天、364天、793天、486天、975天、727

天、1646 天和 795 天。其中,最短的只间隔了 120 天,最长的间隔了 1646 天。

一个单行刑法是指 1998 年 12 月全国人大常委会通过的《关于惩治骗购外汇、逃汇和非法买卖外汇犯罪的决定》(以下简称《决定》)。该《决定》共 9 条,主要内容是:(1)增设了“骗购外汇罪”(包括单位骗购外汇罪);(2)修改了逃汇罪(如将犯罪主体由原来的国有单位“国有公司、企业或者其他国有单位”修改为所有单位“公司、企业或者其他单位”);(3)规定在国家规定的交易场所以外非法买卖外汇,扰乱市场秩序,情节严重的,依照非法经营罪定罪处罚。

十三个刑法立法解释分别如下:

1. 2000 年 4 月全国人大常委会通过的《关于〈中华人民共和国刑法〉第九十三条第二款的解释》。该解释明确了村民委员会等村基层组织人员在协助人民政府从事行政管理工作时,属于“其他依照法律从事公务的人员”,可以成为贪污罪、挪用公款罪和受贿罪的主体。2. 2001 年 8 月全国人大常委会通过的《关于〈中华人民共和国刑法〉第二百二十八条、第三百四十二条、第四百一十条的解释》。该解释指出,前述条款中的“违反土地管理法规”,是指违反土地管理法、森林法、草原法等法律以及有关行政法规中关于土地管理的规定;第 410 条所规定的“非法批准征用、占用土地”,是指非法批准征用、占用耕地、林地等农用地以及其他土地。3. 2002 年 4 月全国人大常委会通过的《关于〈中华人民共和国刑法〉第二百九十四条第一款的解释》。该解释主要是就“黑社会性质的组织”的含义做出具体解释,指出黑社会性质组织应当同时具备的 4 个特征。4. 2002 年 4 月全国人大常委会通过的《关于〈中华人民共和国刑法〉第三百八十四条第一款的解释》。该解释就挪用公款“归个人使用”的含义作出了具体规定。5. 2002年8月全国人大常委会通过的《关于〈中华人民共和国刑法〉第三百一十三条的解释》。该解释就“拒不执行判决、裁定罪”中的“判决、裁定”内容作了解释,并列举了“有能力执行而拒不执行,情节严重”的具体情形。6. 2002年12月全国人大常委会通过的《关于〈中华人民共和国刑法〉第九章渎职罪主体适用问题的解释》。根据该解释,下列人员在代表国家行使职权时,有渎职行为,构成犯罪的,依照刑法关于渎职罪的规定追究刑事责任:在依照法律、法规规定行使国家行政管理职权的组织中从事公务的人员,或者在受国家机关委托代表国家行使职权的组织中从事公务的人员,或者虽未列入国家机关人员编制但在国家机关中从事公务的人员。7. 2004年12月全国人大常委会通过的《关于〈中华人民共和国刑法〉有关信用卡规定的解释》。该解释就“信用卡”的含义作了明确。8. 2005年12月全国人大常委会通过的《关于〈中华人民共和国刑法〉有关出口退税、抵扣税款的其他发票规定的解释》。该解释就“出口退税、抵扣税款的其他发票”的含义作了解释。9. 2005年12月全国人大常委会通过的《关于〈中华人民共和国刑法〉有关文物的规定适用于具有科学价值的古脊椎动物化石、古人类化石的解释》。10. 2014年4月全国人大常委会通过的《关于〈中华人民共和国刑法〉第三十条的解释》。该解释规定单位实施刑法规定的危害社会的行为,刑法分则和其他法律未规定追究单位的刑事责任的,对组织、策划、实施该危害社会行为的人依法追究刑事责任。11. 2014年4月全国人大常委会通过的《关于〈中华人民共和国刑法〉第一百五十八条、第一百五十九条的解释》。该解释针对公司法修改后刑法对实行注册资本实缴登记制、认缴登记制的公司适用范围问题,规定只适用于依法实行注册资本实缴登记制的公司。12. 2014年4月全国人大常委会通过的《关于〈中华人民共和国刑法〉第二百六十六条的解释》。该解释规定，以欺诈、伪造证明材料或者其他手段骗取养老、医疗、工伤、失业、生育等社会保险金或者其他社会保障待遇的，属于《刑法》第266条的诈骗公私财物的行为。13. 2014年4月全国人大常委会通过的《关于〈中华人民共和国刑法〉第三百四十一条、第三百一十二条的解释》。该解释规定，知道或者应当知道是国家重点保护的珍贵、濒危野生动物及其制品，为食用或者其他目的而非法购买的，属于《刑法》第341条第1款规定的非法收购国家重点保护的珍贵、濒危野生动物及其制品的行为；知道或者应当知道是《刑法》第341条第2款规定的非法狩猎的野生动物而购买的，属于《刑法》第312条规定的明知是犯罪所得而收购的行为。

二、修正内容分类整理

新增的34个立法条文分布：总则2个；分则第二章9个，分则第三章10个，分则第四章4个，分则第五章2个，分则第六章9个，分则第八章2个，分则第九章2个。经历修改的116个条文分布：总则20个（其中第50条经历2次修正）；分则第二章9个（其中第120条经历2次修正）；分则第三章35个（其中第151条与第164条分别经历3次修正，第182条、第191条、第180条分别经历2次修正）；分则第四章8个（其中，第239条经历2次修正）；分则第五章4个；分则第六章28个（其中第312条、第343条与第358条分别经历2次修正），分则第七章1个，分则第八章6个，分则第九章1个，分则第十章2个。新增条文与对既有条文的修改主要围绕三方面的问题：一是扩大刑法处罚范围，二是改变处罚的严厉程度，三是调整条文的明确性程度。

(一)增设新的罪名

立法机关通过立法修正新增罪名共计57个。新增罪名的分布为:分则第二章9个,分则第三章13个,分则第四章7个,分则第五章1个,分则第六章10个,分则第七章1个,分则第八章2个,分则第九章4个。新增罪名集中分布在分则第二、三、四章与第六章,主要涉及恐怖主义犯罪、计算机与网络犯罪、金融犯罪以及违反公司、企业管理法规方面的犯罪等领域。

新增罪名的具体情况为:(1)《关于骗购外汇、逃汇和非法买卖外汇犯罪的决定》增设1个,即骗购外汇罪。(2)第一次修正案增设1个,即第162条之一隐匿、故意销毁会计凭证、会计账簿、财务会计报告罪。(3)第三次修正案增设3个,包括第120条之一资助恐怖活动罪,第291条之一的投放虚假危险物质罪与编造、故意传播虚假恐怖信息罪。(4)第四次修正案增设4个,包括第152条第2款走私废物罪,第244条之一雇用童工从事危重劳动罪,第399条第3款执行判决、裁决失职罪与执行判决、裁判滥用职权罪。(5)第五次修正案增设2个,即第177条之一妨害信用卡管理罪与第369条第2款过失损坏武器装备、军事设军事通信罪。(6)第六次修正案增设9个,包括第135条之一大型群众性活动重大安全事故罪,第139条之一不报、谎报安全事故罪,第162条之二虚假破产罪,第169条之一背信损害上市公司利益罪,第175条之一骗取贷款、票据承兑、金融票证罪,第185条之一背信运用受托财产罪与违法运用资金罪,第262条之一组织残疾人、儿童乞讨罪,第399条之一枉法仲裁罪。(7)第七次修正案增设8个,第180条第4款利用未公开信息交易罪,第224条之一组织、领导传销活动罪,第253条之一出售、非法提供公民个人信息罪与非法获取公民个人信息罪,第 262 条之二组织未成年人进行违反治安管理活动罪,第 285 条第 2 款的增设非法获取计算机信息系统数据、非法控制计算机信息系统罪与第 3 款提供侵入、非法控制计算机信息系统的程序、工具罪,第 388 条之一利用影响力受贿罪。(8)第八次修正案增设 7 个,包括第 133 条之一危险驾驶罪,第 164 条第 2 款对外国公职人员、国际公共组织官员行贿罪,第 205 条之一虚开发票罪,第 210 条之一持有伪造的发票罪,第 234 条之一组织出卖人体器官罪,第 276 条之一拒不支付劳动报酬罪与第 408 条之一食品监管渎职罪。(9)第九次修正案增设 17 个,包括第 120 条之二准备实施恐怖活动罪,第 120 条之三宣扬恐怖主义、极端主义、煽动实施恐怖活动罪,第 120 条之四利用极端主义破坏法律实施罪,第 120 条之五强制穿戴宣扬恐怖主义、极端主义服饰、标志罪,第 120 条之六非法持有宣扬恐怖主义、极端主义物品罪,第 260 条之一遗弃被监护、看护人罪,第 280 条之一使用虚假身份证件罪,第 284 条之一组织考试作弊罪,非法出售、提供试题、答案罪与替考罪,第 286 条之一拒不履行网络安全管理义务罪,第 287 条之一准备网络违法犯罪活动罪,第 287 条之二帮助网络犯罪活动罪,第 290 条之一第 2 款编造、故意传播虚假信息罪,第 307 条之一虚假诉讼罪,第 308 条之一泄露案件信息罪,第 390 条之一利用影响力行贿罪。

(二)扩张犯罪构成

1. 扩张行为类型或行为对象的范围

通过扩张行为类型或行为对象的范围,立法机关对 43 个罪名的处罚范围作了调整。相关罪名的分布为:分则第一章 1 个,分则第二章 5 个,分则第三章 16 个,分则第四章 3 个,分则第五章 3 个,分则第六章 15 个。涉及对行为类型与行为对象范围的扩张的罪名,集中分布在分则第二章、第三章与第六章中,尤其体现在金融犯罪、扰乱市场秩序犯罪、环境资源犯罪等领域。

2. 扩张犯罪主体的范围

立法机关对犯罪主体范围进行扩张的罪名共计 15 个。扩张犯罪主体的范围既涉及将特殊主体改为一般主体的情况,也包括增设单位主体的情形。相关罪名的分布为:分则第二章 2 个,分则第三章 5 个,分则第四章 2 个,分则第六章 6 个。涉及对犯罪主体范围扩张的犯罪,以分则第三章与第六章的罪名居多。

3. 减少犯罪的构成要件要素

立法机关通过减少犯罪的构成要件要素而扩张处罚范围的罪名共计 11 个。相关罪名的分布为:分则第一章 1 个,分则第三章 4 个,分则第六章 6 个。此处所谓的减少犯罪构成要件要素,既包括直接删除某一构成要件要素的情形,比如,《刑法修正案(六)》分别删除了第 182 条原条文中的"获得不正当利益或者转嫁风险"的要件与第 187 条原条文中的"以牟利为目的"要件,从而使操纵证券、期货市场罪与吸收客户资金不入账罪的构成要件要素得以减少;也包括将实害犯改为危险犯或将具体危险犯改为抽象危险犯的情形,比如,《刑法修正案(八)》将第 143 条生产、销售不符合安全标准与第 338 条污染环境罪从先前的侵害犯改为具体危险犯,还将第 141 条原条文中的"足以危害人体健康"的要件予以删除,从而将生产、销售假药罪由具体危险犯改为抽象危险犯。

4. 作为入罪要件(或加重要件)的定量因素的扩张

根据我国"定性 + 定量"的犯罪定义观,除定性要件之外,定量要件对于犯罪成立与否及其范围均有重要的影响,同时,它也可能影响加重构成的成立与否及其范围。从历年的修正情况来看,立法机关有时还通过对定量要素的调整来实现处罚范围的扩张。相关罪名共计10个,具体分布为:分则第三章2个,分则第六章5个,分则第八章2个,分则第十章1个。此类调整包括四种情形:一是将原条文中的结果要件改为“情节严重”或“情节特别严重”。对第188条违规出具金融票证罪、第343条非法采矿罪、第288条扰乱无线电通讯管理秩序罪的修改均属于此种情形。二是将原条文中的数额要件改为情节要件或增加情节要件的规定。立法对第350条非法生产、买卖、运输、走私制毒物品罪的修改,使该罪从数额犯变为情节犯;而对第383条贪污罪规定的修改,则使贪污罪与受贿罪从先前单纯的数额犯改为数额犯与情节犯的并举。三是增加“有其他严重情节”的规定。对第144条生产、销售有毒有害食品罪的修改便属于此种情形。四是将原条文中特定的行为加重类型调整为情节要件。对第358条组织卖淫罪、强迫卖淫罪与第433条战时造谣惑众罪的修改均属于此类。

(三)增加刑罚的严厉性

1. 加重个罪的刑罚处罚。通过立法修正,共有32个罪名处罚有所加重。这些罪名的分布为:分则第二章2个(第120条第1款组织、领导、参加恐怖活动组织罪的法定刑经历2次调整),分则第三章11个,第四章2个,第五章1个,第六章12个,第八章4个。对个罪处罚的加重主要有五种形式:一是直接提高个罪的法定最高刑。这种情形最为多见,共有17个罪名涉及法定最高刑的提升。二是增加并处罚金或没收财产的规定。共有12个罪名增设了罚金刑,有3个罪名增设没收财产。三是增设从重处罚的规定,包括第277条妨害公务罪增设暴力袭警从重的规定,以及第358条组织卖淫罪与强迫卖淫罪增设组织、强迫未成年人卖淫从重处罚的规定。四是罚金刑由原先确定的额度改为无额度限定。第144条生产、销售有毒有害食品罪与第170

条伪造货币罪,均经历了罚金数额由确定额度到无额度限定的修改。五是将原先适用较轻罪名的情形改为适用较重罪名,或将原先按一罪处罚的情形改为适用数罪并罚。在特殊情况下,立法者可能会综合运用前述五种形式中的多种,来达到加重个罪处罚的意图。比如对第300条组织、利用会道门、邪教组织、利用迷信破坏法律实施罪的修改,第1款涉及法定最高刑的提升与罚金刑的增设,第2款通过对“致人重伤”情形的增设,而使原先按故意伤害罪处罚的情形转而适用本罪的加重构成,第3款则将犯有数种犯罪的情形从先前的按一罪处罚改为实行数罪并罚。

2. 刑罚适用规定上的从严。这主要通过对总则中刑罚条款的修改来体现。从晚近两次刑法修正的情况来看,对总则的修改涉及的是对刑罚制度的调整。这种调整表现为:一是从严适用刑罚制度,包括:提高死缓减刑后的刑期(第50条)与数罪并罚的总和刑期(第69条);扩张特别累犯的适用范围(第66条);对缓刑的适用进行限制(第74条与第77条);提高减刑后实际执行的刑期(第78条第2款)与假释所要求的实际执行刑期(第81条);删除犯罪后自首又有重大立功表现应减轻或者免除处罚的规定(第68条)。二是增加新的处罚类型,包括增设职业禁止令的规定(第37条之一),以及对被判处管制的犯罪分子可判处禁止令的规定(第38条第2、4款)。刑法修改中也涉及一些从宽适用刑罚的情形。此类情形包括:(1)对死刑(尤其是死刑立即执行)的限制适用,包括对22个罪名废除死刑,并增设死缓限制减刑制度,同时对贪污罪与受贿罪增加终身监禁的规定。(2)针对老年人、未成年人等特定犯罪主体增加从宽处罚的规定。立法者增设第17条之一与第49条第2款,并对第65条、第72条和第100条规定进行修改,均是基于优恤老年人、怀孕妇女或保护未成年人的角度考虑。(3)第 67 条第 3 款增设坦白从宽的规定。(4)对极个别罪名的法定刑幅度做了从宽性的调整。这体现在绑架罪、组织、利用会道门、邪教组织、利用迷信破坏法律实施罪、贪污罪与受贿罪四个罪名上。(5)第 53 条对缴纳罚金有困难的被告人增加允许延期缴纳的规定。

(四)法条的明确化与概括化

基于罪刑法定的考虑,刑法中的明确性要求同时包含罪状的明确与罚则的明确。通过立法修正,有 13 个罪名的法条呈现从明确向概括化发展的趋势,其中有 12 个罪名涉及罪状规定的概括化,有 2 个罪名涉及刑罚规定的概括化。具体分布为:分则第三章 5 个,分则第六章 5 个,分则第八章 2 个,分则第十章 1 个。立法者主要通过三种途径来实现概括化的调整:一是将原先的具体数额调整为一般的数额性要件。对第 153 条走私普通货物、物品罪与第 201 条逃税罪的修改属于此种情形。二是将原先的具体要件调整为抽象的情节性要件。例如,将第 188 条违规出具金融票证罪原文中“造成较大损失”与“造成重大损失”分别修改为“情节严重”与“情节特别严重”;再如,将第 358 条组织卖淫罪与强迫卖淫罪,由原先明确列举五种加重量刑情节修改为“情节严重”;又如,将第 383 条贪污罪中的具体数额改为“数额较大或者有其他较重情节”“数额巨大或才有其他严重情节的”与“数额特别巨大或者有其他特别严重情节”。三是将罚金刑的数额由具体的额度改为无额度限定。第 144 条生产、销售有毒、有害食品罪与第 170 条伪造货币罪的修改均属于此类。值得指出的是,前两种情形与前述定量因素的扩张相重合,而第三种情形则与加重个罪的刑罚处罚中对罚金刑的额度修改相对应。

三、刑法修改的整体评述

(一)刑法修正的宽严趋向逐渐由单一从严走向宽严相济

在单行刑法和前六个刑法修正案中,我国刑法立法在规范内容上表现为单向从严的趋向,并主要体现在两个方面:一是犯罪圈的扩张。刑法立法通过增设新的犯罪和调整原有犯罪的构成要件(包括增加规定单位犯罪主体、修改犯罪行为要件、降低行为入罪门槛等),不断地扩大了刑法的惩治范围。二是刑罚处罚力度的提升,并集中体现为法定刑的提升。例如《刑法修正案(六)》将开设赌场行为从赌博罪中单立出来,并增加了“三年以上十年以下有期徒刑,并处罚金”的法定量刑幅度。《刑法修正案(七)》开启了晚近20年来我国刑法修法宽严相济的走向,即刑法修正案的修法内容中不仅有从严的规范,也有了从宽的规范。例如,《刑法修正案(七)》将偷税罪修改为逃税罪并增设了一个出罪的条款,同时针对绑架罪增设了从宽的法定量刑档次。这打破了过去刑法修正仅仅注重扩大犯罪圈和提高法定刑的一味从严之立法惯例,开始注意入罪与出罪相结合、从严与从宽相协调,开始贯彻体现宽严相济的基本刑事政策。我国刑法全面贯彻宽严相济刑事政策的,当属《刑法修正案(八)》。《刑法修正案(八)》在规定一些从严内容的同时,也作了一系列从宽的修正,如取消13种犯罪的死刑,对已满75周岁的老年人犯罪从宽处理并原则上不适用死刑,对未成年人和怀孕的妇女犯罪进一步从宽处理,增设“坦白从宽”制度,对假释需要实际执行的年限作出例外规定以及降低两种犯罪的法定最低刑等。《刑法修正案(九)》则在《刑法修正案(八)》的基础上,更加注意全面而充分地贯彻宽严相济的基本刑事政策,对刑法典的相关罪刑规范作了更进一步从宽处理的安排与调整,包括进一步取消九种犯罪的死刑并严格死缓犯执行死刑的门槛,将绑架罪、贪污罪、受贿罪的死刑由绝对确定的死刑改为相对确定的死刑;部分地降低了贪污罪受贿罪的处罚力度,不仅将原来绝对确定的数额改为概括的数额,而且对犯贪污罪受贿罪,如实供述自己罪行、真诚悔罪、积极退赃,避免、减少损害结果发生的,还规定可以从宽处理。

(二)刑法修正的重心逐渐由单一走向综合

近20年来我国刑法立法调整内容广泛,涉及了除刑法总则第一章之外的其他各章。据统计,在刑法分则方面,十次刑法修正分别修改刑法分则第一章1次、第二章4次、第三章8次、第四章5次、第五章2次、第六章7次、第七章2次、第八章2次、第九章3次、第十章1次。其中,修正重点是死刑、腐败犯罪、金融犯罪、恐怖犯罪和网络犯罪,修改的条文数量和占相关条文总数比例分别是死刑22条、占比32.35%,腐败犯罪11条、占比27.5%,金融犯罪17条、占比50%,恐怖犯罪11条、占比100%,网络犯罪3条、占比60%。不过,我国刑法修正的重心在总体上也经历了由单一逐渐走向综合的过程。例如,1998年单行刑法的修正重心是外汇犯罪(包括骗购外汇罪和逃汇罪),1999年第一个刑法修正案修正的重心是破坏社会主义市场经济秩序犯罪,《刑法修正案(二)》修正的重心是非法占用农用地罪,《刑法修正案(三)》修正的重心是恐怖活动犯罪,《刑法修正案(四)》修正的重心是破坏社会主义市场经济秩序、妨害社会管理秩序和国家机关工作人员的渎职犯罪,《刑法修正案(五)》修正的重心是信用卡犯罪。不过,从《刑法修正案(六)》开始,我国刑法修正的重心开始走向多方面和综合性。其中,《刑法修正案(六)》的修正内容涵盖了危害公共安全罪、破坏社会主义市场经济秩序罪、侵犯公民人身权利罪、妨害社会管理秩序罪和渎职罪等;《刑法修正案(七)》则涉及破坏社会主义市场经济秩序罪、侵犯公民人身权利罪、侵犯财产罪、妨害社会管理秩序罪、危害国防利益罪和贪污贿赂罪等;《刑法修正案(八)》《刑法修正案(九)》因修正内容进一步扩充至刑法典总则,涉及的内容则更为广泛和综合。

(三)刑法立法政策的科学化

我国1979年刑法典创制时,强调要立足于惩办与宽大相结合的基本刑事政策。20世纪80年代初开始奉行的"严打"刑事政策对惩办与宽大相结合的基本刑事政策造成了冲击和影响,以至于到1997年修订刑法典时,并未像1979年刑法典那样在法典中载明惩办与宽大相结合的刑事政策。但惩办与宽大相结合作为我国基本刑事政策的地位并未被否定,而且在1997年刑法典中也得到了基本的体现。2005年起,我国开始将基本刑事政策由惩办与宽大相结合逐步调整确立为宽严相济。宽严相济的刑事政策是惩办与宽大相结合刑事政策的继承与发展,该政策要求在刑事法治领域要宽中有严、严中有宽、宽严相济、宽严有度。作为我国现阶段的基本刑事政策,它既指导刑事司法,也指导刑事立法和刑事执行。以宽严相济的基本刑事政策为指导,2009年的《刑法修正案(七)》开始注意刑法立法内容上的从严与从宽相结合,2011年的《刑法修正案(八)》和2015年的《刑法修正案(九)》进一步强化了刑法立法上的宽严相济,其中值得特别关注的是刑法立法在从宽方面的三大举措:(1)死刑制度的趋宽改革,包括提高死缓改为死刑立即执行的门槛、对老年犯罪人原则上不得适用死刑、针对贪污受贿犯罪增设具有死刑替代功能的终身监禁制度、废止22种罪名的死刑、取消3种犯罪之绝对确定的死刑规定等。通过严格限制死刑的适用,我国刑罚体系的严厉性有所降低。(2)特殊群体犯罪的从宽处理。除了对老年人原则上不适用死刑外,还包括对老年人犯罪的从宽处理，对未成年人、怀孕的妇女和老年人适用缓刑从宽，未成年犯罪人不成立累犯等。(3)具体犯罪处理的从宽。除了死刑改革所涉及的具体犯罪外，还包括提高了逃税罪、贪污罪、受贿罪等多种犯罪的入罪门槛，降低了绑架罪等多种犯罪的法定刑，削减了组织卖淫罪、强迫卖淫罪等多种犯罪的加重处罚情节。通过这些方式，我国刑法对相关犯罪的处罚力度有所降低。

第二节 前六个修正案内容整理

1999 年 12 月通过的《刑法修正案(一)》总共 9 个条文。其目的是"为了惩治破坏社会主义市场经济秩序的犯罪，保障社会主义现代化建设的顺利进行"。涉及的都是破坏社会主义市场经济秩序罪中的罪名，有关破坏金融管理秩序的罪名 5 个，扰乱市场秩序中的罪名 1 个，妨害对公司、企业的管理秩序罪名 2 个。主要内容是：(1)增加"隐匿、故意销毁会计凭证、会计账簿、财务会计报告罪"，作为《刑法》第 162 条(妨害清算罪)之一；(2)将《刑法》第 168 条修改为"国有公司、企业、事业单位人员失职罪"和"国有公司、企业、事业单位人员滥用职权罪"；(3)将《刑法》第 174 条修改为"擅自设立金融机构罪"和"伪造、变造、转让金融机构经营许可证、批准文件罪"；(4)在《刑法》第 180 条增加处罚期货内幕交易、泄露期货内幕信息的行为；(5)在《刑法》第 181 条增加处罚编造并传播期货交易虚假信息等行为；(6)在《刑法》第 182 条增加处罚操纵期货市场的行为；(7)将《刑法》第 185 条的犯罪主体由原来的"银行或者其他金融机构的工作人员"扩大到包括证券交易所、期货交易所、证券公司、期货经纪公司、保险公司的工作人员等；(8)将"未经国家有关主管部门批准，非法经营证券、期货或者保险业务的"作为“非法经营罪”的一项内容增加到《刑法》第225条。

2001年8月通过的《刑法修正案(二)》只有1个条文,该修正案是为了惩治毁林开垦和乱占滥用林地的犯罪,切实保护森林资源,专门针对非法占用耕地罪所做的修改,将罪名改为非法占用农用地罪,对对象作了扩充。

2001年12月通过的《刑法修正案(三)》共9个条文,是为了惩治恐怖活动犯罪,保障国家和人民生命、财产安全,维护社会秩序。其中9个涉及危害公共安全犯罪,例如,投放危险物质罪、资助恐怖活动罪、抢劫枪支、弹药、爆炸物、危险物质罪等,另外两个涉及洗钱罪和扰乱公共秩序罪。其主要内容包括:(1)将《刑法》第114条、第115条的“投毒罪”修改为“投放危险物质罪”;(2)提高了第120条“组织、领导恐怖活动组织罪”的法定刑;(3)增设了“资助恐怖活动罪”,作为第120条之一;(4)将第125条第2款的“非法买卖、运输核材料罪”修改为“非法制造、买卖、运输、储存危险物质罪”;(5)在第127条的盗窃、抢夺、抢劫枪支、弹药、爆炸物罪之后又增加了危险物质作为犯罪对象,即毒害性、放射性、传染病病原体等物质;(6)增加了第191条洗钱的对象“恐怖活动犯罪所得及其产生的收益”;(7)在第291条“聚众扰乱公共场所秩序、交通秩序罪”之后增加了“投放虚假危险物质罪”“编造、故意传播虚假恐怖信息罪”。

2002年12月通过的《刑法修正案(四)》总共9个条文,是为了惩治破坏社会主义市场经济秩序、妨害社会管理秩序和国家机关工作人员的渎职犯罪行为,保障社会主义现代化建设的顺利进行,保障公民的人身安全。在经济秩序犯罪中涉及生产、销售不符合标准的医用器材罪和走私淫秽物品罪,在社会管理秩序罪中涉及盗伐林木罪,在人身权利犯罪中涉及强迫职工劳动罪,在渎职犯罪中涉及徇私枉法罪。

主要内容包括:(1)修改了第145条的“生产、销售不符合标准的医用器材罪”,将原来的结果犯改为危险犯;(2)在第152条“走私淫秽物品罪”后增加一款“走私废物罪”;(3)增设“雇用童工从事危重劳动罪”,作为第244条“强迫职工劳动罪”之一;(4)将《刑法》第344条的“非法采伐、毁坏珍贵树木罪”修改为“非法采伐、毁坏国家重点保护植物罪”“非法收购、运输、加工、出售国家重点保护植物、国家重点保护植物制品罪”;(5)将《刑法》第345条第3款修订成“非法收购、运输盗伐、滥伐的林木罪”,增加了运输行为,删除了“以牟利为目的”;(6)在《刑法》第399条增加一款作为第3款,即“执行判决、裁定失职罪”和“执行判决、裁定滥用职权罪”。

2005年2月通过的《刑法修正案(五)》总共4个条文,目的是为了满足司法实践中打击金融等犯罪的需要。增加了窃取、收买、非法提供信用卡信息犯罪,修改了信用卡诈骗罪,修改并增加了过失损坏武器装备、军事设施、军事通信罪。涉及3个条款:(1)增设“妨害信用卡管理罪”和“窃取、收买、非法提供信用卡信息罪”,作为《刑法》第177条之一;(2)对《刑法》第196条“信用卡诈骗罪”作了修改,增加规定“使用以虚假的身份证明骗领的信用卡的”;(3)在《刑法》第369条增加一款,即“过失损坏武器装备、军事设施、军事通信罪”。

2006年6月通过的《刑法修正案(六)》总共20个条文,修正的目的是严密法网,加大惩罚力度等。对刑法的19个条文进行了修改补充,内容主要为两大部分,一是增加新罪,如强令违章冒险作业罪,大型群众性活动重大安全事故罪,不报、谎报安全事故罪,虚假破产罪,背信损害上市公司利益罪,骗取贷款、票据承兑、金融票证罪,背信运用受托财产罪,违法运用资金罪,组织残疾人、儿童乞讨罪,枉法仲裁罪,开设赌场罪,共11个罪名。二是对12个罪修改了罪状,其都是以入罪为目标，或降低入罪门槛，或减少入罪条件。其内容主要有以下几部分：一是危害公共安全方面的犯罪，包括对第134条“重大责任事故罪”的完善和“强令违章冒险作业罪”法定刑的提高；第135条“重大劳动安全事故罪”的完善（放宽犯罪成立条件，如去掉原来要求的“经有关部门或者单位职工提出后仍对事故隐患不采取措施”）；增设“大型群众性活动重大安全事故罪”（第135条之一）；增设“不报、谎报安全事故罪”（第139条之一）。二是妨害对公司、企业的管理秩序方面的犯罪，包括完善第161条的“违规披露、不披露重要信息罪”；增设“虚假破产罪”，作为第162条之二；修改《刑法》第163条、第164条，扩大商业贿赂犯罪的主体（从原来的“公司、企业工作人员”扩大到包括“其他单位的工作人员”）；增设“背信损害上市公司利益罪”，作为第169条之一。三是破坏金融管理秩序方面的犯罪，包括增设“骗取贷款、票据承兑、金融票证罪”，作为第175条之一；修改了第182条的操纵证券、期货市场罪，提高了法定刑；增设“背信运用受托财产罪”“违法运用资金罪”，作为第185条之一；修改第186条“违法发放贷款罪”的犯罪构成，将“造成较大损失”改为“数额巨大或者造成重大损失”；修改第187条“吸收客户资金不入账罪”，在犯罪构成要件上增加“数额巨大”；修改第188条“违规出具金融票证罪”，将“造成较大损失”的犯罪构成要件改为“情节严重”；再次扩大洗钱罪的上游犯罪范围。四是侵犯公民人身权利、民主权利方面的犯罪，增设“组织残疾人、儿童乞讨罪”，作为第262条之一。五是妨害社会管理秩序方面的犯罪，包括修改第303条，提高对开设赌场犯罪行为的刑罚；扩大“掩饰、隐瞒犯罪所得、犯罪所得收益罪”的适用范围，使其包含洗钱罪的上游犯罪之外的所有犯罪，以适应打击洗钱犯罪的需要。六是渎职方面的犯罪，增设“枉法仲裁罪”，作为第399条之一。

前六个修正案增加的新罪有 24 个：公共安全犯罪中共 4 个，分别是资助恐怖活动罪，强令他人违章冒险作业罪，大型群众性活动安全事故罪，不报谎报安全事故罪。经济秩序犯罪中有 10 个，分别是隐匿、故意销毁会计凭证、会计账簿、财务会计报告罪，国有公司、企业、事业单位人员失职罪，国有公司、企业、事业单位人员滥用职权罪，妨害信用卡管理罪，窃取、收买、非法提供信用卡信息罪，虚假破产罪，背信损害上市公司利益罪，骗取贷款、票据承兑、金融凭证罪，背信运用受托财产罪，违法运用资金罪。社会管理秩序罪中有 5 个，分别是投放虚假有害物质罪，变造、故意传播虚假恐怖信息罪，非法收购、运输、加工、出售国家重点保护植物、国家重点保护植物制品罪，组织残疾人、儿童乞讨罪，开设赌场罪。人身权利犯罪中有 1 个是雇用童工从事危重劳动罪。渎职犯罪中有 3 个，分别是执行判决、裁定失职罪，执行判决、裁定滥用职权罪，枉法仲裁罪。国防利益犯罪有 1 个是过失损坏武器装备、军事设施、军事通信罪。增加的罪名方面，《刑法修正案(六)》增加最多，达 11 个，《刑法修正案(四)》增加 4 个，《刑法修正案(一)》《刑法修正案(三)》《刑法修正案(五)》各增加 3 个；其中涉及公共安全的 4 个，经济秩序的 10 个，人身权利的 2 个，社会管理秩序的 4 个，贪渎的 3 个。罪状修改或是刑罚改变的地方共有 33 处，其中《刑法修正案(六)》改变 11 处，《刑法修正案(一)》8 处，《刑法修正案(三)》、《刑法修正案(四)》各 6 处，《刑法修正案(二)》、《刑法修正案(五)》各 1 处；公共安全犯罪中改变 6 处，经济秩序犯罪中改变 21 处，社会管理秩序犯罪中改变 6 处。

第三节 后三个修正案内容整理

如果说前六次刑法修正没有一个条文是关于出罪或者是减少刑

罚的，那么，《刑法修正案（七）》则是首次做到了既有入罪又有出罪；是一部既有加重刑罚也有减少刑罚的修正案。《刑法修正案（七）》开启了宽严相济刑事政策的先河，在一如既往的严密法网的情况下，体现了宽的一面，《刑法修正案（八）》和《刑法修正案（九）》则充分体现了宽严相济的政策精神。三个修正案增加的罪名36个，其中《刑法修正案（七）》增加了9个，《刑法修正案（八）》增加了7个，《刑法修正案（九）》增加了20个；在公共安全犯罪中增加了6个，经济秩序犯罪中增加了5个，人身权利犯罪中增加了5个，社会管理秩序犯罪中增加了15个，财产犯罪中增加了1个，贪渎犯罪中增加了3个。罪状改变或是刑罚修改共59处，其中《刑法修正案（七）》7处，《刑法修正案（八）》21处，《刑法修正案（九）》31处。其中，公共安全犯罪中3处，经济秩序犯罪23处，人身权利犯罪8处，财产权利犯罪3处，社会管理秩序犯罪19处，贪渎犯罪6处。

一、《刑法修正案（七）》内容整理

2009年通过的《刑法修正案（七）》总共15个条文，涉及的分别是破坏社会主义市场经济秩序犯罪、侵犯公民权利犯罪和贪污贿赂犯罪三大类犯罪。

主要内容包括：（1）增设了“走私国家禁止进出口的货物、物品罪”这一走私罪的兜底条款；（2）对第180条“内幕交易、泄露内幕信息罪”进行了修改，增加规定了一种行为，即“明示、暗示他人从事上述交易活动”，并增加了“利用未公开信息交易罪”这样一个新罪名；（3）将第201条的“偷税罪”修改为“逃税罪”；（4）增设“组织、领导传销活动罪”，作为第224条之一；（5）在第225条“非法经营罪”的第三项增加规定了“非法从事资金支付结算业务”的行为；（6）将第239条的"绑架罪"增加规定了一档"情节较轻的,处五年以上十年以下有期徒刑";(7)增设"出售、非法提供公民个人信息罪"和"非法获取公民个人信息罪",作为第253条之一;(8)增设"组织未成年人进行违反治安管理活动罪",作为第262条之二;(9)增设"非法获取计算机信息系统数据、非法控制计算机信息系统罪"和"提供侵入、非法控制计算机信息系统的程序、工具罪",作为第285条的第2款和第3款;(10)规定单位也可以构成第312条的"掩饰、隐瞒犯罪所得、犯罪所得收益罪";(11)将第337条的"逃避动植物检疫罪"修改为"妨害动植物防疫、检疫罪";(12)对《刑法》第375条进行了完善,将原来的"非法生产、买卖军用标志罪"分解成"非法生产、买卖武装部队制式服装罪"和"伪造、盗窃、买卖、非法提供、非法使用武装部队专用标志罪";(13)增设"利用影响力受贿罪"作为第388条之一;(14)提高了第395条"巨额财产来源不明罪"的法定刑。

改变了犯罪构成的共有9个条款,分为罪名改变和罪名没有改变两种。罪名改变的情形有4个,它们是走私禁止进出口货物、物品罪,增加走私其他货物物品为犯罪行为;逃税罪;妨害动植物防疫、检疫罪,设立为危险犯从而降低入罪门槛,增加妨害动植物防疫构成犯罪的规定;非法生产、买卖武装部队制式服装罪,新增伪造、盗窃、买卖、非法提供、非法使用武装部队专用标志罪。没有改变原有罪名,仅仅修改了犯罪构成要件的条文有5个,依次是内幕交易、泄露内幕信息罪,增加了"明示、暗示他人从事上述交易活动"的构成;非法经营罪,增加了"非法从事资金支付结算业务"构成;绑架罪,法定最低刑由有期徒刑10年降低为5年;掩饰、隐瞒犯罪所得、犯罪所得收益罪,增加了单位犯罪;巨额财产来源不明罪,法定最高刑由有期徒刑5年提高到10年。

在《刑法修正案(七)》15个条文中,共有9个是规定了新罪,严密了法网,体现了宽严相济刑事政策中的严密和严厉。在宽的方面,《刑法修正案(七)》对个别犯罪进行了减轻刑罚的修正。如为绑架罪增加了一个法定刑档,考虑了绑架罪中情节较轻的情况。正是因为设立了较轻的量刑幅度,使绑架罪在立法中严中有宽,达到宽严平衡,使绑架罪的最低刑从10年降低到5年。将偷税罪改为逃税罪,将补缴税款,缴纳滞纳金,接受行政处罚的行为,不予追究刑事责任。在贯彻宽严相济的宽的一面上,《刑法修正案(七)》起到了首开先河的作用。

二、《刑法修正案(八)》内容整理

(一)条文内容梳理

《刑法修正案(八)》50个条文有49个条文对刑法作了修改补充。49个条文中有19个条文对刑法总则进行修改,30个条文对刑法分则个罪进行修改,在这30个条文中,有10个是取消死刑罪名的,死刑的改革成为《刑法修正案(八)》的亮点。49个条文中有18个做了宽的取向,25个依然坚持严的立场,6个采取明确化的做法。

主要内容包括:(1)取消13种非暴力犯罪的死刑,包括4个走私类罪、5个金融类罪、2个妨害文物管理类罪,以及盗窃罪和传授犯罪方法罪。(2)调整生刑,主要体现在三个方面:一是限制死缓犯减刑,并延长特殊死缓犯的实行执行刑期,即死缓犯有重大立功表现的,2年期满后减刑后的刑罚由原来的15年以上20年以下调整为25年有期徒刑,同时还规定对特殊死缓犯法院可以根据犯罪情节等决定限制减刑。特殊死缓犯缓期执行期满后减为无期徒刑的,实际执行期限不能少于25年,缓期执行期满后减为25年有期徒刑的,不能少于20年。二是普遍延长了无期徒刑的实行执行刑期,即无期徒刑减刑以后实际执行刑期不能少于 13 年,被判处无期徒刑的实际执行 13 年以上才可以假释,比过去提高了 3 年。三是附条件地提高了有期徒刑数罪并罚的刑期,即有期徒刑数罪总和刑期在 35 年以上的,数罪并罚后的最高刑期可达 25 年(原来所有的数罪并罚最高刑期均只有 20 年)。(3)对未成年人犯罪的处理进一步从宽,也主要从三方面进行了完善:一是不满 18 岁的人犯罪的,不构成累犯;二是对不满 18 周岁的人犯罪,符合缓刑条件的,应当宣告缓刑;三是犯罪的时候不满 18 周岁被判处 5 年有期徒刑以下刑罚的人,免除其前科报告义务。(4)对老年人犯罪从宽处理。一是规定了对老年人从宽处理的一般原则,即已满 75 周岁的人故意犯罪的,可以从轻或减轻处罚;过失犯罪的,应当从轻或减轻处罚。二是规定老年人犯罪审判的时候已满 75 周岁的人,不适用死刑(但以特别残忍手段致人死亡的除外)。三是规定老年罪犯适用缓刑从宽,即已满 75 周岁的人犯罪,符合缓刑条件的,应当宣告缓刑。(5)将实践中试行多年的社区矫正纳入刑法,明确规定对被判处管制、被适用缓刑和假释的犯罪人"依法实行社区矫正"。(6)加大"打黑除恶"的力度。一是对组织、领导、参加黑社会性质组织罪增设了财产刑,即在原有的自由刑之外,还可以并处罚金、没收财产。二是加大了对黑社会性质组织"保护伞"的打击力度。三是扩大了特殊累犯的范围,在原来的危害国家安全罪之外增加了恐怖活动犯罪和黑社会性质组织犯罪,即这三种犯罪在刑罚执行完毕或者赦免以后任何时候再犯上述任一类罪的,都以累犯论处。四是对敲诈勒索罪、强迫交易罪、寻衅滋事罪等黑社会性质组织经常采取的犯罪形式的相关规定进行了完善。(7)加强对民生的刑法保护,增设危险驾驶罪、组织出卖人体器官罪、拒不支付劳动报酬罪、食品安全监管渎职罪等罪名,并对非法摘取他人人体器官的刑法适用等问题做了明确,对生产、销售不符合安全标准的食品罪和生产、销售有毒、有害食品罪作了完善,进一步加大了对食品安全犯罪的惩治力度。

(二)修改分为从宽、从严和明确化三个类型

一是修改是为了实现刑罚轻缓和人权保障,是宽大、宽缓和宽容的方面。其内容包括:对老年人和未成年人从宽处罚,将未成年人排除出累犯的规定,增加社区矫正这一非监禁刑的规定,对减轻处罚作了更具有操作性的、而且是有利于被告人的规定,将坦白作为法定从宽量刑情节进行规定,增加了未成年人 5 年以下有期徒刑前科免除报告制度。然后就是取消 10 个犯罪的死刑,分别是走私文物罪、走私贵重金属罪、走私珍贵动物珍贵动物制品罪、走私普通货物物品罪,票据诈骗罪、金融凭证诈骗罪、信用证诈骗罪、虚开增值税专用发票、用于骗取出口退税、抵扣税款发票罪、伪造、出售伪造的增值税专用发票罪、盗窃罪、传授犯罪方法罪、盗掘古文化遗址古墓葬罪、盗掘古人类化石古脊椎动物化石罪。

二是提高刑罚或者增加新罪,是严厉、严格和严密的方面。包括提高死缓减刑的有期徒刑期限并作了限制减刑的规定;删除了又自首又立功从轻处罚的规定;将数罪并罚最高刑期从 20 年提高至 25 年;进一步明确了减刑的刑期限制,提高了实际执行的刑期;增加了构成特殊累犯前置犯罪范围;增加了犯罪集团首要分子不适用缓刑的规定;将适用假释的刑期由 10 年提高到实际执行 13 年以上;将资助实施危害国家安全犯罪的主体从境内组织或个人增加为境内外机构、组织或者个人;删去了叛逃罪"危害中华人民共和国国家安全的"规定,将结果犯改为行为犯,扩大处罚范围;增加了危险驾驶罪;将生产、销售假药罪从具体危险犯改为抽象危险犯,扩大了构成范围;增加了对境外国际公共组织官员或者外国公职人员行贿构成商业贿赂罪的规

定,完善了行贿的对象范围;增加了集资诈骗罪、票据诈骗罪、信用证诈骗罪的罚金刑种类;新增了虚开普通发票罪;新增非法持有伪造发票罪;在强迫交易罪中增加行为类型、删去情节严重的规定、删去用人单位的规定、增加刑档、改变罚金刑适用规定、增加共犯规定;新增非法买卖人体器官罪;修改了强迫职工劳动罪的罪状,扩大了打击范围;将多次行为纳入敲诈勒索的犯罪构成,衔接了劳教制度的废除,提高了法定刑;新增恶意欠薪罪;完善并明确寻衅滋事罪的规定,增加从严惩处首要分子的规定;明确了黑社会性质组织犯罪的特征,提高了该罪的法定刑;改变了重大环境污染事故罪的构成要件,将"造成重大事故致使重大损失或严重后果"改为"严重污染环境的",降低了入罪条件,扩大了其处罚范围;删除了非法采矿罪的构成前置条件,将"重大损失"改为"情节严重",扩大了构成范围;增加了食品安全监管失职罪。

三是既不涉及出罪与入罪,也不涉及刑罚的变化,仅仅是作明确化规定,也属于严密的方面,这类条文一共有6个。它们依次是:明确了缓刑适用的条件、附加刑的执行条件;将缓刑、假释纳入社区矫正的范畴;改变了生产、销售不符合卫生标准的食品罪以及生产、销售有毒、有害食品罪罚金刑的适用方式,将过去比例加倍数修改为并处罚金的概括规定;明确了协助组织卖淫罪的构成要件,增强了可操作性。

从《刑法修正案(八)》三类不同性质条文的比例结构来看,提高刑罚、增加新罪或扩大处罚范围的数量达25条,占49个条文数量的51%。但相对于前七部修正案,《刑法修正案(八)》有18个条文都是降低刑罚或者缩小处罚范围或者对未成年人或老年人从宽处罚的,加上另外6个为了实现明确性的条文,总共24个、占比为49%。形成了从严与从宽51比49的格局,基本上相当,这是原来的修正案不可想象的,发生了质的变化。这意味着《刑法修正案(八)》真正改变了前七部修正案在刑法修改上从严的绝对方向,实现了宽严相济两端的方向和数量上的平衡。

(三)内容归类研究

《刑法修正案(八)》的重点是落实中央深化司法体制和工作机制改革的要求,完善死刑法律规定,适当减少死刑罪名,调整死刑与无期徒刑、有期徒刑之间的结构关系,改变死刑偏重、生刑偏轻的问题。针对几个主要的部分作出如下归类:

首先是在刑罚结构作了重大的调整。一是减少死刑罪名。取消13个经济性非暴力的在司法实践中基本上属于虚置的犯罪的死刑。13个死刑罪名占总共65个的19.1%。二是提高死刑缓期的实际刑期并作限制减刑的规定。延长其实际服刑期,减刑幅度修改限定为20年有期徒刑,同时规定可以限制减刑。三是完善假释规定,将假释纳入社区矫正。死刑缓期执行减为无期徒刑,被实行限制减刑的犯罪分子实际执行20年以上,死刑缓期执行减为20年有期徒刑,被限制减刑的犯罪分子实际执行18年以上,可以假释。四是延长有期徒刑数罪并罚的刑期到25年。

其次是完善黑社会性质组织犯罪圈的法律规定。黑社会性质犯罪经常伴随敲诈勒索罪、强迫交易罪和寻衅滋事罪,这几种行为往往是黑社会组织犯罪的手段行为,同时修改这几个罪可以形成严密的打击圈。第一,明确黑社会性质组织犯罪的特征,加大处罚力度。明确了其组织特征,为打击黑社会性质组织犯罪提供了法律边界。增加财产刑规定,可以并处罚金或是没收财产。第二,调整敲诈勒索罪的入罪门槛,完善法定刑。敲诈勒索是黑社会性质组织犯罪的伴生罪,结合劳动教养废除,将多次行为纳入;法定最高刑提至15年,增加罚金刑。第三,完善强迫交易罪的规定,增加行为类型、删去情节严重、删去用人单位的规定、增加刑档、改变罚金刑适用规定,增加共犯规定。第四,完善寻衅滋事罪的规定,从严惩处首要分子。同样是基于劳动教养的废除增加了多次行为入罪以作衔接,可以并处罚金。

最后是充分体现宽严相济之宽的一面。一是完善对未成年人和老年人犯罪从宽处理的规定。未成年人排除成立累犯;未成年人和老年人只要符合缓刑条件的,应当予以缓刑;老年人故意犯罪的,采取得减主义原则,过失犯罪的,采取必减主义原则;老年人有条件不适用死刑;未成年人有条件免除前科报告义务。二是明确及扩大缓刑适用的条件。对累犯和犯罪集团的首要分子不得适用缓刑。三是完善管制刑及缓刑、假释的执行方式。实行社区矫正。对判处管制的罪犯,可以实行禁止令。四是坦白从宽的刑事政策刑法规范化。

(四)宽严相济严厉、严格和严密方面

《刑法修正案(八)》主要从10个方面体现宽严相济刑事政策的严厉、严格和严密的要求:(1)提高死刑缓期执行犯的实际刑期并作出限制减刑的规定;(2)延长了无期徒刑的实际执行刑期,将无期徒刑的实际执行最低刑期从10年提高到13年;(3)提高了有期徒刑数罪并罚的刑期,最高可到25年;(4)严格了管制的执行,作了禁止性规定,禁止从事特定活动,进入特定区域、场所,接触特定的人;(5)扩大了特殊累犯的范围,将恐怖活动犯罪、黑社会性质组织的犯罪纳入;(6)删除了自首并有重大立功表现应当减轻或者免除处罚的规定;(7)扩大了不得使用缓刑的范围,增加规定对犯罪集团的首要分子不得适用缓刑；(8)增加了9种新罪；(9)减少10种犯罪的构成要件要素或者降低其入罪的门槛；(10)提高了8种犯罪的法定最高刑。

三、《刑法修正案(九)》内容整理

(一)条文内容梳理

《刑法修正案(九)》共52条，除了第52条规定生效时间外，其中4个条文对总则进行了修改，47个条文对分则进行了修改。在51个条文中，采取宽大、宽缓和宽容的取向的有10个条文，沿用严厉、严格和严密的做法的有41条，属于明确性规定的有3条。

一是为了实现刑罚轻缓和人权保障而对刑法典相关条文进行修改和补充，共有10个条文。第2条死缓改为立即执行的条件严苛化，第9条废除走私武器、弹药、核材料、伪造的货币的死刑，第11条废除伪造货币的死刑，第12条废除集资诈骗罪、信用证诈骗罪、票据金融凭证诈骗罪的死刑，第14条将绑架罪的绝对确定刑改为相对确定刑，第42条废除组织强迫卖淫罪的死刑，第43条删去嫖宿幼女罪，第44条贪污罪定罪数额和量刑数额的提高，允许诉前悔罪、退赃的刑罚奖励规定，第50条废除阻碍执行军事职务罪死刑，第51条废除战时造谣惑众罪死刑。

二是提高刑罚或者增加新罪以便更好地打击相关犯罪的条文，共计41条。第1条增加职业禁止的规定，第3条对罚金刑种增加经法院的裁定和延期缴纳的规定，第5条在组织领导参加恐怖活动组织罪中增加财产刑，第6条在资助恐怖活动罪中增加资助培训和招募运送人员的行为类型，第7条增加了准备实施恐怖活动罪，宣扬恐怖主义、极端主义、煽动实施恐怖活动罪，利用极端主义破坏法律实施罪，强制穿戴宣扬恐怖主义、极端主义服饰、标志罪，非法持有宣扬恐怖主义、极端主义物品罪,第8条在危险驾驶罪中增加了行为类型和新类型的过失共犯,第10条在对非国家工作人员行贿罪中增加罚金刑,第11条在伪造货币罪中将定额罚金改为概括规定,第13条在强制猥亵罪中增加行为对象,增加了情节恶劣的加重情形,第15条收买被拐卖的妇女儿童罪一律入刑,第17条在出售提供个人信息罪中扩大了主体、放宽了条件、增加了刑档,第19条在虐待罪中增加了犯罪对象、增加了单位主体,第20条在抢夺罪中增加多次行为类型、严重情节的构成条件、财产刑的规定,第21条暴力袭警确定为妨碍公务罪从重处罚,第22条在伪造变造证件印章罪中增加罚金刑、增加身份证的对象范围和买卖行为及刑档,第23条在非法生产销售间谍专用器材罪中增加对象、增加刑档、单位主体、罚金刑的规定,第24条增加使用虚假身份证件罪,第25条增加了组织考试作弊罪、非法出售、提供试题、答案罪、代替考试罪,第26条在非法侵入计算机信息系统罪中增加单位主体,第27条在破坏计算机信息系统罪中增加单位主体,第28条增加拒不履行信息网络安全管理义务罪,第29条增加非法利用信息网络罪和帮助信息网络犯罪活动罪,第30条对扰乱无线电管理秩序罪降低入罪条件、扩大入罪范围、增加刑档,第31条在聚众扰乱国家秩序罪中增加对象和多次行为、增加组织资助非法聚集罪,第32条增加编造、故意传播虚假信息罪,第33条对组织、利用会道门、邪教组织、利用迷信破坏法律实施罪增加财产刑、完善刑档、增加构成、数罪并罚规定,第34条对盗窃、侮辱尸体罪增加行为对象,第35条增加虚假诉讼罪,第36条增加泄露不应公开的案件信息罪和披露、报道不应公开的案件信息罪,第37条对扰乱法庭秩序罪明确和增加了行为类型,第38条对拒绝提供间谍证据罪增加行为对象,第39条对拒不履行判决裁定罪增加刑档,第40条对偷越国边境罪增加恐怖目的的加重刑档,

第 41 条对非法生产、买卖、运输制毒原料罪扩大构成范围、增加刑档，第 44 条对贪污罪增加终身监禁刑，第 45、46、47、48、49 条对贿赂犯罪增加罚金刑。

三是既不涉及出罪与入罪，也不涉及刑罚的提高或降低，只是为了实现条文明确化的，这类条文一共是 3 个。第 4 条对有期徒刑、管制和拘役的并罚作明确规定，第 16 条对网络信息犯罪提供证据的公安协助作了明确规定，第 18 条对虐待罪中的告诉作了明确规定。

(二)内容归类研究

《刑法修正案(九)》在针对打击暴恐活动、腐败治理、民生保障、社会秩序管理进行了重点修改。

第一，完善了防治暴恐犯罪的法网。在《刑法修正案(三)》将组织领导参加恐怖组织活动罪进行分层明确规定和增加了资助恐怖活动罪后，本次修正增加了两个罪的财产刑，增加了资助恐怖活动罪的行为类型。增设了五个新罪，将恐怖活动的准备行为、制作散发宣扬恐怖主义和极端主义的资料物品、宣扬恐怖主义，煽动恐怖活动的行为、利用极端主义破坏法律实施行为、强制他人穿戴恐怖主义和极端主义服饰标志的行为、持有恐怖主义极端主义物品的行为入罪，形成了一个包括准备、组织、领导、参加、宣传、利用恐怖主义和极端主义行为以及对相关物品非法持有和强制他人穿戴的严密的犯罪圈。基本上涵盖了恐怖主义行为从准备到实施到完成后的状态可能涉及的所有行为类型，包含涉及恐怖活动的偷越国边境行为。在刑罚设置上，对所有罪名都设置了财产刑；虽然组织领导恐怖活动组织的最高刑是无期徒刑，但是实施杀人、爆炸、绑架等罪数罪并罚的规定相当于将刑罚提升至死刑，在刑罚上涵盖了主刑和附加刑。

第二,进一步强化人权保障,努力用刑法引导、构建社会诚信体系。一是将强制侮辱猥亵妇女儿童罪改为强制侮辱他人罪,首次将男性作为犯罪对象并增加了加重刑档。二是对收买妇女、儿童犯罪不作除罪处理,一律定罪,从需要市场的角度遏制拐卖类型的发生。三是对原来虐待罪的身份犯性质作了极大的扩充,增加了负有监护、看护职责的人,应对社会中频频出现的对未成年人、老年人、患病的人、残疾人等的虐待行为。四是完善了有关身份证的犯罪,对证件的范围作了极大的扩张;将买卖及使用伪造、变造的居民身份证、护照等证件的行为入罪,严密法网。五是对考试作弊行为进行刑法规制,用刑法的方式促进诚信体系的构建。六是增加规定虚假诉讼犯罪。

第三,加强社会治理,维护社会秩序。包含两个方面,一方面是完善社会秩序犯罪的规定,主要是:其一,增加危险驾驶罪的行为类型,增加过失共犯的规定。其二,将多次抢夺的行为入罪,衔接劳动教养制度的废除留下的社会管理的真空。其三,将生产、销售窃听、窃照专用器材的行为入罪。其四,对聚众扰乱公共秩序罪作了重大修改,不仅将医疗领域纳入,而且增加多次扰乱行为有条件入罪的规定,个人完全可以构成犯罪,同时对多次组织、资助的行为定罪,形成了扰乱公共秩序犯罪中个人扰乱行为、聚众扰乱行为、组织扰乱行为、资助扰乱行为都入罪的严密法网。其五,对完善组织、利用会道门、邪教组织破坏法律实施罪,重者增加法定最高刑至无期徒刑,轻者降低刑罚至3年以下有期徒刑,有宽有严,同时完善了财产刑。另一方面是完善妨害司法犯罪体系,主要是:其一,新增泄露不应公开案件信息罪。其二,完善扰乱法庭秩序罪,扩充了行为模式。

其三，进一步完善拒不执行判决、裁定罪的规定，增加刑档，并增加单位犯罪的规定。

第四，进一步完善反腐败规制制度。首先，对贪污受贿罪的定罪量刑做出重要修改，这主要体现在对《刑法》第 383 条的修改上，一是修改了贪污受贿犯罪的定罪量刑标准，取消了原来的具体数额标准，采用数额加情节的标准；二是进一步补充了对贪污受贿犯罪从轻、减轻、免除处罚的条件；三是增加规定了对被判处死缓的重特大贪污受贿犯，在死缓执行 2 年期满依法减为无期徒刑后，不得减刑、假释的终身监禁制度；四是在贪污受贿犯罪量刑相对较轻的档次中增加规定并处罚金刑，使并处财产刑贯穿贪污受贿罪的全部量刑档次；五是把原来的四个量刑档次修改为现在的三个量刑档次；六是压缩了交叉刑；最后，还删除了原来条款中的行政处分内容。其次，严密行贿犯罪的刑事法网，加大对行贿犯罪的打击力度，如增设“对有影响力的人行贿罪”，与《刑法修正案（七）》设立的“利用影响力受贿罪”相呼应；修改行贿罪的特殊自首制度，对行贿人在被追诉前主动交代行贿行为的减轻处罚或免除处罚作了从严规定；对行贿罪、对单位行贿罪、介绍贿赂罪等增设罚金刑，并将单位行贿罪的罚金刑扩大至直接负责的主管人员和其他直接责任人员。最后，完善腐败犯罪的预防性措施，增设从业禁止的规定，即对因利用职业便利实施犯罪或者实施违背职业要求的特定义务的犯罪而被判处刑罚的，人民法院可以根据犯罪情况和预防再犯罪的需要，禁止其自刑罚执行完毕之日或者假释之日起三至五年内从事相关职业（其他法律、行政法规对其从事职业另有禁止或限制性规定的，从其规定）。虽然该条款的适用范围应不限于腐败犯罪，但可以肯定地说，对腐败犯罪的预防是其出台的重要动因，这可以从立法机关负责人在作草案说明时把其归入“加大对腐败犯罪的惩处力度”这一部分得到证明。

第五，以生刑更重死刑更少的精神调整刑罚结构。针对我国刑罚体系中死刑罪名偏多，自由刑相对较轻，尤其是死刑与生刑之间缺乏应有的衔接的情况，《刑法修正案（九）》在《刑法修正案（八）》确立限制减刑制度的基础上，确立了终身监禁制度，提高了部分犯罪的自由刑，增加了部分犯罪的财产刑。《刑法修正案（九）》对部分犯罪加重了自由刑，对有些犯罪增加了罚金刑与没收财产刑，加大了对犯罪的惩罚力度。一是恐怖主义犯罪方面，对组织、领导、参加恐怖组织罪增加了财产刑，将与恐怖主义相关的偷越国边境犯罪，提高一档法定刑。二是侵犯人身权犯罪方面，加大对强制猥亵他人与侮辱妇女犯罪情节恶劣情形的惩处力度、增加加重刑档，收买被拐卖的妇女、儿童罪一律入刑。三是妨害社会管理秩序犯罪方面：1. 对暴力袭警的，依照妨害公务罪从重处罚。2. 对扰乱无线电通讯管理秩序罪增加刑档。3. 对拒不执行判决裁定罪增加刑档。4. 对非法生产、买卖、运输、走私制毒物品罪增加刑档。5. 对伪造、变造、买卖、盗窃、抢夺、毁灭国家机关的公文、证件、印章罪，伪造公司、企业、事业单位、人民团体印章罪增加罚金刑。6. 对组织、利用会道门、邪教组织破坏法律实施罪增加了罚金刑；加大对情节特别严重行为的惩治力度，增加了“无期徒刑”“并处罚金或者没收财产”；增加规定对组织、利用邪教等蒙骗他人致人重伤的，依法追究刑事责任，对利用邪教等奸淫妇女、诈骗财物的，增加规定数罪并罚。四是贪污贿赂犯罪方面：1. 增加规定贪污贿赂犯罪的“终身监禁”。2. 对行贿罪增加罚金、没收财产等财产刑；进一步严格对行贿罪从宽处罚的条件。3. 对介绍贿赂罪、单位行贿罪增加罚金刑。4. 对非国家工作人员受贿罪，在第一档刑中增加了罚金刑。

(三)宽严相济严厉、严格和严密的方面

1. 通过增加犯罪行为方式和扩充犯罪主体范围,严密规制危害公共安全、侵犯人身财产、危害信息网络、妨害审判权威、背信欺诈、扰乱社会秩序、行贿等犯罪的刑事法网。2. 适当提高部分犯罪的法定刑。例如,为了严厉打击间谍犯罪、强化司法权威,提高非法生产、销售间谍专用器材和拒不执行判决裁定罪的法定刑。3. 增加恐怖主义、贪污受贿等犯罪的财产刑,增加职业禁止的附加刑,有效提高刑罚的预防实效。4. 应对风险社会的风险刑法的突出表现。考虑到恐怖主义、极端主义犯罪侵害的是社会公共安全等重大法益,需要刑法提前介入,在恐怖活动犯罪中将预备行为上升为实行行为。5. 与传统犯罪相比,网络犯罪的隐蔽性更强,影响也更大,这给犯罪证据的收集、案件的处理等带来了新的困难。基于网络犯罪治理的需要,将违法利用信息网络等传统犯罪的预备行为单独成罪。

第四节　后三个修正案宽大、宽缓和宽容的表现

一、《刑法修正案(七)》宽大、宽缓和宽容的方面

《刑法修正案(七)》将偷税罪改为逃税罪,将补缴税款,缴纳滞纳金,接受行政处罚的行为,不予追究刑事责任。五年内因逃避税款受过刑事处罚或者被税务机关给予二次以上行政处罚的除外,五年内逃税只要没有被刑事处罚过的或者被行政机关给予两次以上处罚的,第一次被发现的,只要服从行政机关的处罚就一律不入罪。此外,对绑架罪设置减轻情节。

二、《刑法修正案(八)》宽大、宽缓和宽容的方面

(一)条文内容直接体现宽大、宽缓和宽容的方面

《刑法修正案(八)》从诸多方面体现了宽的一面,其内容包括对老年人和未成年人从宽处罚,将未成年人排除出累犯的规定,增加社区矫正这一非监禁刑的规定,对减轻处罚作了更具有可操作性的规定,而且是有利于被告人的规定,将坦白作为法定从宽量刑情节进行规定,增加了未成年人在5年以下前科免除报告制度。然后是取消10个犯罪的死刑,分别是走私文物罪、走私贵重金属罪、走私珍贵动物珍贵动物制品罪、走私普通货物物品罪,票据诈骗罪、金融凭证诈骗罪、信用证诈骗罪、虚开增值税专用发票、用于骗取出口退税、抵扣税款发票罪、伪造出售伪造的增值税专用发票罪、盗窃罪、传授犯罪方法罪、盗掘古文化遗址古墓葬罪、盗掘古人类化石古脊椎动物化石罪。此外,还取消了武装掩护走私行为适用无期徒刑与死刑的规定。

《刑法修正案(八)》从三个方面首次创建了老年人犯罪的从宽制度:一是老年人故意犯罪采取得减主义原则,过失犯罪采取必减主义原则;二是对老年人有条件不适用死刑;三是老年人只要符合缓刑条件的,规定应当予以缓刑。

(二)立法过程的取舍体现宽大、宽缓和宽容的方面

第一,限制危险驾驶的行为类型。在现实生活中,危险驾驶的行为类型多种多样,有醉酒驾驶、吸毒驾驶、超速驾驶等,特别是毒驾,入罪的呼声很高,但是考虑到技术的问题没有入罪,仅仅规定了醉酒驾驶机动车和在道路上驾驶机动车追逐竞驶两种危险驾驶行为,体现了立法谨慎的态度。第二,将危险驾驶罪仅仅设置为危险犯而没有结果

犯和结果加重犯的规定,也是一种谦抑的表现。第三,开创性地规定了主刑没有有期徒刑的情况,即危险驾驶罪只有拘役的主刑,体现了宽缓的一面。

三、《刑法修正案(九)》宽大、宽缓和宽容的方面

(一)条文内容

《刑法修正案(九)》宽大、宽缓和宽容方面:一是一次性取消了9种犯罪的死刑;二是将绑架罪、贪污罪、受贿罪的死刑由绝对确定的死刑改为相对确定的死刑,增加了这些犯罪适用刑罚的选择;三是提高了死缓犯罪改为执行死刑的门槛,将死缓犯罪执行死刑的条件由"故意犯罪"提升为"故意犯罪,情节恶劣",这有助于减少死刑的执行;四是部分地降低了贪污罪受贿罪的处罚力度,不仅将原来绝对确定的数额改为概括的数额,而且对犯贪污罪受贿罪如实供述自己罪行、真诚悔罪、积极退赃,避免和减少损害结果发生的,还规定可以从宽处理。

(二)立法过程

第一,审慎处理暴力袭警行为的立法化问题。在立法过程中主要有两种不同意见:一种主张单独设袭警罪,该意见得到了我国有关部门的强烈支持;另一种意见建议将袭警作为妨害公务罪的从重情形并加以严格限制。袭警行为多发,但是警察执法的不文明也经常出现,单独设立袭警罪似乎容易将矛盾凸显,在妨害公务罪中将袭警行为明确列举出来,可以起到相应的震慑和预防犯罪的作用。在法网上,涵盖袭警的妨害公务罪最高刑期3年,袭警行为可能涉及的包括寻衅滋事、故意伤害、故意杀人最高可判处死刑。法网是严密的,没有必要再单独设立袭警罪。《刑法修正案(九)》规定依照妨害公务罪从重处

罚,体现了宽的一面。袭警罪是一种对警察的事后保护制度,而保护警察应当考虑前置配套法律的设置。

第二,审慎处理藐视法庭罪的立法化问题。当今中国,在司法权威受到质疑,司法秩序屡屡被破坏的情况下,似乎有足够的理由设立此罪。但是立法机关对此采取了审慎的态度。目前立法以泄露国家秘密罪和扰乱法庭秩序罪进行规制,体现了藐视法庭罪在法庭内和法庭外的规制需要。在扰乱法庭秩序罪中,将行为类型作了扩充,但是保持了一定的克制,将聚众哄闹、冲击法庭或者殴打司法工作人员、诉讼参与人的行为由结果犯改为行为犯,在侮辱、诽谤、威胁的行为中加入严重扰乱法庭秩序的结果条件和不听法庭制止的前置条件。因为从立法的明确性来讲,殴打的定义是比较明确的,而侮辱、诽谤、威胁的定义则具有明显的主观性和模糊性,其行为的边界有待进一步的明确,故立法上采用审慎的态度作限制是必要的。

第三,审慎对待“毒驾”入刑问题。毒驾入罪呼声由来已久,而且现实中屡屡发生,特别是在中国吸毒人数剧增的情况下,立法之初也尝试作入罪规定,但是考虑到技术可行性问题,立法机关还是采取谨慎的态度,目前依然将其归类到行政处罚的规制中,毒驾涉及其他犯罪的如交通肇事、危害公共安全等的依相应规定处罚。这反映了我国立法机关对“毒驾”入刑的审慎态度。

第四,审慎处理行贿罪的从严处罚问题。《刑法修正案(九)》对行贿犯罪增加了罚金刑的规定,同时严格了对行贿罪从宽处罚的条件。行贿罪是否要处罚、如何处罚在立法中争议很大,这涉及一个价值判断和现实功利考量的问题,从价值层面讲,行贿行为与受贿行为一样有很大的危害性,甚至于行贿行为是受贿发生的诱因,很多情况是行贿人将受贿人拉下水的,可以说是行贿人腐蚀了受贿人。因此,从这个角度来说,应该是行贿受贿一起抓,不能像之前法律规定一样给予出罪的出口,导致司法实践中行贿犯罪基本不处罚。从现实功利角度看,免除行贿人的处罚容易打破行贿人和受贿人之间的攻守同盟,利用囚徒困境的心态达到侦破受贿案件的效果,之前法律规定给予行贿罪以从宽处罚就是这种考虑。因此,在立法过程中针对两种角度的考虑有不同的意见,当然,刑事政策的指导作用起了决定性的作用,最终还是取消了行贿从宽处罚的规定,但只是采取了适当从严的规定,是较为宽缓的做法。

第五,适度的犯罪化。对犯罪化问题的态度是审慎的。除了对恐怖主义、极端主义犯罪保持高压态势并增设了不少新的犯罪外,对其他许多行为的入罪都较为谨慎,保持了较高的入罪门槛。如在增设了扰乱国家机关工作秩序罪和组织、资助他人非法聚集罪中,仅仅考虑对国家机关工作秩序的扰乱,而没有将其他的事业单位等社会秩序纳入规制对象,同时设置了较为严格的入罪条件,一是要多次,至少是三次;二是经过行政处罚后仍不改正的,也即在行政处罚后还有该同类行为,而且该同类行为是基于同样的原因,与被行政处罚的行为性质相同的,否则不应该被认为是同样的行为;三是对扰乱国家机关秩序的行为采用造成严重后果的规定,是一个实际性危害后果的表述,而不是情节严重等开放式的表述。但是对于组织资助者则采用了开放式的表述,表明了立法机关严厉的态度。笔者认为,构成犯罪的行为是一个危害社会的行为,其前提是具有社会危害性和刑事违法性,如果是民众正常行使申诉、批评建议权,是一种正当的行使权利行为,不能逾越这个界限去入罪,因此,对于有正当理由、符合国家规定的申诉、上访行为不应按照犯罪处理。在增设的考试作弊类犯罪中,将考试仅限于法律规定的国家考试，对考试作弊的范围采取了严格限制的态度；在编造、故意传播虚假信息罪中，立法机关听取了一些单位的意见，将虚假信息的范围限定为虚假的险情、疫情、灾情、警情，入罪的范围明显限缩。

第五节　九个修正案罪名及罪状变化汇总①

一、九个修正案新增罪名和罪状改变汇总

新增罪名的具体情况为：(1)《关于骗购外汇、逃汇和非法买卖外汇犯罪的决定》增设1个，即骗购外汇罪。(2)《刑法修正案(一)》增设1个，即第162条之一隐匿、故意销毁会计凭证、会计账簿、财务会计报告罪。(3)《刑法修正案(三)》增设3个，包括第120条之一资助恐怖活动罪，第291条之一的投放虚假危险物质罪与编造、故意传播虚假恐怖信息罪。(4)《刑法修正案(四)》增设4个，包括第152条第2款走私废物罪，第244条之一雇用童工从事危重劳动罪，第399第3款执行判决、裁决失职罪与执行判决、裁判滥用职权罪。(5)《刑法修正案(五)》增设2个，即第177条之一妨害信用卡管理罪与第369条第2款过失损坏武器装备、军事设军事通信罪。(6)《刑法修正案(六)》增设9个，包括第135条之一大型群众性活动重大安全事故罪，第139条之一不报、谎报安全事故罪，第162条之二虚假破产罪，第169条之一背信损害上市公司利益罪；第175条之一骗取贷款、票

① 《刑法修正案(十)》只增加了侮辱国歌罪，对犯罪统计不具有指标意义，故本书暂不列入统计中。

据承兑、金融票证罪，第185条之一背信运用受托财产罪与违法运用资金罪；第262条之一组织残疾人、儿童乞讨罪，第399条之一枉法仲裁罪。（7）《刑法修正案（七）》增设8个，包括第180条第4款利用未公开信息交易罪；第224条之一组织、领导传销活动罪；第253条之一出售、非法提供公民个人信息罪与非法获取公民个人信息罪；第262条之二组织未成年人进行违反治安管理活动罪；第285条第2款的非法获取计算机信息系统数据、非法控制计算机信息系统罪与第3款提供侵入、非法控制计算机信息系统的程序、工具罪，第388条之一利用影响力受贿罪。（8）《刑法修正案（八）》增设7个，包括第133条之一危险驾驶罪，第164条第2款对外国公职人员、国际公共组织官员行贿罪，第205条之一虚开发票罪，第210条之一持有伪造的发票罪，第234条之一组织出卖人体器官罪，第276条之一拒不支付劳动报酬罪与第408条之一食品监管渎职罪。（9）《刑法修正案（九）》增设17个，包括第120条之二准备实施恐怖活动罪，第120条之三宣扬恐怖主义、极端主义、煽动实施恐怖活动罪，第120条之四利用极端主义破坏法律实施罪，第120条之五强制穿戴宣扬恐怖主义、极端主义服饰、标志罪，第120条之六非法持有宣扬恐怖主义、极端主义物品罪，第260条之一遗弃被监护、看护人罪，第280条之一使用虚假身份证件罪，第284条之一组织考试作弊罪，非法出售、提供试题、答案罪与替考罪，第286条之一拒不履行网络安全管理义务罪，第287条之一准备网络违法犯罪活动罪，第287条之二帮助网络犯罪活动罪，第290条之一第2款编造、故意传播虚假信息罪，第307条之一虚假诉讼罪，第308条之一泄露案件信息罪，第390条之一为利用影响力行贿罪。

表 2-1 九个修正案新罪罪名及改变罪状汇总

客体	修正	《刑法修正案（一）》	《刑法修正案（二）》	《刑法修正案（三）》	《刑法修正案（四）》	《刑法修正案（五）》	《刑法修正案（六）》	《刑法修正案（七）》	《刑法修正案（八）》	《刑法修正案（九）》	合计	比重（%）
公共安全	增加			1			3		1	5	10	16
	改变			5			1			3	9	10
经济秩序	增加	3				2	5	2	3		15	26
	改变	8		1	3	1	8	3	11	4	39	42
人身权利	增加				1		1	3	1	1	7	11
	改变							1	1	6	8	8
财产权利	增加								1		1	2
	改变								2	1	3	3
社会管理	增加			2	1		1	2		13	19	31
	改变		1		3		2	2	7	12	27	29
贪污贿赂	增加							1	0	1	2	4
	改变							1		5	6	6
渎职	增加				2		1		1		4	8
	改变											
合计	增加	3		3	4	2+1	11	8+1	7	20	60	
	改变	8	1	6	6	1	11	7	21	31	92	

《刑法修正案（五）》增加过失损坏武器装备、军事设施、军事通信罪。《刑法修正案（七）》还在危害国防利益罪中增加了伪造、盗窃、买卖、非法提供、非法使用武装部队专用标志罪。1998 年《全国人大常委会关于惩治骗购外汇、逃汇和非法买卖外汇犯罪的决定》增加了骗购外汇罪。因此，共增加新罪 61 个。

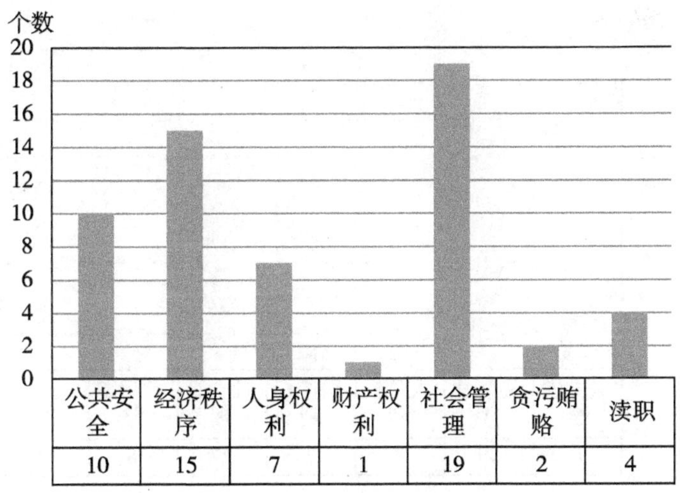

图 2－1　新增罪名分布

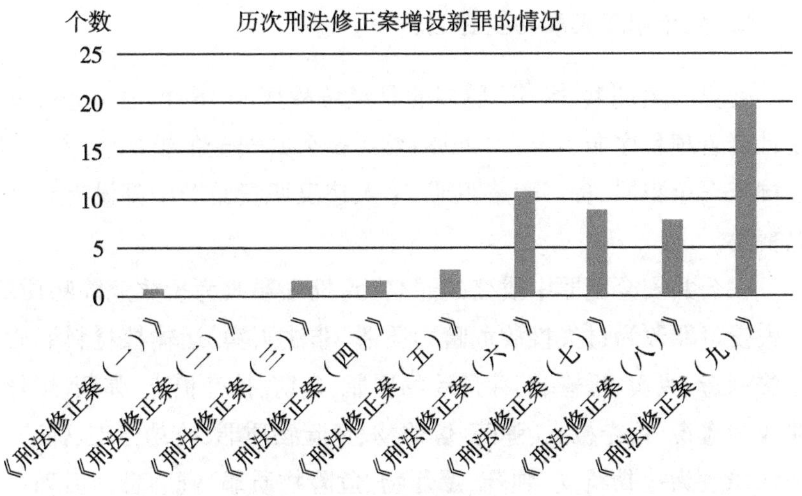

图 2－2　新增罪名比重

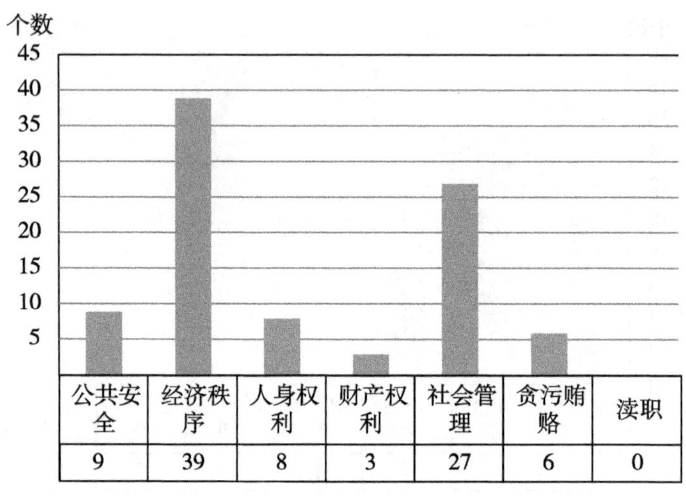

公共安全	经济秩序	人身权利	财产权利	社会管理	贪污贿赂	渎职
9	39	8	3	27	6	0

图 2-3 罪状改变分布

二、九个修正案罪名变更汇总

变更罪名的共 35 个，最多的是经济秩序罪 16 个，占 46%；其次是社会管理秩序罪 9 个，占 26%；然后是公共安全犯罪 6 个，占 17%；在国家安全犯罪、贪污贿赂犯罪、军人违反职责犯罪中都没有涉及罪名变更。

在公共安全犯罪中改变的罪名为：投毒罪改为投放危险物质罪，过失投毒罪改为过失投放危险物质罪，非法买卖、运输核材料罪改为非法制造、买卖、运输、储存危险物质罪，盗窃、抢夺枪支、弹药、爆炸物罪改为盗窃、抢夺枪支、弹药、爆炸物、危险物质罪，抢劫枪支、弹药、爆炸物罪改为抢劫枪支、弹药、爆炸物、危险物质罪，资助恐怖活动罪改为帮助恐怖活动罪。

在经济秩序罪中，生产、销售不符合卫生标准的食品罪改为生产、销售不符合安全标准的食品罪,走私固体废物罪改为走私废物罪,提供虚假财会报告罪改为违规披露、不披露重要信息罪,公司企业人员受贿罪改为非国家工作人员受贿罪,对公司企业人员行贿罪改为对非国家工作人员行贿罪,伪造、变造、转让金融机构经营许可证罪改为伪造、变造、转让金融机构经营许可证、批准文件罪,编造并传播证券交易虚假信息罪改为变造并传播证券、期货交易虚假信息罪,诱骗投资者买卖证券罪改为诱骗投资者买卖证券、期货合约罪,操纵证券交易价格罪改为操纵证券、期货市场罪,违法向关系人发放贷款罪改为违法方法贷款罪,用账外客户资金非法拆借、发放贷款罪改为吸收客户资金不入账罪,非法出具金融票证罪改为违规出具金融票证罪,偷税罪改为逃税罪,中介组织人员提供虚假证明文件罪改为提供虚假证明文件罪,中介组织人员出具证明文件重大失实罪改为出具证明文件重大失实罪。

在人身权利犯罪中,强迫职工劳动罪改为强迫劳动罪。

在社会管理秩序罪中,窝藏转移收购销售赃物罪改为掩饰隐瞒犯罪所得犯罪收益罪,逃避动植物检疫罪改为妨害动植物检疫防疫罪,重大环境污染事故罪改为污染环境罪,非法占用耕地罪改为非法占用农用地罪,非法采伐、毁坏珍贵林木罪改为非法采伐、毁坏国家重点保护植物罪,非法收购盗伐滥伐林木罪改为非法收购、运输盗伐、滥伐林木罪。伪造变造身份证罪改为伪造变造买卖身份证明罪,拒绝提供间谍证据罪改为拒绝提供间谍、恐怖主义极端主义证据罪,非法生产、运输制毒原料罪改为非法生产、买卖、运输、携带出境制毒原料罪。

在渎职罪中,枉法追诉裁判罪改为徇私枉法罪,枉法裁判罪改为民事行政枉法裁判罪,国家机关工作人员签订、履行合同失职罪改为国家机关工作人员签订、履行合同失职被骗罪。

被废止的罪名有徇私舞弊造成破产、亏损罪,违法向关系人发放贷款罪,奸淫幼女罪,国家机关工作人员徇私舞弊罪,嫖宿幼女罪。

表2－2 九个修正案变更罪名统计

客体	《刑法修正案(一)》	《刑法修正案(二)》	《刑法修正案(三)》	《刑法修正案(四)》	《刑法修正案(五)》	《刑法修正案(六)》	《刑法修正案(七)》	《刑法修正案(八)》	《刑法修正案(九)》
国家安全									
公共安全			5						1
经济秩序	4			1		7	3	1	
人身权利								1	
社会管理		1		2		1	1	1	3
国防利益							1		
贪污受贿									
渎职								3	
军人职责									

三、修正前后的比较与分析

表2－3 修正前后改变的汇总

客体	国安	公共安全	经济秩序	人身权利	财产权利	社会管理秩序	危害国防利益	贪污贿赂	渎职	军职	合计
1997年刑法罪数	12	42	94	37	12	119	21	12	33	31	413
2016年刑法罪数	12	52	109	44	13	138	23	14	37	31	474
新增的罪名及比重	0	10 16%	15 26%	7 11%	1 2%	19 31%	2 4%	2 4%	4 8%	0	61

续表

客体	国安	公共安全	经济秩序	人身权利	财产权利	社会管理秩序	危害国防利益	贪污贿赂	渎职	军职	合计
改变的罪名及比重	0	6 17%	16 46%	1 3%	1 3%	9 26%	0	0	3 9%	0	35
改变的罪状及比重	0	9 10%	39 42%	8 9%	3 3%	27 29%	0	6 7%	0	0	92

在增加的61个罪名中，最多的是社会管理秩序罪19个，占31%；经济秩序罪16个，占26%；公共安全犯罪10个，占16%；人身权利7个，占11%；财产犯罪1个，占2%；贪污贿赂犯罪2个，占4%；渎职罪4个，占8%。改变的罪状共有92个，经济秩序罪有39个，占了42%；社会管理秩序罪27个，占29%；公共安全犯罪（10%）、人身权利犯罪（8%）；贪污贿赂犯罪（6%）；渎职罪，没有任何修改。

从新增的罪名、修改的罪状和改变的罪名来看，经济秩序类犯罪和社会管理秩序类犯罪所占比重最大，经济秩序类犯罪在改变罪名和改变罪状中都是最多的，增加新罪中社会管理秩序罪类最多；两项合计，在新增罪名中占57%，在改变的罪状中占71%，在改变的罪名中占72%。经济高速发展带来社会的深刻变化是全方位的，从大政府小社会向小政府大社会发展，社会管理层面出现了众多的制度需求，因此社会管理秩序类的刑事规制制度改变也非常频繁。

第六节　修正案在宽严两个维度上比较分析

修正案根据内容可以分为严密法网、严厉惩罚和宽缓刑罚三个方面，这三方面的比重能看出刑法修正的方向，表明宽严相济两端在立法上的取向。严是法网的严密和刑罚的严厉，宽是刑罚的轻缓和除罪化的措施。因此，归纳分析九个修正案在两端的表现能够更好地分析刑事政策的贯彻情况。在归类划分上，笔者梳理了修正案的情况，无论是制定新罪还是对罪状进行修改，都是进行严密法网的做法，新罪的制定当然是出现了法律原来没有规制的空白地带，需要设新罪进行规制。而原来罪状的改变也是出现了旧的罪状不能适用新的需要的情形，或是出现了旧的罪状没有包含的情形，需要作出扩充，包括增加犯罪的主体、犯罪的对象、行为的形式，减少构成的条件等。因此，增设新罪和改变罪状都可以归入严密法网的一端。除了严密法网，严的另一种形式就是严厉刑罚了。增加刑罚包括两种方式，一是增加刑档，加重刑档；二是上升法定刑。宽的降低刑罚通常指降低法定刑，或是增加构成要素条件，或是进行非罪化处理。修正案还有一种改变犯罪构成的方式是体现严的方向，就是将原来封闭的犯罪构成改成开放的犯罪构成，将原来的数额构成改成情节构成，增加情节严重的构成条件。

一、修正案在严密法网、提高刑罚和降低刑罚三方面内容的比较分析

从数据分析来看，九个修正案主要都在严密法网，前七个修正案的条文基本上是在严密法网，《刑法修正案（八）》60%内容在严密法网，《刑法修正案（九）》79%的内容在严密法网。全部修正案139个分则条文，有117个是严密法网的，占了84%。从各章节的修改来看，严密法网的内容都占了70%左右。从九个修正案提高刑罚来看，《刑法修正案（八）》之前基本上都是提高刑罚的，只有两处降低刑罚。《刑法修正案（八）》启动废除死刑才真正开始了降低刑罚的步伐，共25个降低刑罚的措施，废除死刑就占据了21个；如果扣除了死刑废

除部分,降低刑罚的条文只有4条,而提高刑罚的条文有29条,总的说来,加重处罚还是占据主要。但是启动死刑废除后,两者基本上一致,达到了宽严两端的平衡。刑法修改以严密法网为主是符合当前中国社会发展特征的,符合宽严相济要求的。适当提高刑罚,说明刑法并没有刻意去追求重刑的意识。因此,修正案的内容总体上是科学的,在克服死刑过重、生刑过轻、轻刑配置比例偏低的不合理刑罚结构上是正确的。

表2-4　修正案各章严密法网、提高刑罚及降低刑罚内容统计

客体	修正	《刑法修正案(一)》	《刑法修正案(二)》	《刑法修正案(三)》	《刑法修正案(四)》	《刑法修正案(五)》	《刑法修正案(六)》	《刑法修正案(七)》	《刑法修正案(八)》	《刑法修正案(九)》	合计	客体内比重(%)
公共安全	严密			5			4		1	7	17	77
	加刑			2			1			2	5	23
	降刑											
经济秩序	严密	8		1	3	3	12	5	7		39	66
	加刑			1			2	1	1	1	6	10
	降刑				1				9	5	14	24
人身权利	严密				1	1	1	3	2	3	11	61
	加刑							1	1	3	5	28
	降刑							1		1	2	11
财产权利	严密								3	1	4	66
	加刑								1		1	17
	降刑								1		1	17

续表

客体	修正	《刑法修正案(一)》	《刑法修正案(二)》	《刑法修正案(三)》	《刑法修正案(四)》	《刑法修正案(五)》	《刑法修正案(六)》	《刑法修正案(七)》	《刑法修正案(八)》	《刑法修正案(九)》	合计	客体内比重(%)
社会管理	严密		1	2	2		2	4	5	23	41	74
	加刑						2		2	3	7	13
	降刑								2 +3	2	7	13
贪污贿赂	严密							1		3	4	44
	加刑							1		4	5	56
	降刑											
渎职	严密						1		1		2	100
	加刑											
	降刑											

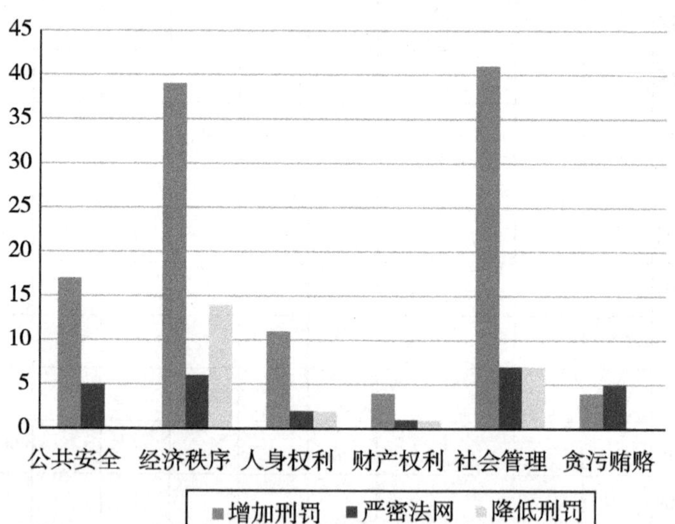

图 2-4 严密法网、增加刑罚及降低刑罚情形在各章分布

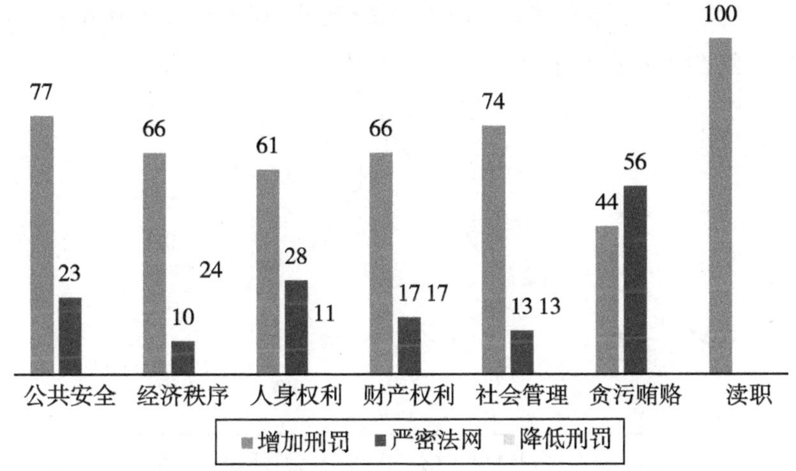

图 2－5　严密法网、增加刑罚及降低刑罚情形在各章分布

二、修正案设置情节严重构成条件在各章的设置情况

构成要件的设定是打击范围和法网严密的尺度，结果犯比危险犯的打击范围要小，而危险犯又比行为犯要小。修正案设置危险犯或把所打击的行为提前，是为了应对风险社会下犯罪的高风险性。用一种严谨的规范来描述或涵盖所有的行为或结果的可能性是很难的。早期封闭的犯罪构成往往适应不了规制犯罪的要求，而口袋罪如非法经营罪又是罪刑法定不能容忍的。所以在犯罪构成要素中采用相对开放的要素，是现代立法的一个做法，这样在法网编织上尽量做到严密。比如采用兜底性规定，采用开放的“情节严重”等描述方式代替“巨大损失”“数额巨大”等。对比立法技术可以看出这种严的趋势。从《刑法修正案（一）》到《刑法修正案（九）》，采用“情节严重”的方式逐步增多，《刑法修正案（九）》达到 23 个。从各章节比较来看，经过修正案的改变，除渎职罪下降，每个章节中“情节严重”的规定都在上升。

除了公共安全犯罪和渎职罪中比例较低外，其他章节占比都在50%以上，财产权利犯罪中则百分之百适用。

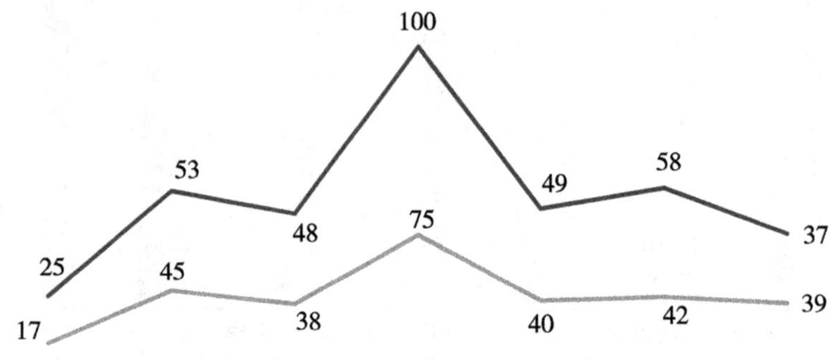

图2-6　情节严重构成要件修正前后在各章占比

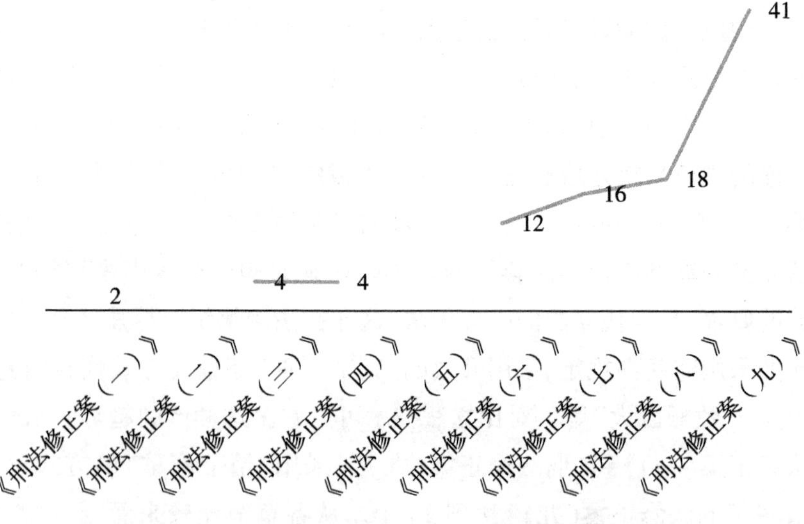

图2-7　情节严重构成要件在九个修正案中增设情形

第七节　2008年至2017年犯罪形势与刑事政策回应

表2-5　2008年至2017年犯罪形势梳理

年份	一审案件数	被告人数	案件类别构成	刑事政策
2008	768,130	1,008,677 刑事被告人中五年以上有期徒刑至死刑的罪犯占15.77%	2008年共审结刑事一审案件768,130件，其中审结爆炸、故意杀人、强奸、抢劫、绑架、故意重伤、重大盗窃等严重危害社会治安案件261,268件，审结贪污贿赂、破坏市场经济秩序等经济犯罪案件52,173件。全年共判处刑事被告人1,008,677人，其中五年以上有期徒刑至死刑的罪犯占15.77%	在刑事审判工作中，人民法院坚持正确执行法律和宽严相济的刑事政策，进一步规范死刑复核工作，努力提高办案质量和复核工作效率，把好案件的事实关、证据关、程序关和法律关，确保每一起死刑案件的审判质量。对罪行较轻、主观恶性不大的罪犯依法适用缓刑、管制等非监禁刑
2009	766,746	997,872 其中判处五年以上有期徒刑至死刑的罪犯占16.3%	全年各级人民法院共审结一审刑事案件766,746件，其中，审结爆炸、故意杀人、强奸、抢劫、绑架、故意重伤、重大盗窃等严重危害社会治安案件267,278件；审结贪污贿赂、破坏市场经济秩序等职务犯罪和经济犯罪案件55,451件；审结一般盗窃、轻伤害、交通肇事等其他刑事案件444,017件。共判处罪犯997,872人，其中判处五年以上有期徒刑至死刑的罪犯占16.3%	坚持严格控制和慎重适用死刑，严把死刑案件事实关、证据关、程序关和适用法律关，确保死刑案件质量。全国人大常委会修改刑法，提高了巨额财产来源不明罪的法定最高刑，增加了打击网络犯罪的法律规定，为有力打击腐败犯罪和网络犯罪提供了法律支撑。加强未成年人刑事审判工作，贯彻“教育、感化、挽救”方针

续表

年份	一审案件数	被告人数	案件类别构成	刑事政策
2010	779,641	1,006,420其中判处五年以上有期徒刑至死刑的罪犯占15.81%	各级人民法院共审结一审刑事案件779,641件,判处罪犯1,006,420人,其中判处五年以上有期徒刑至死刑的罪犯占15.81%。严惩贪污、贿赂、渎职犯罪,审结此类案件27,751件。全年共立案侦查各类职务犯罪案件32,909件44,085人。其中,立案侦查贪污贿赂大案18,224件,查办涉嫌犯罪的县处级以上国家工作人员2723人(其中厅局级188人、省部级6人)	认真落实宽严相济刑事政策,对涉嫌犯罪但无逮捕必要的,依法决定不批捕64,195人;对犯罪情节轻微、依照刑法规定不需要判处刑罚或者免除刑罚的,决定不起诉29,898人。严惩境内外敌对势力的分裂、渗透、颠覆等危害国家安全犯罪,深入开展打黑除恶专项活动,严惩杀人、绑架、抢劫等严重影响群众安全感的暴力犯罪以及盗窃、抢夺、诈骗等多发性侵财犯罪,严惩伤害幼儿园儿童、中小学生和拐卖妇女儿童犯罪。打击利用互联网或手机制作、复制、传播淫秽信息犯罪

续表

年份	一审案件数	被告人数	案件类别构成	刑事政策
2011	839,973	105,0747 其中判处五年以上有期徒刑、无期徒刑、死刑的罪犯占 14.21%	各级法院共审结一审刑事案件 839,973 件,判处罪犯 105,0747 人,其中判处五年以上有期徒刑、无期徒刑、死刑的罪犯占 14.21%。审结杀人、抢劫、绑架、爆炸、黑社会性质组织、拐卖妇女儿童犯罪等案件 69,311 件。审结生产、销售有毒有害食品犯罪案件 278 件。审结贪污贿赂、渎职犯罪案件 27,394 件。加强危害生产安全刑事案件审判工作,审结重大责任事故犯罪案件 1400 件。全年共立案侦查各类职务犯罪案件 32,567 件,人数 44,506 人,其中,贪污贿赂大案 18,464 件,涉嫌犯罪的县处级以上国家工作人员 2524 人(含厅局级 198 人、省部级 7 人)。渎职侵权犯罪案件 7355 件 10,585 人,人数同比增加 3.5%	全面贯彻宽严相济刑事政策,惩处各种危害国家安全、公共安全和人民群众生命财产安全的犯罪,认真参与打黑除恶、治理商业贿赂、打击拐卖妇女儿童犯罪等专项行动。加大对危害食品安全犯罪行为的打击力度。依法促进反腐败斗争深入开展。共批准逮捕各类刑事犯罪嫌疑人 908,756 人,同比减少 0.8%;提起公诉 1,201,032 人,同比增加 4.6%;依法决定不批准逮捕 151,095 人、不起诉 39,754 人,同比分别增加 5% 和 6.1%

续表

年份	一审案件数	被告人数	案件类别构成	刑事政策
2012	986, 392	1, 173, 406	各级人民法院共审结一审刑事案件 986, 392 件，判处罪犯 1, 173, 406 人。审结严重暴力犯罪案件以及盗窃、抢夺、诈骗等多发性侵财犯罪案件 289, 980 件；审结组织、领导、参加黑社会性质组织犯罪案件 898 件；审结毒品犯罪案件 76, 280 件；审结拐卖妇女儿童刑事案件 1918 件；审结各类严重损害人民群众生命健康的食品、药品安全犯罪案件 4723 件；审结各类经济犯罪案件 62, 709 件；审结贪污贿赂、渎职犯罪案件 31, 325 件。2012 年，共起诉各类刑事犯罪嫌疑人 1, 390, 771 人，同比上升 15. 8%。共立案侦查各类职务犯罪嫌疑人 47, 338 人，同比上升 6. 4%。其中，立案侦查渎职侵权犯罪嫌疑人 11, 690 人，同比上升 10. 4%	惩处严重危害社会治安犯罪，依法惩处黑恶势力犯罪，遏制毒品犯罪，严惩侵害妇女、儿童权益犯罪，严惩危害人民群众生命健康的犯罪行为，惩处危害经济秩序犯罪，参与反腐败斗争

续表

年份	一审案件数	被告人数	案件类别构成	刑事政策
2013	95.4 万	115.8 万	各级法院审结一审刑事案件 95.4 万件，判处罪犯 115.8 万人。审结杀人、抢劫、绑架、爆炸、强奸、拐卖妇女儿童、黑社会性质组织犯罪等案件 25 万件，判处罪犯 32.5 万人。审结侵犯财产犯罪案件 30.3 万件，判处罪犯 39.8 万人。审结传销、走私、洗钱、非法集资、金融诈骗、内幕交易、商业贿赂等经济犯罪案件 5 万件，判处罪犯 6.9 万人。审结国家工作人员贪污贿赂、渎职侵权犯罪案件 2.9 万件，判处罪犯 3.1 万人。依法惩治危害食品安全和污染环境犯罪，审结相关案件 2082 件，判处罪犯 2647 人	严惩煽动分裂国家、暴力恐怖袭击等危害国家安全和公共安全犯罪，严惩严重危害人民群众生命财产安全的犯罪。突出打击严重影响人民群众安全感的犯罪，严惩以报复社会为目的的危害公共安全犯罪和个人极端暴力犯罪。惩治侵犯妇女儿童和农民工、残疾人、老年人合法权益的犯罪，严厉打击性侵幼女、校园性侵等犯罪行为。加大对贪污贿赂等犯罪的打击力度，在严惩严重刑事犯罪的同时，对涉嫌犯罪但无逮捕必要的，决定不批捕 82,089 人；对犯罪情节轻微、依照刑法规定不需要判处刑罚的，决定不起诉 51,393 人

续表

年份	一审案件数	被告人数	案件类别构成	刑事政策
2014	102.3万	118.4万	各级法院审结一审刑事案件102.3万件，判处罪犯118.4万人，同比分别上升7.2%和2.2%。审结杀人、抢劫、绑架等犯罪案件24.8万件，审结毒品犯罪案件10.7万件。审结贪污贿赂等犯罪案件3.1万件，审结金融诈骗、内幕交易等经济犯罪案件5.6万件。审结拐卖妇女儿童、性侵未成年人犯罪案件1048件	严惩煽动颠覆国家政权、分裂国家等危害国家安全犯罪和暴力恐怖犯罪、传播恐怖音视频等犯罪，惩治杀人、抢劫、绑架、爆炸等严重暴力犯罪，严惩腐败犯罪和经济犯罪，依法严惩侵害妇女、未成年人权益犯罪，惩治危害食品药品安全和环境污染犯罪、网络犯罪等，切实维护正常生产生活秩序
2015	109.9万	123.2万	全国检察机关共批准逮捕各类刑事犯罪嫌疑人873,148人，提起公诉1,390,933人。各级法院审结危害国家安全、暴力恐怖犯罪案件1084件，判处罪犯1419人。审结杀人、抢劫、放火等犯罪案件26.2万件。审结毒品犯罪案件13.9万件。依法审理一批重大职务犯罪案件，审结贪污贿赂等犯罪案件3.4万件，人数4.9万。审结拐卖妇女儿童、性侵妇女儿童等犯罪案件5446件。审结利用网络实施的诈骗、寻衅滋事等犯罪案件6221件。依法裁定特赦参加过抗日战争等四类服刑罪犯31,527人	严惩危害国家安全、暴力恐怖犯罪，严惩故意杀人等严重危害社会治安犯罪，深入开展“严打”暴恐活动、打黑除恶等专项工作，依法惩治影响人民群众安全感的严重刑事犯罪，严惩毒品犯罪，严惩网络犯罪，积极参与打击治理电信网络新型违法犯罪专项行动，从严打击危害食品药品安全犯罪，出台8项未成年人司法保护措施，严惩性侵、拐卖、虐待未成年人犯罪

续表

年份	一审案件数	被告人数	案件类别构成	刑事政策
2016	111.6 万	122 万	各级法院审结一审刑事案件 111.6 万件,判处罪犯 122 万人。严惩危害国家安全犯罪,审结周世锋等颠覆国家政权案,加大对暴力恐怖、邪教犯罪等惩治力度。严惩贪污贿赂犯罪,审结贪污贿赂案件 4.5 万件,人数 6.3 万人。加大打黑除恶工作力度,审结杀人、抢劫、绑架及盗窃等犯罪案件 22.6 万件。依法惩治毒品犯罪,审结毒品犯罪案件 11.8 万件。审结内幕交易、集资诈骗等案件 2.3 万件。严惩侵害妇女儿童权益犯罪,审结拐卖、性侵妇女儿童犯罪案件 5335 件,审结涉及校园欺凌犯罪案件 213 件。严惩电信网络犯罪,审结相关案件 1726 件	严惩危害国家安全犯罪,审结周世锋等颠覆国家政权案,加大对暴力恐怖、邪教犯罪等惩治力度。严惩贪污贿赂犯罪,严惩严重刑事犯罪,加大对组织领导参加恐怖组织、传播暴恐音视频等犯罪打击力度,严惩电信网络诈骗犯罪,依法惩治涉医犯罪。严惩危害食品药品安全犯罪,开展专项立案监督,维护未成年人、妇女、老年人、残疾人合法权益

续表

年份	一审案件数	被告人数	案件类别构成	刑事政策
2017	1,296,650件	1,268,985人	各级人民法院共审结一审刑事案件 1,296,650件,判处罪犯 1,268,985人。全国检察机关共批捕各类刑事犯罪嫌疑人106.97 万人,提起公诉166.48 万人。共起诉故意杀人、绑架、放火等严重暴力犯罪 63,438 人。起诉黑社会性质组织犯罪 1389 人,立案侦查充当黑恶势力“保护伞”的国家工作人员 40 人,起诉抢劫、抢夺、盗窃等多发性侵财犯罪 41.73 万人,起诉侮辱、诽谤、诬告陷害等犯罪 351 人。突出惩治电信网络诈骗犯罪,起诉 32,144 人。依法惩治涉医犯罪,起诉4508 人	严惩危害国家安全和暴力恐怖等犯罪。依法严惩杀人、抢劫等严重刑事犯罪,严惩危害食品药品安全、污染环境犯罪,严惩非法集资、电信网络诈骗等新型犯罪。依法严惩腐败犯罪。依法惩治“校园贷”涉及的诈骗、敲诈勒索等犯罪

资料来源:2008 年至 2017 年中国法治建设年度报告。

从上图中数据可以看出,历年的案件数和被告人人数总体呈上升趋势。爆炸、故意杀人、强奸、抢劫、绑架、故意重伤、重大盗窃等严重危害社会治安的案件始终占据犯罪统计中的很大比重,是社会治理中重点关注的对象。而每年发生的重大事件不一样,引发的关注点也不一样,2008 年、2009 年由于拉萨、乌鲁木齐等地的严重暴力事件,引发对恐怖类犯罪的关注;2010 年聚焦校园安全事件和拐卖儿童犯罪;

2011 年、2012 年发生了食品药品安全事件，引发了公众对食品药品安全犯罪的广泛关注；2013 年发生了以报复社会为目的的危害公共安全犯罪和个人极端暴力犯罪；2014 年聚焦针对未成年人犯罪，包括拐卖、性侵等犯罪。从 2010 年起，每年都涉及拐卖妇女儿童犯罪问题。从历年的统计中可以看出四条主线：持续关注、打击暴恐类犯罪，包含针对有组织犯罪的打击；针对食品药品安全犯罪，涉及民生的犯罪进行规制；加强未成年人权益保护，重点打击针对未成年人的犯罪；持续加强、完善对腐败犯罪的规制。

第三章

公共安全犯罪内容研究

第一节　立法进程

1950年的《中华人民共和国刑法大纲(草案)》将放火、决水罪规定在危害国家统治秩序罪中。1954年的《中华人民共和国刑法指导原则草案(初稿)》则将放火、决水等行为规定为故意破坏行为,规定在破坏公共财产罪中。1957年刑法草案初稿第22稿根据放火、决水对象的不同,将放火罪、决水罪规定了5个条文,此后,1963年刑法草案修正稿第33稿对此作了相当大的改动。①

1979年《刑法》在分则第2章中规定了危害公共安全罪,从第105条至115条共11条,23个罪名。1983年9月颁布《关于惩治严重危害社会治安的犯罪分子的决定》,1990年9月颁布《中华人民共和国铁路法》,1990年12月颁布《关于禁毒的决定》,1992年12月颁

① 马克昌、丁慕容主编:《刑法的修改与完善》,人民法院出版社1995年版,第5页。

布《关于惩治劫持航空器犯罪分子的决定》,1996 年 7 月颁布《中华人民共和国枪支管理法》。1997 年《刑法》26 个条文 46 个罪名,2001 年 12 月通过《刑法修正案(三)》,2006 年 6 月通过《刑法修正案(六)》,2011 年 2 月通过《刑法修正案(八)》,2011 年 10 月通过《全国人大常委会关于加强反恐怖工作有关问题的决定》,2015 年 8 月通过《刑法修正案(九)》,至此,罪名从 46 个增加到 55 个,2015 年 12 月通过《中华人民共和国反恐怖主义法》。

刑法修正案对公共安全犯罪的修改尤其体现在对恐怖主义的犯罪中,反暴反恐是公共安全犯罪立法的主线。1997 年《刑法》规定了组织、领导、参加恐怖活动罪,恐怖犯罪初次入刑。针对当时部分地方已经出现恐怖活动的犯罪,将未进入实行行为的组织、领导、参加行为入罪,结合之前可以规制恐怖类犯罪的罪名如杀人、爆炸、绑架等,并实行数罪并罚。① 2001 年"9 · 11"恐怖袭击事件之后,国际社会迅速作出回应,联合国对反恐作出公约层面的完善②。在这种背景下,我国通过了《刑法修正案(三)》。2011 年 2 月通过的《刑法修正案

① 王汉斌:《关于〈中华人民共和国刑法(修订草案)〉的说明》,1997 年 3 月 6 日在第八届全国人民代表大会第五次会议上;全国人大常委会法制工作委员会刑法室编:《〈中华人民共和国刑法〉条文说明、立法理由及相关规定》,北京大学出版社 2009 年版,第 167 页。

② 2001 年 9 月 29 日联合国安理会通过《国际合作防止恐怖主义行为》的决议,并在安理会组建了反恐特别委员会。目前联合国框架内打击恐怖主义的有 15 个国际公约,第一个是 1963 年的《关于在航空器内的犯罪和其他某些行为的公约》,20 世纪 70 年代有 4 个,80 年代也有 4 个,90 年代 3 个,进入 21 世纪以来也有 3 个。赵秉志主编:《联合国公约在刑事法治领域的贯彻实施》,中国人民公安大学出版社 2010 年版,第 6 页。

（八）》加大了对恐怖主义犯罪的惩罚力度。2011 年 10 月全国人大常委会又通过了《关于加强反恐怖工作有关问题的决定》。这是我国反恐法治进程中具有重大意义的事件，为后来的《反恐怖主义法》奠定了基础，填补了对恐怖主义界定等的空白。① 2015 年《刑法修正案（九）》大量增设了有关反对恐怖主义、极端主义的犯罪，进一步严密了反恐法网，加大了反恐力度。2015 年 12 月 27 日通过的《反恐怖主义法》，完成了反恐的最终立法。

第二节　犯罪形势综述

2000 年至 2009 年，严重暴力犯罪明显下降。2003 年 1 月至 11 月，几类严重犯罪案件下降幅度较大，如爆炸案同比下降 33.7%，放火案同比下降 25.3%。2005 年，几类严重影响群众安全感的严重暴力犯罪案件如爆炸、放火、杀人、强奸案件，同比分别下降 13.7%、23.9%、15.9% 和 6.8%；2006 年，严重暴力犯罪进一步下降，全国公安机关共立放火、爆炸、杀人等严重暴力犯罪案件 53.2 万起，比 2005 年减少 2.2 万起，下降 4%。这是继 2002 年以来严重暴力犯罪连续四年明显下降，也是降幅较大的一年。2007 年严重影响群众安全感的爆炸、放火、杀人、强奸、绑架等严重暴力犯罪进一步减少，同比分别下降 25.2%、11.3%、10.3%、1.9% 和 1.5%。② 在公共安全形势趋

① 赵秉志、杜邈：《我国反恐怖法律体系的初步形成》，载《法制日报》2011 年 11 月 16 日。

② 转引自郝英兵：《2000—2008 年中国犯罪现象分析》，载《中国人民公安大学学报》（社会科学版）2010 年第 1 期。

好、犯罪态势缓和的情况下，2009年的《刑法修正案（七）》中并没有涉及公共安全犯罪的条款。

2010年严重暴力犯罪案件下降趋势明显。根据全国公安机关立案统计，2010年1～11月，放火、爆炸、杀人、抢劫等案件同比分别下降13.2%、8.2%、8.4%、16.7%。虽然严重暴力案件下降趋势明显，但是频繁发生的一些重大恶性案件对群众安全感的影响较大。一是个人极端暴力犯罪频发，严重影响群众安全感。二是由社会矛盾和社会纠纷引起的“民转刑”恶性刑事案件多发，亟待新的社会纠纷化解机制。三是侵犯幼儿园和中小学校园安全的严重暴力案件频发。四是公安机关破获的以阿不都热西提·阿不来提、依明·色买尔为首的重大恐怖组织案件再次证明，“东伊运”等恐怖组织是当前和今后一段时期中国面临的最主要恐怖威胁。① 极端暴力案件、恶性案件、校园安全暴力案件、恐怖组织暴力案件的不断发生，为《刑法修正案（八）》对暴恐犯罪和有组织犯罪的刑罚规制以及《刑法修正案（九）》的大面积完善暴恐犯罪规定埋下伏笔。

2011年，全国杀人、抢劫、涉枪涉爆等严重暴力犯罪持续明显下降。持枪犯罪案件与2010年相比下降46.8%，降到了历史最低。先后发生的一些暴力恐怖事件、涉枪涉爆案件等严重暴力犯罪对群众的社会安全感影响较大。新疆喀什、和田地区连续发生四起由境内外“三股势力”相勾结制造的袭击民众的暴力恐怖案件。2011年11月16日，甘肃省庆阳市榆林子镇发生造成21人死亡（其中包括19名幼儿）、43人受伤的校车特大交通事故。除该起特大交通事故外，2011

---

① 转引自新高风：《2010年中国犯罪形势与刑事政策分析》，载《中国人民公安大学学报》（社会科学版）2011年第2期。

年下半年还先后发生了4起重大校车安全事故(陕西省灵石县校车事故、云南省文山市校车事故、云南省丘北县校车事故、江苏省丰县校车事故),这5起事故共造成了60多人死亡、80多人受伤。① 频发的暴恐事件促使反暴恐上升为国家战略。不断发生的校车安全事件导致《刑法修正案(九)》将校车的驾驶纳入危险驾驶罪的范畴。

2012年,暴力案件持续下降,新修订的《刑事诉讼法》对危害国家安全犯罪、恐怖活动犯罪加强了打击。涉枪涉爆暴力犯罪案件持续下降,2012年全国发生的持枪、爆炸犯罪案件与2011年同比分别下降42%和37%,创历史新低。暴力劫持航空器和编造恐怖信息威胁航空安全事件时有发生。《刑事诉讼法》规定了危害国家安全犯罪、恐怖活动犯罪、特别重大贿赂犯罪从严适用强制措施,规定了上述"三类"特定犯罪侦查阶段律师会见从严控制,规定了对严重危害社会的犯罪案件的技术侦查措施,还规定了对有重大影响的案件适用从严的审理程序,这些规定体现了刑事诉讼法打击严重犯罪、保障社会治安秩序的功能。② 虚假恐怖信息的犯罪频发,导致《刑法修正案(九)》对此作出回应,增设编造虚假恐怖信息罪和故意传播虚假恐怖信息罪。

2013年个人极端暴力、暴力恐怖、持枪抢劫等重大暴力犯罪案件频发,北京、上海、武汉、成都、太原、厦门、安阳、驻马店、海伦等地都发生了造成严重人员伤亡和重大社会影响的个人极端暴力事件,典型的如首都机场冀中星爆炸案、厦门陈水总BTR公交车纵火案、上海宝山

---

① 转引自靳高风:《2011年中国犯罪形势与刑事政策分析》,载《中国人民公安大学学报》(社会科学版)2012年第2期。

② 转引自靳高风:《2012年中国犯罪形势与刑事政策分析》,载《中国人民公安大学学报》(社会科学版)2013年第2期。

范杰明持枪杀人案、河南安阳周江波公交车持刀杀人案、四川成都李年勇公交车肆意杀人案、太原丰志钧连环爆炸案。此外，典型的暴力恐怖案件如巴楚县暴力恐怖袭击案、鄯善县鲁克沁镇暴力恐怖袭击案、北京金水桥暴力袭击案、新疆喀什暴力恐怖袭击案等。2013 年暴力恐怖活动呈现出从边疆地区逐步向内陆省份蔓延的趋势，而且活动具有明显的规律性，多是由一个人或小团伙实施的爆炸、纵火、持刀砍杀、驾车冲撞等"独狼式"袭击。2013 年暴力侵害医院和医务人员事件的多发，引起了社会的关注。① 高发的暴恐事件以及极端事件，促成了反暴恐、反极端势力的立法。针对不断发生的医闹事件，《刑法修正案（九）》在扰乱公共秩序犯罪中增加了医疗秩序这一客体。

2014 年，严重暴力恐怖活动和个人极端暴力犯罪案件的频发，严重影响社会稳定。暴恐事件高发，云南昆明火车站"3 · 1"暴力恐怖砍杀案、新疆乌鲁木齐火车站"4 · 30"暴力恐怖爆炸案、新疆乌鲁木齐早市"5 · 22"暴力恐怖爆炸案等案件的连续发生，说明当前中国进入了暴力恐怖活动的活跃期。新疆维吾尔自治区主席雪克来提 · 扎克尔表示，95% 的暴力恐怖案件被遏制在萌芽状态和计划阶段，暴力恐怖袭击案件只会越来越少，不会越来越多。② 经验表明，将暴恐事件遏制于萌芽之中是上策。当前我国社会稳定形势正处于暴力恐怖活动的活跃期、反分裂斗争的激烈期、干预治疗阵痛期的"三期叠加"阶段，暴力恐怖犯罪仍会持续频发。为了完善规制的严密性，《刑法

① 转引自靳高风：《2013 年中国犯罪形势与刑事政策分析》，载《中国人民公安大学学报》（社会科学版）2014 年第 2 期。

② 转引自靳高风：《2014 年中国犯罪形势与刑事政策分析》，载《中国人民公安大学学报》（社会科学版）2015 年第 2 期。

修正案(九)》将暴恐犯罪的准备行为、宣传行为、状态行为、表征行为和利用行为一并规制,形成完善的规制体系。

2015年国际社会发生了“伊斯兰国”分支机构袭击俄罗斯客机、巴黎恐怖袭击、巴马科市丽笙酒店劫持人质等多起严重暴力恐怖事件。在国际恐怖活动活跃和暴力恐怖袭击事件持续频发的国际背景下,我国暴力恐怖活动也出现了新的变化,境外指挥、网上勾联、境内行动、境外渗透、就地“圣战”的趋势愈加明显。2015年9月18日,新疆阿克苏地区拜城县发生的严重暴力恐怖袭击事件造成了11名无辜群众死亡和3名民警、2名协警牺牲,说明当前我国恐怖主义的威胁仍然存在并严重威胁着社会公共安全和国家安全。2015年全国政法机关根据“暴力恐怖严打年”专项活动的部署,严厉打击煽动分裂国家,组织、领导、参加恐怖组织,传播暴力恐怖音视频等犯罪活动。根据最高人民法院的统计,2015年危害国家安全、暴力恐怖犯罪案件大幅增长,全国各级法院审结危害国家安全、暴力恐怖犯罪案件1084件,判处罪犯1419人,同比增加近1倍。

2016年全球反恐形势依然十分严峻,堪称“恐怖之年”,西欧和中东部分国家不断发生恐怖袭击事件,仅12月19日一天,土耳其、瑞士和德国就连续发生了三起恐怖袭击事件。2016年,全国政法机关继续加大对组织领导参加恐怖组织、网络传播暴恐音视频等犯罪的打击力度。随着我国打击暴力恐怖专项行动的深入和综合治理工作的推进,反恐形势明显好转,虽然新疆地区时有暴力恐怖袭击案件发生,但暴力恐怖犯罪得到了一定的控制。新疆地区98%以上的暴力恐怖犯罪团伙都在预谋阶段或行动之前被打掉,偶发的暴力恐怖袭击事件也得到了及时处置,没有引起社会恐慌。随着高科技手段的发展,利用互联网传播恐怖音、视频,利用无人机制造袭击事件等新形式的犯罪需要加以防范。

2016年《反恐怖主义法》的实施，为依法打击恐怖活动、强化安全防范措施、增强应对处置能力提供了法律保障，但是由于该法涉及面广、涉及部门多、涉及多个相关法律法规，实施操作难度较大。一方面，需要尽快制定实施细则，便于操作和执行；另一方面，仍需要加大宣传力度。2016年8月1日，作为反恐前沿阵地和主战场的新疆率先制定实施了适应新疆反恐怖斗争的《新疆维吾尔自治区实施〈中华人民共和国反恐怖主义法〉办法》，为该法的贯彻实施树立了典范。

第三节　修正内容总结

一、新增的罪名

历次修正案增加的罪名共10个，其中，《刑法修正案（三）》增加了1个罪名（资助恐怖活动罪）；《刑法修正案（六）》增加了3个罪名（责任事故罪中的强令违章冒险作业罪，大型群众活动安全事故罪，不报谎报事故罪）；《刑法修正案（八）》增加了危险驾驶罪；《刑法修正案（九）》增加了5个罪名（集中在恐怖犯罪），增加的罪名分别是资助恐怖活动罪，准备实施恐怖活动罪，宣扬恐怖主义、极端主义、煽动实施恐怖活动罪，利用极端主义破坏法律实施罪，强制穿戴宣扬恐怖主义、极端主义服饰、标志罪，非法持有宣扬恐怖主义、极端主义物品罪。

二、修改的罪状

构成要件主体要素改变的有：在资助恐怖犯罪活动罪中增加单位犯罪，在重大责任事故、重大劳动安全事故罪、危险驾驶罪中扩充主体范围。

构成要件客观行为改变的有：将投毒罪改为投放危险物质罪；将枪支弹药爆炸物核材料罪中的对象扩大，将核材料改为毒害性、放射性、传染病病原体等物质。增加资助恐怖活动的行为类型，将罪名更改为帮助恐怖活动罪。在重大责任事故罪中将行为扩张到所有的生产、作业中；在危险驾驶罪中增加行为方式，一是从事校车业务或者旅客运输，严重超过额定乘员载客，或者严重超过规定时速行驶的；二是违反危险化学品安全管理规定运输危险化学品，危及公共安全的。在重大劳动安全事故罪的行为领域由劳动安全设施扩张到安全生产设施或安全生产条件，同时删去前置性构成条件。

个罪刑罚改变的有 3 处，在组织领导参加恐怖活动罪中，对犯罪的刑罚作了明确性的规定，并增加了财产刑，将强令违章冒险作业的刑罚提高。

三、各分类客体中修改情况汇总

（一）以危险方法危害公共安全的犯罪

包括放火罪、决水罪、爆炸罪、投毒罪、以危险方法危害公共安全罪及对应的过失犯罪。将投毒罪改为投放毒害性、放射性、传染病病原体等物质，以应对社会发展带来的新的犯罪方式，完善犯罪的法网。

（二）破坏特定对象的犯罪

包括破坏交通工具罪、破坏交通设施罪、破坏电力设备罪、破坏易燃易爆设备罪、破坏电视设施、公用电信设施罪及上述犯罪的过失犯。此类犯罪没有改变。

（三）具有恐怖性质的犯罪

包括组织、领导参加恐怖活动组织罪、劫持航空器罪、劫持船只、汽车罪、暴力危及飞行安全罪。修改集中在恐怖活动犯罪中，首先是组织、领导、参加恐怖组织罪，对犯罪作了明确的分层，规定更加细化合理——组织、领导的处10年以上有期徒刑或者无期徒刑；积极参加的处3年以上10年以下有期徒刑；其他参加的处3年以下有期徒刑、拘役管制或者剥夺政治权利。同时增加资助恐怖活动罪，并规定了单位犯罪。其次，在组织、领导、参加恐怖活动罪中，增加财产刑，组织、领导的并处没收财产，积极参加的并处罚金，其他参加的可以并处罚金。在资助恐怖活动罪中增加资助恐怖活动培训的行为类型，同时增加为恐怖活动组织、实施恐怖活动或恐怖活动培训招募、运送人员的行为方式。最后，增加准备实施恐怖活动罪，宣扬恐怖主义、极端主义、煽动实施恐怖活动罪，利用极端主义破坏法律实施罪，强制穿戴宣扬恐怖主义、极端主义服饰、标志罪，非法持有宣扬恐怖主义、极端主义物品罪，采用危险犯的立法方式，将行为规制极大提前，从严从快地进行犯罪规制。最后在妨害国（边）境管理罪中增加为参加恐怖活动组织、接受恐怖活动培训或者实施恐怖活动，偷越国（边）境的，处1年以上3年以下有期徒刑，并处罚金的规定。构筑了一个从准备、宣传、利用，组织、领导、实行，到对相关物品资料的持有或强迫他人穿戴的周延的犯罪圈，完全涵盖所有的犯罪行为。同时，在刑罚设置上也形成了完整封闭的刑罚圈，所有的主刑和附加刑都有涉及，在处罚上也实现了体系的周延。

（四）违反枪支、弹药、爆炸物、核材料管理的犯罪

包括非法制造、买卖、运输、邮寄、储存枪支、弹药、爆炸物罪、非法买卖、运输核材料罪、违规制造、销售枪支罪、盗窃、抢夺枪支、弹药、爆炸物罪等。将核材料修改为毒害性、放射性、传染病病原体等物质，扩充了规制的范围。

(五)重大责任事故的犯罪

包括重大飞行事故罪、铁路运营安全事故罪、交通肇事罪、重大责任事故罪等。增加了强令他人违章冒险作业罪、大型群众性活动安全事故罪、不报谎报安全事故罪和危险驾驶罪,完善了规制的法网。在重大责任事故罪中,将原来列举式的规定——工厂、矿山、林场、建筑企业或者其他企业、事业单位的职工,由于不服管理、违反规章制度,改为概括式规定——在生产、作业中违反安全管理规定,具有更大的涵盖性,扩大犯罪主体,增强了法网的严密性。同时将强令他人违章冒险作业单独定罪,起刑由 3 年升至 5 年,加重刑由 3 年以上 7 年以下升至 5 年以上有期徒刑。在重大劳动安全事故罪,将原来列举的"工厂、矿山、林场、建筑企业或者其他企业、事业单位"主体删去,对单位主体不作规定和限定,扩充了犯罪的主体;将原来的"劳动安全设施不符合国家规定"改为安全生产设施或安全生产条件不符合国家规定,扩充了行为的范围;删去"经有关部门或者单位职工提出后,对事故隐患仍不采取措施"的前置性构成条件,放宽了犯罪的构成。在其后增设大型群众性活动安全事故罪,应对如密云踩踏事件、超市促销活动等事件。《刑法修正案(九)》对危险驾驶罪增加两种行为类型:一是从事校车业务或者旅客运输,严重超过额定乘员载客,或者严重超过规定时速行驶的;二是违反危险化学品安全管理规定运输危险化学品,危及公共安全的,增加机动车所有人、管理人构成本罪。

第四节　刑事政策评价

公共安全犯罪始终是社会危害和影响最大的犯罪类型,对该类犯罪,立法上无论是新增罪名,还是改变罪状,都是为了扩充规制的范围,完善法网的编织,而且进一步加大打击的力度。《刑法修正案(三)》将恐怖活动犯罪纳入洗钱罪的上游犯罪,完善了打击的法网。《刑法修正案(八)》将恐怖犯罪列为特殊累犯的构成,从而加重了处罚。从历史或是未来一定时期来看,该类客体的犯罪应该只会沿着宽严相济的严的一端发展,随着社会的发展,有组织类的犯罪、极端恐怖犯罪增加,法网还会有一个严密的过程。从立法上看,严密严厉的做法还体现在大量设置危险犯,甚至是抽象危险犯。一是法益保护的早期化。一般来说,法益保护的早期化主要表现为增加危险犯(尤其是抽象危险犯)、预备罪的规定,使刑法对危险犯、预备罪的处罚由例外变成常态。二是帮助犯的正犯化。三是预备罪的既遂化。① 中国反恐的立法在2015年之前基本上采取了与联合国相一致的战略,带有鲜明的应急性和从严从重特点。② 这种应急性导致反恐立法有着明显的碎片化和不完整性,③而2015年的《刑法修正案(九)》和《反恐

---

① 张明楷:《刑法修正案(九)关于恐怖犯罪的规定》,载《现代法学》2016年第1期。

② 这些应急性立法的共同特点是扩大了警察、情报部门获取与恐怖分子和恐怖活动有关的各种信息的权力。虽然对这些权力的行使规定了严格的条件和程序,但立法者仍然不放心,一些国家设定了“旧落条款”(又称“落日条款”),如德国2001年制定的《反恐法》,规定立法机关每五年要审查一次,以决定是否延长这些法律的适用期限。又如美国,“9·11”事件之后,参众两院于2001年10月24日通过了《为拦截和阻止恐怖主义提供适当手段以团结和巩固美国法案》(《爱国者法案》),其中的某些条款于2005年12月31日失去效力;2006年3月,美国总统布什签署《美国爱国者法修改与再授权修改法》和《2006年爱国者法附加再授权修改法》,使一些临时性条款继续有效。另外,在不少国家,针对这类应急性的反恐法,还可通过启动违宪审查机制来对其进行制约。

③ 刘仁文:《中国反恐刑事立法的描述与评析》,载《法学家》2013年第4期。

怖主义法》的制定,解决了上述问题。

《刑法修正案(三)》对恐怖类犯罪作了五个方面的修改,一是针对原刑法规定不明确、惩罚力度不够、刑罚不完善的情况,对组织者、领导者和参加者的刑罚作了明确的分层规定,加重了对组织者和领导者的处罚力度,增加了对参加者的剥夺政治权利的附加刑。二是新增了资助恐怖活动罪,并设单位犯罪。① 三是将恐怖活动罪规定为洗钱罪的上游犯罪,在经济上对恐怖主义犯罪进行打击。加重了对犯此罪的单位直接负责的主管人员和其他直接责任人员的处罚。四是为了应对频繁发生的虚假恐怖信息造成的社会危害,增加投放虚假危险物质罪、编造和故意传播虚假恐怖信息罪,以防止利用虚假的恐怖信息扰乱社会秩序。五是将投毒罪、非法买卖运输核材料罪、非法制造买卖运输储存危险物质罪和盗窃、抢夺、抢劫枪支、弹药、爆炸物罪的对象增加为危险物质。“危险物质”包括“毒害性、放射性、传染病病原体等物质”。该修改因应了恐怖主义活动的新特点,因为20世纪90年代恐怖主义新浪潮出现以后,恐怖主义者使用的技术和武器越来越先进,并极力寻求使用大规模的杀伤性和毁灭性武器来制造恐怖。由于核技术、生物技术、化学武器技术等的扩散,恐怖主义者不再满足于使用传统的爆炸、暗杀等手段,恐怖分子可能使用核武器、生物武器、化学武器等大规模杀伤性武器对其仇视的国家和地区进行攻击②,对恐怖手段的规制完善就非常必要。

《刑法修正案(八)》主要加大了对恐怖主义犯罪的惩罚力度,表

---

①　该罪增设的背景是国际公约。根据2001年9月28日联合国安理会第4385次会议通过的第1373(2001)号决议和1999年12月9日联合国通过的《制止向恐怖主义提供资助的国际公约》作出的规定。

②　何秉松:《中国有组织犯罪研究》,群众出版社2009年版,第311页。

现在以下几个方面:一是修改特殊累犯的规定,将恐怖活动犯罪列入特殊累犯。二是规定了犯罪集团的首要分子不适用缓刑。三是对有组织的暴力犯罪被判处死刑缓期执行的,规定了限制减刑的情形。四是对有组织的暴力犯罪被判处10年以上有期徒刑或者无期徒刑的作了限制假释的规定。暴恐犯罪多以犯罪集团的方式呈现,因此在刑罚上严密了对恐怖主义犯罪的法网。①

2011年10月全国人大常委会通过了《关于加强反恐怖工作有关问题的决定》。这是我国反恐法治进程中一起具有重大意义的事件,对我国的基本立场、核心概念、反恐机构相关配备、恐怖活动组织和人员的认定、涉恐财产冻结、国际合作、认定名单和冻结财产的具体办法等进行了说明和规定,为后来的《反恐怖主义法》奠定了基础,填补了对恐怖主义界定的空白。② 决定的内容反映了现实的需要,对核心概念进行了界定,对反恐的组织机构、相应手段进行明晰。③

---

① 周光权主编:《刑法历次修正案权威解读》,中国人民大学出版社2011年版,第331页。

② 赵秉志、杜邈:《我国反恐怖法律体系的初步形成》,载《法制日报》2011年11月16日。

③ 《决定》共8条,第1条表明了中国对待恐怖主义的基本立场,即反对一切形式的恐怖主义;第2条是对一些核心术语的界定,包括“恐怖活动”“恐怖活动组织”“恐怖活动人员”;第3条是关于反恐机构、反恐力量和反恐人员的规定,如“国家反恐怖工作领导机构统一领导和指挥全国反恐怖工作”;第4条是关于恐怖活动组织和活动人员名单的认定;第5条是关于涉恐组织和人员的资金或其他财产的冻结;第6条是关于反恐国际合作;第7条则是授权国务院及其相关部门制定认定恐怖活动组织和恐怖活动人员名单、冻结涉恐资产的具体办法;第8条规定本决定自公布之日起施行。转引自刘仁文:《中国反恐刑事立法的描述与评析》,载《法学家》2013年第4期。

2015年《刑法修正案(九)》大量增设了有关反对恐怖主义、极端主义的犯罪,进一步严密了反恐法网、加大了反恐力度。主要体现如下:第一是引入了“恐怖主义、极端主义”的概念。在原来的“恐怖活动”“恐怖活动组织”“恐怖活动犯罪”等概念的基础上,引入了包括“恐怖主义”“极端主义”“宣扬恐怖主义、极端主义的图书、音频视频资料或者其他物品”“宣扬恐怖主义、极端主义服饰、标志”“恐怖主义、极端主义犯罪行为”等在内的一系列概念,拓宽了反恐犯罪的范围,延伸了反恐犯罪的领域。第二是增设新罪、修改罪状。《刑法修正案(九)》增设了6种新的涉恐犯罪。同时,还对两种罪名的罪状予以完善:一是将“资助恐怖活动罪”修改为帮助恐怖活动罪;二是对拒绝提供间谍犯罪证据罪的罪状进行修改,将拒绝向司法机关提供恐怖主义、极端主义犯罪证据且情节严重的行为纳入该犯罪。三是完善刑罚配置。具体表现为:一是对组织、领导、参加恐怖组织罪增加了财产刑,二是将不法分子偷渡出境参加恐怖活动培训或“圣战”的行为纳入偷越国(边)境罪作为加重情节。形成了一个包括准备、组织、领导、参加、宣传、利用恐怖主义和极端主义行为以及对相关物品非法持有和强制他人穿戴的严密的犯罪圈。基本涵盖了恐怖主义行为的从准备到实施到完成后的状态可能涉及的所有行为类型,包含涉及恐怖活动的偷越国边境行为。在刑罚设置上,所有的罪名都设置了财产刑,虽然组织领导恐怖活动组织的最高刑是无期徒刑,但是实施杀人、爆炸、绑架等罪数罪并罚的规定相当于将刑罚提升至死刑,在刑罚上涵盖了主刑和附加刑。

2015年12月通过的《反恐怖主义法》,从恐怖主义等基本概念的界定,反恐工作的原则、机制、管辖,恐怖活动组织和人员认定、审查,情报信息和调查程序,恐怖事件应对处置,国际合作,反恐工作保障措施,恐怖活动法律责任等方面建立起了一个较为完整的反恐工作和处罚体系,并和国际社会相关公约、机制形成了有效呼应。对恐怖主义、恐怖活动、恐怖组织、恐怖事件以及极端主义进行了定义。

有学者认为,中国社会目前或将来一段时期将主要存在五种恐怖主义威胁:一是“东突”恐怖主义,二是“藏独”恐怖主义,三是“蒙独”恐怖主义,四是邪教和极端反社会、反政府思潮恐怖主义,五是国际恐怖主义。① 因此,《反恐怖主义法》就是这种形势下的刑事政策应对的体现。随着反恐法的颁布,对恐怖类犯罪规制会进一步完善。

在反恐犯罪立法中以严为主,也有适度的宽。“严”首先是严密法网,将入罪体系化,没有恐怖行为能够出罪,从实行行为、组织领导行为、帮助行为、准备行为到表征行为全覆盖,同时将刑罚体系化,构建包含所有主刑和附加刑的完善的刑罚圈,从管制到死刑无缝衔接;其次建构量刑上的“包围圈”,从累犯、主犯到限制减刑都有规定。“宽”在反恐怖活动犯罪中则会相对较少。我国总则中宽的奖励制度如自首、立功、坦白等,应该都可以适用暴恐类犯罪。西方国家在有组织犯罪中为共犯脱离者“架设一条后退的黄金桥”,②这一做法也值得借鉴。对恐怖分子从恐怖组织中脱离出来给予特殊的奖励,对恐怖主义分子或暴力犯罪集团进行分化,给那些主动脱离犯罪集团或立志改

---

① 李湛军:《中国面临的恐怖主义威胁与安全形势前瞻》,载《第三届全球化时代犯罪与刑法国际论坛论文集》,2011 年 10 月 29 ~ 31 日,第 105 页。

② 所谓共犯脱离,就是指共犯关系成立之后、完成犯罪之前,部分处于共犯的人切断与其他共犯的关系而从该共犯关系中解脱出来,其他共犯人基于共犯关系实施实行行为、引起了犯罪结果的场合,由于没有“有效地防止犯罪结果的发生”,因而共犯脱离不能成立犯罪中止。[日]大谷实:《刑法总论》,黎宏译,法律出版社 2003 年版,第 349 页。

恶从善者以特殊优惠。如法国、德国，分别在其刑法典有关恐怖组织犯罪的规定中，设立了类似制度。① 我国反恐刑事立法中也注意到宽严相济，在《刑法修正案(三)》中，一方面加重了对恐怖主义组织的组织者和领导者的打击，将其刑罚由原来的 3 年以上 10 年以下有期徒刑提高到 10 年以上有期徒刑或者无期徒刑；另一方面，对其他参加的，最低刑由原来的管制降为剥夺政治权利，体现了重者重之、轻者轻之的做法。

---

① 卢建平：《刑事政策与刑法》，中国人民公安大学出版社 2004 年版，第 54 页。

第四章

经济秩序犯罪内容研究

第一节 立法进程

改革开放致力发展经济,决定了经济犯罪经历了一个逐步不断扩充的过程。1979 年《刑法》中对经济秩序犯罪共有 15 条的规定,包括走私,投机倒把,伪造票证、货币、有价证券、车船票等,偷税抗税,挪用特定款物,破坏生产经营,商标犯罪,非法砍伐森林,非法捕捞,非法狩猎这些罪名。从 1979 年到 1997 年,全国人民代表大会常务委员会共颁布了 24 个单行刑法,其中 9 个是专门为增设经济犯罪而制定。1997 年刑法典整合了 1979 年刑法典的条文和相关规定,在此基础上设立了破坏社会主义市场经济秩序罪一章。和 1979 年《刑法》比较,1997 年《刑法》第三章条文由 15 个增加到 92 个,罪名由 13 个增加到 94 个。

1997 年之后经济犯罪立法又经历了一个急剧扩张的进程,从 1997 年 10 月 1 日起到现在,又陆续颁布了三个单行刑法和九个修正案,其中一个单行刑法专门针对经济犯罪,三个修正案主要内容都指向经济犯罪,其他几个修正案多涉及经济犯罪的内容。比如,1999 年《刑法修正案》当中,共有 9 个条文,其中有 6 个条文都是关于经济犯罪的,有 5 条是关于金融犯罪的;在 2001 年《刑法修正案(三)》中,共有 8 个条文,有 1 条是关于经济犯罪的;在 2002 年《刑法修正案(四)》中,有 2 条是关于经济犯罪的;在 2005 年《刑法修正案(五)》中,共有 4 个条文,有 2 条是关于金融犯罪的;在 2006 年《刑法修正案(六)》中,有 21 个条文,其中有 10 个条文是关于经济犯罪的,有 7 个是金融犯罪条文;在 2009 年《刑法修正案(七)》中,共有 14 个条文,其中有 5 个条文关于经济犯罪,有 1 条是金融犯罪条文。2011 年《刑法修正案(八)》有 12 个条文关于经济犯罪。2015 年《刑法修正案(九)》中有 3 个条文关于经济犯罪。

经九次修正后的经济秩序犯罪共规定了约 110 个罪名,法定最高刑为 10 年以上有期徒刑的有 50 个,占总量 45.4%;法定最高刑在 3 年以下有期徒刑的仅有 12 个,占总量的 10.9%。《刑法修正案(八)》之前涉及死刑的共有 8 个条文,16 种罪名,死刑罪名占经济犯罪 110 个总罪名的比例是 14.5%;《刑法修正案(八)》在经济秩序中废除了 9 个,《刑法修正案(九)》废除了 5 个,还剩 2 个死刑罪名,即生产、销售假药罪和生产、销售有毒有害食品罪,这两个罪名其实都是涉及公共安全问题。显然,我国对经济犯罪采用的是重刑主义的立法模式。

第二节　犯罪形势综述

2000 年到 2009 年,经济犯罪案件呈逐年上升趋势,大、要案件突出,犯罪类型增多,犯罪手段呈现出隐蔽性、多样性、高科技性的特点,向智能化、专业化、职业化方向发展，跨区域、跨部门、跨行业、跨境结伙作案增多，并逐步由传统的金融、税收和商贸等经济领域向体育、教育等领域渗透，涉案金额巨大、社会影响恶劣的经济犯罪案件时有发生。据统计，2000 年全国公安机关共破获各类经济案件 6.9 万起；2001 年全国公安机关贯彻落实国务院《关于整顿和规范市场经济秩序的决定》精神，加大了对经济犯罪打击力度，全年各类经济案件共立案 8.6 万起；在公安机关的严厉打击下，2002 年经济案件数量有所下降，但仍高达 7.1 万起；2003 年经济案件立案 6.6 万起；2005 年经济案件立案数 7.2 万起，上升了 9.7 个百分点，是近年来上升幅度最高的一年；2007 年，破坏社会主义市场经济秩序犯罪案件共立案 8.4 万起，比 2006 年上升 4.2%，自 2004 年以来连续第 4 年明显上升。① 七个修正案的立法都在这个阶段进行，而经济犯罪立法始终是修正案的重要内容，反映了改革开放以来经济发展优先的政策，《刑法修正案（一）》全部针对经济犯罪，《刑法修正案（四）》近一半涉及经济犯罪，《刑法修正案（五）》基本上全部涉及经济犯罪，《刑法修正案（六）》的 20 条有 12 条涉及经济犯罪，《刑法修正案（七）》的 28 条有 14 条涉及经济犯罪，其中有关走私、证券期货、老鼠仓、逃税、传销、地下钱庄等都是对频发热点问题的回应。

2010 年，经济犯罪持续高发，银行卡类犯罪、发票类犯罪、传销犯罪、伪劣药品食品犯罪突出。中国经济犯罪案件总量持续攀升，根据公安机关的相关统计，2010 年全国公安机关经济犯罪案件共立案 11 万余起，同比上升 10% 以上。根据最高人民法院的统计，2010 年全国

---

① 转引自郝英兵：《2000—2008 年中国犯罪现象分析》，载《中国人民公安大学学报》（社会科学版）2010 年第 1 期。

法院一审的破坏社会主义市场经济秩序类犯罪收案 30,386 件，同比上升 20%。其中，银行卡犯罪、发票犯罪、生产销售伪劣商品犯罪、假币犯罪、贷款诈骗犯罪、非法集资、非法传销、非法买卖证券、内幕交易等现象比较突出。伴随社会保障制度的逐步推进，骗取医保、社保资金案件频繁出现。非法集资、非法传销、非法买卖证券等涉众型经济犯罪涉及面广，危害深重，已成为影响经济秩序和社会稳定的重要因素之一。2008 年以来，全国公安机关共破获传销案件 4900 余起，抓获犯罪嫌疑人 1 万余名。2002 年至 2010 年，全国公安机关共破获洗钱犯罪案件 100 余起，打掉地下钱庄窝点 500 余个，涉案金额 2000 多亿元。生产销售伪劣食品、药品、消费品犯罪持续严重，①对《刑法修正案(八)》关于假药、食品安全问题的规定形成影响。经济犯罪的刑事政策向预防和轻刑化方向发展。

2011 年经济类犯罪继续增长，创历史新高。涉众型经济犯罪突出，严重危及金融秩序和社会稳定。2011 年，全国经济犯罪案件立案数和破案数同比分别上升了 10% 和 13%，均创历史新高。一方面，高利贷问题引发非法集资、高利转贷、金融传销、洗钱、暴力索债、赌博、贪污贿赂、金融诈骗等违法犯罪行为；另一方面，激化社会矛盾，引起群体性事件。食品药品安全犯罪依然突出，2011 年，国内相继出现“瘦肉精”“地沟油”“染色馒头”等重大食品安全事件，食品安全问题再次成为社会关注的热点。②《刑法修正案(八)》的直接体现就是改

① 转引自靳高风：《2010 年中国犯罪形势与刑事政策分析》，载《中国人民公安大学学报》(社会科学版)2011 年第 2 期。

② 转引自靳高风：《2011 年中国犯罪形势与刑事政策分析》，载《中国人民公安大学学报》(社会科学版)2012 年第 2 期。

变了有关食品药品犯罪的规定，同时完善了对非国家工作人员行贿罪的规定，还针对金融传销、洗钱的犯罪，完善了发票犯罪的规定。

2012 年经济犯罪数量井喷式增长，涉众型经济犯罪突出。2012 年，全国经济犯罪数量大幅增长。根据公安机关统计，仅在 2012 年 3 月 1 日至 8 月 31 日全国公安机关开展的严厉打击经济犯罪的“破案会战”专项行动中，就破获各类经济犯罪案件 22.9 万起，是 2011 年全年的 2.3 倍。根据最高人民检察院统计，2012 年 1～10 月，共批捕破坏市场经济秩序犯罪 53,558 人，同比上升 59.4%。经济犯罪案件数量随着严厉打击专项行动大幅增加的情况从一定侧面说明了经济犯罪的隐案数量较大。2012 年，非法吸收公众存款、集资诈骗和组织、领导传销活动等涉众型经济犯罪仍是经济犯罪的主要类型。① 公安机关组织的专项打击运动，说明了经济类犯罪存在一定的暗数。

2013 年经济犯罪数量高居不下，全国经济犯罪活动比较活跃，犯罪形势严峻复杂。从整体上看，当前全国经济犯罪活动比较活跃，犯罪形势严峻复杂，主要表现为：犯罪数量高居不下，犯罪形式多种多样；侵害领域广泛，涉民生犯罪突出；涉众型犯罪危害严重，威胁社会稳定；多发性犯罪利益链条突出，地域性特征明显；传统犯罪大案要案多发，新的犯罪类型和手段不断涌现。制假贩假活动依然突出。经济犯罪案件数量持续上升，环境犯罪、食品药品犯罪成为社会热点问题，2014 年经济犯罪案件数量比 2013 年有所增长。②

---

① 转引自靳高风：《2012 年中国犯罪形势与刑事政策分析》，载《中国人民公安大学学报》（社会科学版）2013 年第 2 期

② 转引自靳高风：《2013 年中国犯罪形势与刑事政策分析》，载《中国人民公安大学学报》（社会科学版）2014 年第 2 期。

2014年非法集资类涉众型犯罪持续高发，特别是在网络金融的名义下，大量涉众型案件由实体形式向网络空间发展。私募基金领域案件数量增多，大案要案频发，涉案地域广、人员多。侵犯知识产权犯罪链条化、网络化突出，且跨国有组织犯罪活动增加。① 2011年以来，全国公安机关连续开展了“亮剑”“破案会战”“云端行动”等专项打击行动。

2015年，随着全国经济形势的变化，经济犯罪形势复杂，主要表现在以下四个方面：第一，金融犯罪、涉传销犯罪案件大幅上升，P2P等网络借贷平台加剧了金融犯罪的复杂性。第二，证券期货领域犯罪串案、窝案、大案、要案多发，呈现出内外勾结、行业犯罪与职务犯罪相交织的特点。第三，地下钱庄洗钱活动与职务犯罪、网络赌博、电信诈骗、恐怖活动、制毒贩毒及其他经济领域违法犯罪活动相交织，严重危及国家金融安全。第四，网络与物流成为食品药品犯罪的主要渠道，环境犯罪案件持续增长。

2016年，受国内外复杂经济形势的影响，经济犯罪活动总体上仍处于高发态势，尤其是非法集资、传销等涉众型经济犯罪持续高发，金融诈骗、证券期货犯罪、银行卡犯罪、假币犯罪、制假售假等案件仍比较多发，而且犯罪手法不断翻新。2016年，全国公安机关相继组织开展了打击整治非法集资、地下钱庄、证券期货犯罪、假币犯罪、网上非法买卖银行卡、虚开增值税专用发票和出口骗税等一系列专项行动。专项行动战果显示，2016年全国公安机关共破获各类经济犯罪案件20.7万起，挽回直接经济损失470余亿元。其中，非法集资、传销等

---

① 转引自靳高风：《2014年中国犯罪形势与刑事政策分析》，载《中国人民公安大学学报》（社会科学版）2015年第2期。

涉众型经济犯罪案件立案数和涉案金额较 2015 年分别下降了 8.9%、7.3%。银行卡犯罪大幅攀升,2016 年全国公安机关共立妨害信用卡管理和信用卡诈骗案件近 6.3 万余起,同比上升 40%。网络金融犯罪凸显网络非法集资等涉众型金融犯罪进入高发期,利用 P2P 网贷平台进行的集资诈骗、非法吸收公众存款等犯罪持续多发,加剧了金融犯罪的复杂性。涉及非法集资的"e 租宝""中晋系""融资城""顺顺贷""徽融通""华融普银案"等案件,涉及人员众多,涉案地区广泛,涉案金额巨大,严重扰乱金融市场秩序。校园网贷所引发的大学生赌博、敲诈勒索、非法传销以及自杀事件一直是 2016 年舆论热议的焦点,尤其是"裸贷"恐吓催债事件一时成为舆论热点。

第三节　修正内容总结

一、新增的罪名

修正案新增罪名 14 个:(1)骗购外汇罪。(2)隐匿、故意销毁会计凭证、会计账簿、财务会计报告罪。(3)妨害信用卡管理罪。(4)窃取、收买、非法提供信用卡信息罪。(5)虚假破产罪。(6)背信损害上市公司利益罪。(7)骗取贷款、票据承兑、金融票证罪。(8)背信运用信托财产罪。(9)违法运用资金罪。(10)利用未公开信息交易罪。(11)组织、领导传销活动罪。(12)对外国公职人员或者国际公共组织官员行贿罪。(13)虚开发票罪。(14)持有伪造的发票罪。

二、修改的罪状

(一)改变犯罪主体的有:1. 将国有公司企业事业单位人员失职

罪中的主体由直接负责的主管人员改为工作人员，扩充了主体范围；2. 在提供虚假财会报告罪中将公司扩充为负有信息披露义务的公司、企业；3. 增加几款金融诈骗罪的单位犯罪；4. 挪用资金罪的主体扩充到商业银行、证券交易所、期货交易所、证券公司、期货经纪公司、保险公司等金融机构；5. 逃汇罪的犯罪主体由“国有公司、企业或者其他国有单位”修改扩展为“公司、企业或者其他单位”；6. 走私废物罪的主体扩大到“单位”；7. 违规披露、不披露重要信息罪的主体由“公司”扩大到“公司、企业”；8. 公司、企业人员受贿罪的主体范围扩大到公司、企业之外的“其他单位的工作人员”，罪名也修正为非国家工作人员受贿罪。

（二）扩充行为方式的有：1. 将不符合卫生标准改为不符合安全标准，降低了入罪的门槛；2. 增加了走私废物中的液体废物和气体废物的行为，在走私普通货物、物品罪中增加了“一年内曾因走私被给予二次行政处罚后又走私的”构成本罪的规定；3. 将国有公司、企业、事业单位人员失职罪中的徇私舞弊行为改为严重不负责任或滥用职权或徇私舞弊的；4. 将擅自设立金融机构罪、伪造变造转让金融机构许可证、批准文件罪、挪用资金罪中的商业银行扩充到商业银行、证券交易所、期货交易所、证券公司、期货经纪公司、保险公司；5. 在证券类的犯罪中增加期货犯罪；6. 扩充洗钱的上游犯罪；7. 违法发放贷款罪中将违反法律行政法规改为违反国家规定，增加行为的范围；8. 在操纵证券期货交易价格罪中增加操纵证券期货交易量的行为方式；9. 在内幕交易罪中增加明示或暗示他人从事上述交易活动的行为方式；10. 在信用卡诈骗中增加以虚假身份证明骗领信用卡的行为；11. 将逃税罪的行为方式由列举的改为概括式规定，将具体数额的规定改为数额较大的规定；12. 在非法经营罪中增加了证券、期货和保险业务的行为方式,增加了“非法从事资金支付结算业务的”规定;13. 在强迫交易罪中增加了“强迫他人参与或者退出投标、拍卖,强迫他人转让或者收购公司、企业的股份、债券或者其他资产,强迫他人进入或者特定的经营领域”三种行为类型;14. “在内海、领海运输、收购、贩卖”国家禁止或者限制进出口物品、货物的走私行为扩大到“内海、领海、界河、界湖”;15. 违规披露、不披露重要信息罪中增加了“对依法应当披露的其他重要信息不按规定披露”的行为方式。

(三)扩展具体经济犯罪的对象范围的有:1. 刑法修正案在《刑法》第 174 条“擅自设立金融机构罪”“伪造、变造、转让金融机构经营许可、批准文件罪”中,增加了“证券交易所、期货交易所、证券公司、期货经纪公司、保险公司”等对象。2.《刑法修正案(七)》在《刑法》第 180 条“内幕交易、泄露内幕信息罪”、第 181 条“编造并传播证券、期货交易虚假信息罪”“诱骗投资者买卖证券、期货合约罪”、第 182 条“操纵证券、期货市场罪”中,增加了期货交易所、期货交易的内幕信息、期货交易的虚假信息、期货交易价格等对象。3.《刑法修正案(三)》将《刑法》第 191 条“洗钱罪”的对象扩大到恐怖活动犯罪的违法所得及其产生的收益;《刑法修正案(六)》则将其进一步扩大至“贪污贿赂犯罪、破坏金融秩序犯罪、金融诈骗犯罪的所得及其产生的收益”。4.《刑法修正案(四)》将《刑法》第 155 条规定的“走私固体废物罪”的对象扩大到液态废物、气态废物,该罪名也因此修改为“走私废物罪”。5.《刑法修正案(六)》将《刑法》第 164 条“对非国家工作人员行贿罪”的对象扩大到“公司、企业或者其他单位工作人员”。6.《刑法修正案(七)》将《刑法》第 151 条“走私国家禁止进出口的货物、物品罪”的对象规定为“走私珍稀植物及其制品等国家禁止进出口的其他货物、物品”。

（四）在构成方式上的改变有：1. 将生产销售不符合卫生标准的卫生器材罪由结果犯改为具体危险犯；2. 将生产销售假药罪由具体危险犯改为抽象危险犯，其加重构成由致人死亡或者对人体健康造成特别严重危害的改为致人死亡或者有其他严重情节的；3. 在生产销售不符合卫生标准和生产销售有毒有害食品罪的加重构成中增加了其他严重情节的兜底性规定；4. 在走私犯罪中增加了严重情节的构成；5. 在走私中增加一年内曾因走私被给予二次行政处罚后又走私的入罪规定；6. 在提供虚假财会报告罪中将财会报告扩充为依法应当披露的其他重要信息，增加了构成中的其他严重情节；7. 在用账外客户资金非法拆借、发放贷款罪中，删去牟利的目的，增加数额巨大的构成方式，将结果犯改为数额犯；8. 在违规出具金融票证罪中将造成较大损失的构成条件改为情节严重，放宽了入罪的门槛；9. 在操纵证券期货交易价格罪中取消获取不正当利益或者转嫁风险的规定，只规定情节严重的，降低了入罪的标准；10. 在逃税罪中增加了初次逃税的出罪规定；11. 删除了非法经营罪中的兜底性规定，以应对口袋罪的倾向。

（五）主观要素调整的有：1. 将《刑法》第 187 条第 1 款"吸收客户资金不入账罪"修改为"吸收客户资金不入账罪"，删去了"以牟利为目的"的主观要素。2. 删除了《刑法》第 168 条规定的"国有公司、企业人员失职罪、滥用职权罪"中"徇私舞弊"目的。3.《刑法修正案（六）》删除了《刑法》第 182 条"操纵证券、期货市场罪"中"获取不正当利益或者转嫁风险"的主观要件。

（六）既遂形态的修正，原结果犯、目的犯、数额犯修正为危险犯或者情节犯的有：1.《刑法修正案（四）》放宽了原《刑法》第 145 条规定的"生产、销售不符合标准的医用器材罪"定罪标准，将原条文规定"对人体健康造成严重危害的"结果犯修改为"足以严重危害人体健康的”危险犯。2.《刑法修正案(六)》将《刑法》第 188 条“违规出具金融票证罪”中“造成较大损失”(结果犯)修改为“情节严重”(情节犯)。3.《刑法修正案(六)》将《刑法》第 161 条“违规披露、不披露重要信息罪”由结果犯修改为“结果犯”或“情节犯”。4.《刑法修正案(八)》删除了原《刑法》第 141 条生产、销售假药罪中的“足以严重危害人体健康”要素,行为人只要生产、销售假药,就可以构成犯罪。

(七)刑罚的改变有:1. 将生产、销售不符合卫生标准的卫生器材罪中将刑罚由 5 年以下改为 3 年以下、3 年到 10 年、10 年以上三档;2. 在生产销售假药中将并处或单处比例罚金改为并处罚金;3. 将生产销售不符合卫生标准的单处比例罚金刑改为一律并处罚金刑;4. 将销售有毒有害食品罪中单处比例罚金刑改为一律并处罚金刑;5.《刑法修正案(八)》废除走私文物罪、走私贵重金属罪、走私珍贵动物罪、走私珍贵动物制品罪、走私普通货物、物品罪的死刑,确定基本刑为 5 年以上 10 年以下有期徒刑,加重最高刑为无期徒刑,减轻为 5 年以下。原来为 5 年以上有期徒刑,情节较轻为五年以下有期徒刑;6. 将走私普通货物罪的定罪模式从由重及轻改为由轻及重,基本刑从 10 年变为 3 年;7.《刑法修正案(九)》废除了所有走私罪的死刑;8. 国有公司企业事业单位人员失职罪的一档刑罚增加至两档;9. 在对非国家工作人员行贿罪中增加了并处罚金的规定;10.《刑法修正案(八)》仅保留集资诈骗罪的死刑规定,废除票据诈骗罪、金融凭证诈骗罪、信用证诈骗罪的死刑规定;11. 增加了对集资诈骗罪、票据诈骗罪、金融凭证诈骗罪、信用证诈骗罪的单位犯罪,对其直接负责的主管人员和其他直接责任人员在基本刑的情况下可以并处罚金,在加重刑的情况下必须并处罚金;12.《刑法修正案(九)》废除了集资诈骗罪的死刑;13. 逃税罪中的比例罚金刑改为概括式规定;14. 强迫交易罪刑档由一档变为两档，其中情节特别严重的，处三年以上七年以下有期徒刑，并处罚金而且，第一档可以单处或并处罚金，第二档须并处罚金。

三、各分类客体中修改情况汇总

（一）生产销售伪劣产品罪的改变

《刑法修正案（四）》将生产、销售不符合标准的卫生器材罪从结果犯改为具体危险犯，起刑由5年以下改为3年以下，刑档由两档改为三档，分别为3年以下有期徒刑、3年以上到10年以下有期徒刑、10年以上有期徒刑。

《刑法修正案（八）》将生产、销售假药罪由具体危险犯改为抽象危险犯，将“并处或者单处销售金额百分之五十以上二倍以下罚金”这种比例倍数制改为概括式规定并一律并处罚金；在加重构成中增加有其他严重情节的规定；将加重构成之致人死亡或者对人体健康造成特别严重危害的，改为致人死亡或者有其他特别严重情节的，扩大犯罪构成。将生产、销售不符合卫生标准的食品罪改为生产、销售不符合安全标准的食品罪，取消罚金比例制规定，取消单处罚金的规定，一律并处罚金，在加重构成中增加有其他严重情节的，即改为对人体健康造成严重危害或者有其他严重情节的，扩大了犯罪构成。在生产、销售有毒、有害食品罪中，取消“或者单处销售金额百分之五十以上二倍以下罚金”，规定一律并处罚金；将原来的加重构成“造成严重食物中毒事故或者其他严重食源性疾患，对人体健康造成严重危害的”，改为对人体健康造成严重危害或者有其他严重情节的；将加重构成之致人死亡或者对人体健康造成特别严重危害的，改为致人死亡或者有其他特别严重情节的，扩大了犯罪构成。

（二）走私罪的改变

1997 年《刑法》规定了如下走私罪名：走私武器、弹药罪，走私核材料罪，走私假币罪、走私文物罪、走私贵重金属罪，走私珍贵动物、珍贵动物动物制品罪、走私珍稀植物、植物制品罪，走私普通货物、物品罪，走私固体废物罪。

《刑法修正案（四）》将走私废物罪的对象增加了液体废物和气体废物。《刑法修正案（七）》在走私罪中增加走私国家禁止进出口的货物、物品罪，以应对疯牛病、口蹄疫等问题，其行为对象涵盖来自疫区的动植物，古无脊椎动物化石，古植物化石等。

《刑法修正案（八）》对走私罪作了大幅度的修改。原来规定中可以判处死刑的罪名有：走私武器、弹药罪、走私核材料罪、走私假币罪、走私文物罪、走私贵重金属罪、走私珍贵动物罪、走私珍贵动物制品罪、武装掩护走私的、走私普通货物、物品罪。经过修正后，保留走私武器、弹药、核材料或者伪造的货币罪以及武装掩护走私的死刑；废除了走私文物罪、走私贵重金属罪、走私珍贵动物罪、走私珍贵动物制品罪、走私普通货物、物品罪的死刑，确定基本刑为 5 年以上 10 年以下有期徒刑，加重最高刑为无期徒刑，减轻的为 5 年以下。原来基本刑为 5 年以上有期徒刑，情节较轻为 5 年以下有期徒刑。走私普通物品罪中，首先改变了由重及轻的立法模式，原来的基本刑是 10 年以上，而且最高可致死刑，修改后采用了由轻及重的模式，基本刑为 3 年以下有期徒刑或者拘役，取消了死刑的规定；定罪量刑的金额由偷逃税额 5 万元、15 万元、50 万元的定量规定改变为数额较大、数额巨大、数额特别巨大的规定，同时将有其他严重情节和数额巨大并列为或选的加重构成条件，将有其他特别严重情节的和数额特别巨大并列为或选的再次加重构成条件，其他严重情节这种开放式构成条件的设置扩充了构成的范围。原来规定中的情节严重在同一刑档中属于加重型，如在偷逃税额15万元不满50万元的刑档中，处3～10年有期徒刑，而有其他严重情节的则处10年以上或者无期徒刑，显然其他严重情节是在数额的基础上的加重情况，修正案采用或选的方式，无疑是降低了刑罚的严厉性。其他严重情节的处罚和数额的处罚相当。将有其他严重情节的刑罚从10年以上有期徒刑降低为3～10年。将有其他特别严重情节的刑罚从无期徒刑、死刑降为10年以上有期徒刑或者无期徒刑。同时，增加了“一年内曾因走私被给予二次行政处罚后有走私的”入罪的规定。

立法过程中，有人建议将小额多次走私行为入罪。原规定为偷逃税额5万元起刑，但是一些走私分子采用化整为零、蚂蚁搬家式的走私方式，如在香港的“水客”。这类走私活动通常都在犯罪集团控制下进行，分工明确、组织严密，各个环节紧密衔接，由相对独立的、职业化的、市场化的“水客”形成了走私集团的无数终端，可以将原来大宗的货物短时间内化整为零地走私完毕，可是对于“水客”而言，其并不构成犯罪，只能以行政处罚来规制。虽然刑法规定，多次走私未经处理的按照累积金额计算偷逃税额，但是单次不构成犯罪，经过行政处罚的行为又不能再进行累积计算，因此，出现了明显的法网漏洞。最后，修正案作了四项修改：取消了死刑规定；将小额多次走私行为入罪；对偷逃税额标准不再具体规定数额，没有增设比例标准，因为国税地税大多以一个会计年度计税，比较容易计算出比例，而关税则存在不确定性，可能几年只有一个单，用比例标准会使监管难度和违法惩治漏洞加大。调整处罚顺序，将原来的由重到轻改为由轻到重，并整合刑档，将五档刑改为三档刑。

调整了走私珍稀植物、珍稀植物制品罪最低法定刑。金额不高的情况下，司法机关认为6个月刑罚仍然偏重，则会直接适用缓刑或是附加刑，造成畸轻，因此增加拘役的规定以完善刑罚的规定。

《刑法修正案(九)》废除走私武器、弹药、核材料罪和伪造货币罪的死刑。武装掩护走私按照该款处理，同样也废除了死刑。至此，所有的走私犯罪都废除了死刑。

(三)妨害对公司、企业的管理秩序罪的改变

《刑法修正案(一)》增加了隐匿、故意销毁会计凭证、会计账簿、财务会计报告罪。改变的罪状有：在国有公司、企业、事业单位人员失职罪、滥用职权罪中，将原来的国有公司、企业直接负责的主管人员改为国有公司、企业、事业单位的工作人员，将原来的徇私舞弊行为改为严重不负责任或滥用职权或徇私舞弊，将原来的一档刑罚增加为两档刑罚，最高刑由3年升至7年。

《刑法修正案(六)》在提供虚假财会报告罪中，将公司主体变更为依法负有信息披露义务的公司、企业，增加对依法应当披露的其他重要信息不按照规定披露的行为方式，增加或者有其他严重情节的构成条件。对违规披露、不披露重要信息罪的修改有：一是将该罪的犯罪主体由公司扩大到依法负有信息披露义务的公司、企业；二是扩大信息披露的对象，在现行财务会计报告外增加了兜底性规定——依法应当披露的其他重要信息；三是增加了“其他严重情节”的规定，构成犯罪的结果不再限于严重损害股东或者其他人利益，而变成开放式的构成要件。在妨害清算罪中增加虚假破产罪，在司法实践中，公司、企业实施虚假破产，严重损害债权人或者其他人利益的情形常有发生，而现行刑法只是就公司、企业在清算中损害债权人或者其他人利益的情形作出规定，出现遗漏。增加的规定可以补充这一法律漏洞。在徇私舞弊低价折股、出售国有资产罪中，增加背信损害上市公司利益罪，

对上市公司的董事、监事、其他高级管理人员违背对公司的忠实义务，利用职务上的便利，操纵上市公司，从事损害公司利益的行为，追究当事人的责任。为了便于执法，修正案对这类犯罪的具体表现形式也加以列举。这样的规定对于维护市场经济秩序，保障广大投资者利益，建立社会主义市场经济诚信体系非常必要。

连续对公司、企业人员受贿罪作了修改。首先，《刑法修正案（六）》扩充了主体范围，将公司企业人员扩张为公司、企业或其他单位的工作人员，用以涵盖不断出现的非营利性组织和临时性组织。其次，《刑法修正案（八）》扩张了对象范围，增加对外国公职人员、国际公共组织官员行贿罪，完善了行贿犯罪的法网。然后，《刑法修正案（九）》在对非国家工作人员行贿罪的基本刑中增加并处罚金，原来只在加重刑中规定并处罚金，修改之后对单位犯罪的自然人主体也可以施加罚金刑。与普通行贿罪对行贿的一律处罚的规定相比较，对非国家工作人员行贿罪并没有改变处罚的力度，依然规定在被追诉前主动交代行贿行为的，可以减轻或者免除处罚。但是在非国家工作人员受贿罪的基本刑中并没有规定罚金刑，仅仅是在加重刑中规定并处罚金，有明显的漏洞。应当比照并处罚金、并处罚金后者没收财产、没收财产的递进体系进行修改。

（四）破坏金融管理秩序罪的改变

《刑法修正案（一）》对擅自设立金融机构罪，伪造、变造、转让金融机构经营许可证、批准文件罪的对象作了扩充，以应对经济发展带来的金融机构的变化。将原来的商业银行扩大到商业银行、证券交易所、期货交易所、证券公司、期货经纪公司、保险公司，扩大犯罪对象，严密了法网。在证券类的犯罪的内幕交易、操纵交易等犯罪中增加期货为对象，严密法网。将挪用资金的主体从商业银行扩充到商业银行、证券交易所、期货交易所、证券公司、期货经纪公司、保险公司等金融机构。

《刑法修正案(三)》在洗钱罪中增加恐怖活动犯罪作为上游犯罪的一项,扩大规制范围,形成毒品犯罪、黑社会性质的组织犯罪、恐怖活动犯罪三类上游犯罪。《刑法修正案(六)》进一步扩充上游犯罪的范围,增加走私犯罪、贪污贿赂犯罪、破坏金融管理秩序犯罪、金融诈骗犯罪几类犯罪作为上游犯罪,极大地扩充了洗钱罪的适用范围,以加大我国的反洗钱、反腐败力度,及时阻止犯罪资金外流。

《刑法修正案(五)》在伪造、变造金融票证罪后增加妨害信用卡管理罪,列举了四种行为模式:明知是伪造的信用卡而持有、运输的;明知是伪造的空白信用卡而持有运输,数量较大的;非法持有他人信用卡数量较大的;使用虚假身份证明骗领信用卡的;出售、购买、为他人提供伪造的信用卡或者以虚假的身份证明骗领的信用卡的。对于窃取、收买或者非法提供他人信用卡信息资料的,比照前述规定处理。

《刑法修正案(六)》在高利转贷罪后面增加骗取贷款罪,以应对不具备非法占有的目的从银行骗取贷款的行为,在不能构成贷款诈骗的情况下侵犯了银行资金的使用权而构成犯罪。立法中成立犯罪需要造成银行资金损失的严重后果,但是司法解释将骗取贷款金额较大也列入犯罪,有扩大处罚之嫌。操纵证券交易价格罪的罪名变更为操纵证券期货交易价格罪,增加期货为犯罪对象,将"获取不正当利益或者转嫁风险,情节严重的"改为"情节严重的"概括式规定,不再列举。在行为上,在原来操纵证券交易价格的基础上增加操纵证券、期货交易量的。在挪用资金罪、挪用公款罪后增加背信运用受托财产罪。在违法发放贷款罪中,将违反法律、行政法规规定改为违反国家规定,将构成条件由造成重大损失改为数额巨大或者造成重大损失的,改变构罪的结构,将原来的两款两罪即违法向关系人发放贷款罪和违法发放贷款罪,改为违法发放贷款罪,而违法向关系人发放贷款则作为从重处罚的情形,在定罪处罚上更加合理。在用账外客户资金非法拆借、发放贷款罪中,将“以牟利为目的,采取吸收客户资金不入账的方式,将资金用于非法拆借、发放贷款,造成重大损失的”构成条件,改为吸收客户资金不入账,数额巨大或者造成重大损失的,删除牟利的目的,放宽构成犯罪的行为表现,不限制在非法拆借和发放贷款中,构成条件增加“数额巨大”的规定,将纯粹的结果犯改为数额犯。在(非法)违规出具金融票证罪中,将造成较大损失的构成条件改为情节严重的开放构成条件,放宽了构成的范围。

《刑法修正案(七)》在内幕交易、泄露内幕信息罪中,增加期货作为犯罪对象,增加“明示或暗示他人从事上述交易活动”的行为方式。增加利用未公开信息交易罪,以应对“老鼠仓”,即从业人员或是监管的工作人员利用职务便利获取内幕信息以外的其他未公开信息,从事与该信息相关的交易或是明示暗示他人从事相关交易的。

(五)金融诈骗罪的改变

《刑法修正案(五)》在信用卡诈骗罪中增加使用以虚假身份证明骗领的信用卡的行为。

《刑法修正案(八)》仅保留集资诈骗罪的死刑规定,废除票据诈骗罪、金融凭证诈骗罪、信用证诈骗罪的死刑规定;增加了对集资诈骗罪、票据诈骗罪、金融凭证诈骗罪、信用证诈骗罪的单位犯罪的规定,对其直接负责的主管人员和其他直接责任人员在基本刑的情况下可以并处罚金,在加重刑的情况下必须并处罚金。《刑法修正案(九)》废除了集资诈骗罪的死刑规定,至此金融诈骗犯罪没有死刑。

（六）危害税收征管罪的改变

《刑法修正案（七）》对偷税罪做了重大改变，表现为以下几个方面：

一是将罪名改为逃税罪。偷税不符合该罪的行为特征，偷是将他人占有之下的财产进行非法占有，而逃税是将应该缴纳的税款不予缴纳，并没有将国家占有之下的税金非法占有，当然，这里的占有是一种事实上的占有而不是观念上的占有。逃税本质是将自己占有的税金拒绝缴纳给国家的行为，虽然该税金名义上归属国家，但国家并没有事实占有，因此，逃税才是符合行为特征的表述。

二是将列举式的行为方式改为概括式的规定。首先，列举很难穷尽，特别是网络出现之后发生的社会巨变，用列举的方式无法应对层出不穷的变化。其次，概括式规定符合行政法的空白罪状的特性。具体的行为方式由税收的行政法律规定，既容易做到法律的衔接，也容易做到灵活易变，可以应对社会的快速变化。

三是将具体的数额规定改为数额较大的概括性规定，即将 1 万到 10 万的规定改为“数额较大”。首先，具体数额在现实中容易产生地域的不平衡。其次，具体数额的 1 万也会随着时间的变化、经济的发展变得不再适合。相同的数额在不同的时期或是地域完全可能被认为危害性不一样；如果数额不改变，又与社会实际情况不符，很容易产生法律条文被虚置，在司法实践中另起一套的情形，典型的如贿赂犯罪的数额规定，在沿海发达地区，早就不可能以 5000 元作为起刑点了，恐怕 5 万元都不止了。

四是将比例罚金制改为概括式规定。比例罚金制不太符合刑事裁量的因应性，不同的罚金产生的制裁效果是不同的，但是规定了必须适用的比例罚金会成为司法适用的困境。如对有些“僵尸企业”，按比例处以罚金的判决只能是一纸空文，没有任何意义。因此，罚金刑的适用应当要具备很强的延展性。

五是有条件地用行政处罚代替刑事处罚,体现了宽严相济的刑事政策。对于逃税行为,经税务机关依法下达追缴通知后,补缴应纳税款和滞纳金,并已受行政处罚的,不追究刑事责任;同时又规定了两种除外的情况,一是因逃税受过刑事处罚没有超过五年,二是五年内因逃税受过二次行政处罚。除了这两种情况,其他的逃税行为只要符合行政处罚程序的就应当不予入罪。接受了行政处罚意味着行为人已受到教育和处罚,违法行为得到纠正,这样不会削弱对逃税行为的打击力度,有利于增强纳税人的纳税意识,也有利于扩大税源和巩固税基、促进社会和谐。非犯罪化的处理方式适当缩小了逃税罪的犯罪圈。该规定不适用于扣缴义务人,后者不缴或者少缴已扣、已收税款的行为虽然也属于违反税收征管规定的行为,但在性质上和偷逃还有所不同,《刑法修正案(七)》对此类行为没有大的调整,基本延续了原来的做法。

《刑法修正案(八)》废除了虚开增值税专用发票、用于骗取出口退税、抵扣税款发票罪、伪造、出售伪造的增值税专用发票罪的死刑,同时增设虚开发票罪、非法持有伪造的发票罪。修正案在宽严相济的两端进行了完善,宽的方面就是废除了系列犯罪的死刑,改善了重刑的结构;严的方面即增设了普通发票犯罪,将发票类的法网严密。

(七)扰乱市场秩序罪的改变

首先是《刑法修正案(一)》在非法经营罪中增加非法经营证券、期货和保险业务的行为,以应对社会上出现的大量的虚假证券期货保险业务,完善规制对象。其次,将传销罪从非法经营罪中单列开来,进行明确。修改之前传销行为按照非法经营罪处罚,但是非法经营罪的前提是扰乱市场秩序,而且必须有真实的经营活动,而传销往往是以"拉人头""收入门费"等为主要谋利手段,并没有真正的市场交易行为。传销通常是指不存在货物交易或真实的投资关系的,仅仅是建立在人头费上的欺骗行为,因此其经常与诈骗、非法吸收公共存款等罪名结合在一起。《刑法修正案(七)》还增加了非法从事资金支付结算业务的行为,以应对地下钱庄的泛滥。地下钱庄涉及的犯罪包括洗钱罪和贪污贿赂犯罪,大量贪官将资金通过地下钱庄汇往境外。因此,该行为的入罪,有利于严密法网,形成完善的打击圈。

《刑法修正案(八)》对强迫交易罪进行大幅修改,增加了犯罪的行为方式:(1)强迫他人参与或者退出投标、拍卖的;(2)强迫他人转让或者收购公司、企业的股份、债券或者其他资产的;(3)强迫他人进入或者退出特定的经营领域的。从而完善了该犯罪的行为类型,严密了法网。完善了刑罚设置,刑罚由一档变为两档:增加情节特别严重的,处三年以上七年以下有期徒刑,并处罚金。第一档可以单处或并处罚金,第二档须并处罚金。

第四节　刑事政策评价

一、经济刑事政策取向

从犯罪态势来看,历年经济类犯罪呈快速上升的形势,犯罪数量逐年上升,涉及领域越来越广,与网络充分结合,大量涉及民生民众的群体案件频发。因此,我国对经济犯罪的刑事政策采取的是严的策略,不断地严密法网,加大处罚力度,刑法泛化在经济领域是比较明显的。

我国经济犯罪刑事政策的主基调是严厉打击严重经济犯罪。在“严打”时期，邓小平于1982年中共中央政治局讨论《关于打击经济领域中严重犯罪活动的决定》的会议上指出，“要坚持两手抓，一手抓改革开放和经济建设，一手抓打击经济犯罪和反腐败斗争。这两只手都要硬。打击各种犯罪活动，扫除各种丑恶现象，手软不得”①，从中央层面确定了严厉打击严重经济犯罪的基调。随后出台的一系列法律文件都是采取从严从重的政策。最高人民法院等司法部门也贯彻了严厉打击严重经济犯罪的精神，不断扩大刑事法网，加大刑罚力度。在宽严相济基本刑事政策出台后，经济犯罪的具体刑事政策取向依然为严，特别是面对涉及民众的大量的食品药品安全问题。

经济秩序始终是刑法重点关注的对象。从九个修正案的汇总来看，新增罪名15个，占所有新增罪名的26%；修改罪状39处，占所有改变罪状的42%；改变的罪名16个，占所有改变罪名的46%。刑法分则共十个客体，仅经济秩序一个客体的改变就能占如此大的比例，说明在修正案对刑法的改变中，经济秩序是排在第一位的。经济秩序客体在整个刑法中的地位也是非常重要的，在1997年《刑法》中有94个罪名，占413个罪名的23%；经过修正后，罪名增至109个，占474个罪名的23%，在刑法体系中的比重没有变化。比较重刑和轻刑的比重，修正前重刑占58%，轻刑占12%，修正后重刑占53%，轻刑占10%，比例都有下降，但是重刑的绝对数增加，轻刑的绝对数没变，说明经济秩序类犯罪在修改过程中并没有引入轻刑的新罪或是改变，其

① 中共中央、国务院《关于打击经济领域中严重犯罪活动的决定》，载《邓小平文选》（第2卷），第402页。

重罪的倾向是明显的。经济秩序犯罪中罚金刑的比例是最高的，修正前罚金刑占91%，修正后占96%，基本上覆盖所有的经济类犯罪。九个修正案对经济类犯罪严密法网的做法占66%，增加刑罚的占10%，降低刑罚的占24%，在宽严相济的两端还是“严”占主要，但是宽的趋势也很明显。

归结起来，整个经济秩序中仅有两个死刑罪名，在重刑的顶端表征上发生了很大的改变。但是重刑的结构并没有发生根本的变化，因为10年以上有期徒刑的罪名比重依然有53%之多。

表4-1　经济秩序客体在新增罪名及修改罪状中的比重

		《刑法修正案（一）》	《刑法修正案（二）》	《刑法修正案（三）》	《刑法修正案（四）》	《刑法修正案（五）》	《刑法修正案（六）》	《刑法修正案（七）》	《刑法修正案（八）》	《刑法修正案（九）》	汇总	比重（%）
经济秩序	增加	3				2	5	2	3		15	26
	改变	8		1	3	1	8	3	11	4	39	42

表4-2　经济秩序客体在变更罪名中的比重

	《刑法修正案（一）》	《刑法修正案（二）》	《刑法修正案（三）》	《刑法修正案（四）》	《刑法修正案（五）》	《刑法修正案（六）》	《刑法修正案（七）》	《刑法修正案（八）》	《刑法修正案（九）》	汇总	比重（%）
经济秩序	4			1		7	3	1		16	46

表4-3　经济秩序客体在轻罪重罪方面的比较

	经济秩序罪名	十年以上		三年以下		罚金刑		情节严重的规定	
1997年	94	55	58%	11	12%	87	91%	42	45%
2016年	109	57	53%	11	10%	96	96%	58	53%
趋势	增加16%	下降		下降		上升		上升	

表4－4　经济秩序客体在宽严取向上的比较

		《刑法修正案（一）》	《刑法修正案（二）》	《刑法修正案（三）》	《刑法修正案（四）》	《刑法修正案（五）》	《刑法修正案（六）》	《刑法修正案（七）》	《刑法修正案（八）》	《刑法修正案（九）》	汇总	比重（%）
经济秩序	严密	8		1	3	3	12	5	7		39	66
	加刑			1			2	1	1	1	6	10
	降刑				1				9	5	14	24

二、修正后经济秩序客体中存在的问题

经过九个修正案后，经济秩序犯罪中的死刑罪名仅剩2个，原来死刑过重的结构得到了改变，整个经济秩序犯罪得到很大改观。但是依然存在法网不严密，轻刑配置比例偏低，刑罚与行政处罚衔接不当等情况。首先是法网仍旧不严密，体现在三个方面，一是国家本位观的经济立法思想导致对国有企业、事业单位的立法不严密。凡是涉及国有企业或是具有国家垄断地位的强势集体单位，立法只规制其相对方的行为，而缺乏对其自身行为的规制，出现了立法上的不平等。二是部分经济犯罪构成要素中的非法占有目的缩小了犯罪圈，使部分行为无法进入规制的范围。如修正案设立的骗取贷款罪，就是为了解决在没有非法占有目的而不能构成贷款诈骗罪的情形下如何规制的问题，该行为确实存在规制的必要。三是对某些个罪的边界界定不清，容易产生口袋罪倾向，引起质疑，反倒缩小了犯罪圈。比如非法经营罪，由于立法中采取的兜底性规定没有做很好的限制性解释，在刑事政策的指导下，将某些行为纳入与否，基本上取决于适用者采取的是宽的态度还是严的态度。取宽者认为危害性不大，不能与列举行为相当，可以不入罪；取严者认为危害性大且相当，需要入罪。在这种情况下，取舍与否需要刑事政策严格进行筛选过滤。

轻罪配置偏低,3 年以下有期徒刑的比例才 10%。为了免除饥饿之苦而犯罪和为了奢靡之欲而犯罪,其规制的手段应该不一样。在物欲主义、利益至上的观念影响下进行经济诚信体系的构建,绝不仅仅是重刑制裁能够达致的,更多的应该是制度的构建和教育刑的方式。

经济秩序犯罪多是行政犯,行政犯要求在刑事法之前有完善可循的行政法规存在。行政法规定是刑事犯罪的空白内容。但是我国的行政法律不完善、衔接不好的情况大有存在。比如新增的买卖伪造的发票罪和非法持有伪造的发票罪,如果法律没有规制非法持有犯罪可能存在的伪造、买卖、运输、储存、邮寄等前置行为,对于持有行为的规制必然是混乱的。

有学者认为,“伪造、编造、转让金融机构经营许可证、批准文件罪”“伪造、变造股票、公司、企业债券罪”“擅自发行股票、公司、企业债券罪”“伪造、变造国库券罪”和“国库券诈骗罪”属于单纯秩序不法,缺乏法益侵害,因而应当予以“去罪化”。① 还有学者提出,现行刑法中的骗取贷款罪,旨在保护银行等金融机构的权益,在计划经济体制下,这类机构都属于国家所有,该罪保护的即是国家权益;而在当今,银行已普遍市场化,成为市场主体的一部分,该罪名明显存在对银行等金融机构利益过度保护之嫌,违背了市场经济的本质和法治平等原则。② 换句话说,一些建立于计划经济体制基础上的罪名,早就应该被时代

---

① 有学者将非法经营罪、虚报注册资本罪、抽逃出资罪等都归属于此类犯罪。参见何荣功:《经济自由与刑法理性:经济刑法的范围界定》,载《法律科学》(西北政法大学学报)2014 年第 3 期。

② 王良顺:《保护法益视角下经济刑法的规制范围》,载《政治与法律》2017 年第 6 期。

所抛弃。遗憾的是，在历次刑法修正中，经济刑法的非犯罪化（除罪化）实践只在个别修正案中有所体现，总体上未受到足够的重视。刑法修正案（七）对偷税罪（罪名已经修改为“逃税罪”）进行了大幅修改，将原刑法中的部分偷税行为予以非犯罪化。①《刑法修正案（六）》对《刑法》第182条“操纵证券、期货市场罪”作出修改，删除了“相互买卖并不持有的证券”行为，在某种意义上也使该罪有一定的限缩。全国人大常委会2014年4月24日通过的《关于〈中华人民共和国刑法〉第一百五十八条、第一百五十九条的解释》规定，“刑法第一百五十八条、第一百五十九条的规定，只适用于依法实行注册资本实缴登记制的公司”。也就是说，现行公司法对注册资本实行注册资本实缴登记制、认缴登记制两种形式。《刑法》第158、159条规定的“虚报注册资本罪”“虚假出资、抽逃出资罪”只适用于依法实行注册资本实缴登记制的公司，不适用于认缴登记制的公司，无疑缩小了该罪的适用范围。②

三、刑事政策的构建

第一，要采取刑事一体化的思想，构建立体化的经济秩序规制体系。经济犯罪的原因多样而复杂，不完善的市场经济机制，存在大量的制度漏洞；人的趋利本性，马克思关于利益诱惑犯罪的道理是符合

① 何荣功：《社会治理“过度刑法化”的法哲学批判》，载《中外法学》2015年第2期。

② 严格地讲，该款并非是非犯罪化的规定，而仅仅是处罚阻却事由。只要行为人的逃税行为符合《刑法》第201条第1款的规定，并具备其他责任要素，其行为就成立逃税罪，只是还不能发动刑罚权而已。参见张明楷：《逃税罪阻却处罚事由》，载《法律适用》2011年第8期。但在实务中，没有处罚必要的行为通常也就不再作为犯罪追究刑事责任，因此，事实上成为非犯罪化的事由。

人的本性的，所以需要制度的约束；经济犯罪的成本与收益失衡，冒险去突破规制甚至犯罪得到的经济收益是客观的，但是这种冒险可能可以逃避法律的追究或是法律追究的代价较低；贫富差距产生的巨大的落差是激发人们犯罪的重要因素，相对剥夺感和原始的均贫富思想都是犯罪的潜在因素；诚信的缺失导致经济行为内心的道德底线丧失，没有道德和灵魂的行为必然处在越轨的边缘。在经济犯罪的实际原因日趋复杂和多元的情况下，仅仅是通过刑罚或是重刑惩罚的方式达到规制、控制甚至是预防的效果是不可能的。所以，应当坚持刑事一体化的思想，对经济越轨行为不能单靠刑事制裁，而是应当按照“综合治理”的社会治理理念与方针，创造经济运行的良好环境与条件，从治理经济体系本身出发是治本，刑罚只是事后的治标行为。在立法上应当适当提高定罪标准，有针对性地贯彻“非刑事化”的政策主张；一定范围与一定程度内的“非刑事化”，体现了刑罚的谦抑性。抓大的同时，必须放小，对那些危害不大的犯罪、犯罪情节轻微的犯罪、偶发犯罪、无被害人犯罪等实行宽松的刑事政策。

第二，贯彻宽严相济刑事政策，在宽严的两端进行完善。在严的一端还是要坚持犯罪化的法网严密进程，对于重罪依然可以考虑重刑。在宽的一端，可以适当考虑非罪化的举措，主要包括刑罚的轻缓化、罚金刑的完善、非刑罚措施的适用等。一是严密法网，尽管我国经济秩序罪名多达100多种，但是，经济犯罪罪名体系并不完善，某些严重危害经济秩序的行为还没有犯罪化。例如，垄断与限制竞争行为、价格欺诈、侵犯债权、服务或者劳务欺诈等行为，在许多国家刑法中都有规定。① 因此，严密我国

① 参见《俄罗斯联邦刑法》第178条；《意大利刑法典》第501条；《法国刑法典》第314条；《加拿大刑法典》第364条。

经济犯罪刑事法网仍是目前立法的主要任务。二是对于一些社会危害性特别大、影响特别广的犯罪,仍然应该坚持重刑的做法。如食品药品安全的犯罪,严重的经济诈骗犯罪。在考虑废除死刑的情况下,是否可以援用终身监禁制度进行衔接。三是可以适当考虑非罪化措施,如在逃税罪中设置一个非罪的出口,利用配套的行政处罚进行规制。可通过行政的手段来处理一些不法经济行为,将行政管制作为经济犯罪控制的一种重要手段是经济犯罪对策的一个重要趋势。四是轻刑化的配置结合非刑罚措施的适用。在经济向着优化效益的方向平稳过渡的时候,高增长、高消耗、快速多变的经济状况可能不会长久,市场经济更多的是要求秩序和规范,因此,法网严密的轻型结构应该是更适应经济形势的。针对经济犯罪的逐利性,配置体系化的财产刑比自由刑更有效果。资格刑的配置以及向职业禁止这种非刑罚措施的配置对于经济秩序的构建和经济犯罪的预防与控制会更有效果。

第三,在刑事司法上,要贯彻具体的刑事政策,如抓大放小,有主有次。特别需要甄别行政犯的形式违法性和实质违法性问题。行政犯需要违法性认识的构成因素,因此,行政犯的判断应该坚持实质违法性,特别是在我国目前没有法律的司法审查或是违宪审查机制的情况下。要充分注意司法的社会效益,慎用刑事追诉权,要将情理与公正溶入。① 在司法活动中,应当保持相对的灵活性,要以社会危害性为中心,坚持合法性与合理性的双重标准。②

---

① 蔡道通:《中国刑事政策的理性定位》,载《刑事法评论》(第11卷),中国政法大学出版社2002年版,第76页。

② 龙宗智:《经济犯罪防控与宽严相济刑事政策》,载《法学杂志》2006年第4期。

第五章

社会管理秩序犯罪内容研究

第一节　立法进程

第六届全国人大常委会通过的《关于严惩严重危害社会治安的犯罪分子的决定》,是社会管理秩序罪的法律概括性规定。1979 年《刑法》中,危害社会管理秩序罪共 22 条,罪名一共是 25 个。1997 年《刑法》关于此类犯罪规定了 119 个罪名,是罪名最多的章节。2005 年通过的《治安管理处罚法》属于社会管理秩序罪的前置法,其中扰乱公共秩序、妨害社会管理的行为所涵盖的行为即是社会管理秩序犯罪行为的行政违法行为。通过《刑法修正案(三)》《刑法修正案(四)》《刑法修正案(六)》《刑法修正案(七)》《刑法修正案(八)》《刑法修正案(九)》的修改,共增加了 19 个新罪,罪名达到 138 个。特别是《刑法修正案(九)》,一共增加了 13 个新罪,修改的地方达到 12 处。

从历年的司法数据统计来看,有组织犯罪是社会管理秩序罪中的热点。本章以有组织犯罪为例,对立法进行梳理。1997 年《刑法》规定了组织、领导、参加黑社会性质组织犯罪等相关罪名。2000年12月,最高人民法院发布了关于黑社会组织认定的司法解释。2002年4月,立法解释对黑社会性质组织的特征作出解释,①将"保护伞"从黑社会性质组织成立的必要条件修改为选择条件。2009年12月六机关联合下发《办理黑社会性质组织罪案件座谈会纪要》,其核心内容是对黑社会性质组织的"四个特征"作更明确具体的规定。2010年2月,最高人民法院《关于贯彻宽严相济刑事政策的若干意见》出台,一是将黑社会性质组织犯罪作为严惩的重点;二是重视财产刑的适用;三是对国家工作人员职务犯罪与黑恶势力犯罪相结合的情况依法给予严惩。《刑法修正案(八)》对黑社会性质组织的特征作了明确规定,②将黑社会性质犯罪列入特殊累犯规定,提高了法定刑,增加了财产刑及不得假释等规定,同时确定了"保护伞"只是一

---

①　该解释认为刑法规定的黑社会性质组织应具备以下特征:1.组织结构比较紧密,人数较多,有比较明确的组织者,领导者,骨干成员基本固定,有较为严格的组织纪律;2.通过违法、犯罪活动或者其他手段获取经济利益,具有一定的经济实力;3.通过贿赂、威胁等手段,引诱、逼迫国家工作人员参加黑社会性质组织活动,或者为其提供非法保护;4.在一定的区域或者行业范围内,以暴力、威胁、滋扰等手段,大肆进行敲诈勒索、欺行霸市、聚众斗殴、寻衅滋事、故意伤害等违法犯罪活动,严重破坏经济、社会秩序。

②　黑社会性质的组织应当同时具备以下特征:(一)形成较稳定的犯罪组织,人数较多,有明确的组织者、领导者,骨干成员基本固定;(二)有组织地通过违法犯罪活动或者其他手段获取经济利益,具有一定的经济实力,以支持该组织的活动;(三)以暴力、威胁或者其他手段,有组织地多次进行违法犯罪活动,为非作恶,欺压、残害群众;(四)通过实施违法犯罪活动,或者利用国家工作人员的包庇或者纵容,称霸一方,在一定区域或者行业内,形成非法控制或者重大影响,严重破坏经济、社会生活秩序。

个选择要件。2012 年《刑事诉讼法》针对有组织犯罪规定了技术侦查、证人保护等内容。

第二节　犯罪形势综述

2000～2009 年，犯罪总体上持续增长，最为明显的是计算机类犯罪和黑社会性质等有组织犯罪。1998 年立案侦查的计算机违法犯罪案件仅为百余起；1999 年增至 400 余起；2000 年剧增为 2700 余起，比上年增加了 5 倍；2001 年为 4500 余起，比上年上升了 70%。黑社会（性质）组织犯罪正处于活跃期，自 2006 年至 2009 年，全国已查处黑社会性质组织 1221 个，比 2000 年第二阶段开展的“打黑除恶”所摧毁的黑社会性质组织数量（600 多个）多出了 2 倍以上，比第一阶段“严打”期间所查获的带有黑社会性质犯罪团伙数量（900 多个）上升了 35%。①

2010 年，全国政法机关继续深入推进打黑除恶专项斗争，强调下一步重点打击盘踞在农村地区和事关国计民生重点行业的黑恶势力及其“保护伞”。此外，互联网犯罪出现了新的特点：黑客犯罪出现了新趋势，黑客犯罪利益链条明显，跨国犯罪突出；利用网络“钓鱼”诈骗、电信诈骗、股票诈骗、电子币集资诈骗、网络诽谤、组织卖淫、网络色情、网络传销等犯罪案件增多。②

---

① 转引自郝英兵：《2000—2008 年中国犯罪现象分析》，载《中国人民公安大学学报》（社会科学版）2010 年第 1 期。

② 靳高风：《2010 年中国犯罪形势与刑事政策分析》，载《中国人民公安大学学报》（社会科学版）2011 年第 2 期。

2011年,黑恶势力犯罪出现了新的特点。一是使用“软暴力”手段威胁和恐吓被害人趋势明显;二是犯罪组织有松散化趋势,组织者、领导者“幕后化”“隐蔽化”,一般成员“临时化”“市场化”;三是腐蚀农村基层政权的黑恶势力以及从事高利贷、暴力追债、“地下出警”的黑恶势力突出;四是黑恶势力更注重“形象”,注重向“公司化”“企业化”方向发展,用经营活动掩盖非法活动,用公司利润掩盖非法所得。①《刑法修正案(八)》明确了黑社会性质组织犯罪的特征,把黑社会性质组织犯罪纳入特殊累犯,对黑社会性质组织伴随的敲诈勒索罪、强迫交易罪、寻衅滋事罪等进行了修订,严密了法网,完善了惩罚。合成毒品犯罪突出,网络安全形势日趋严峻。

2012年虚拟社会犯罪日益突出,网络犯罪将是中国面临的下一个严重的犯罪问题。网络盗窃、黑客攻击、网络淫秽色情、网络贩枪、网络诈骗、网络售假、网络非法公关、网上贩卖公民个人信息等违法犯罪比较突出。② 制贩合成毒品案件继续攀升,利用麻黄碱类制剂制毒案件持续增长,麻黄碱类复方制剂需要加强管制。③

2013年网络犯罪出现了新情况、新特点,网络安全纳入国家安全和国家战略的重要组成部分。毒品犯罪形势依然严峻,合成毒品泛滥

---

① 转引自靳高风:《2011年中国犯罪形势与刑事政策分析》,载《中国人民公安大学学报》(社会科学版)2012年第2期。

② 转引自靳高风:《2012年中国犯罪形势与刑事政策分析》,载《中国人民公安大学学报》(社会科学版)2013年第2期。

③ 2013年共破获毒品犯罪案件15.1万起,抓获毒品犯罪嫌疑人16.8万名,缴获各类毒品71.4吨,同比分别上升23.89%、26.75%和58.32%。靳高风:《2012年中国犯罪形势与刑事政策分析》,载《中国人民公安大学学报》(社会科学版)2013年第2期。

加剧了社会公共安全风险。网络犯罪呈现出以下主要特点：一是钓鱼网站成为网络安全的第一大威胁。二是网络非法交易种类增多，网络已成为贩枪、制假售假、涉票犯罪的新途径。三是网络非法公关组织、网络恶势力出现。四是QQ视频诈骗专业化程度越来越高。五是网络成为泄露个人信息的重灾区，编造、传播网络谣言案件严重影响社会稳定。①

2014年全国吸毒人数和毒品犯罪案件数量都大幅增长。2014年，全国共破获毒品犯罪案件14.59万起，抓获毒品犯罪嫌疑人16.89万人。根据最高人民法院的统计，2014年审结毒品犯罪案件10.7万件，判处罪犯11万人，分别比2013年增长了10%以上。全国吸毒人数逐年攀升，2014年达到295.5万人。发生在网络空间和利用互联网实施犯罪的问题也十分突出，网络信息安全也正逐步成为国家和社会关注的国家安全问题。网络犯罪数量明显增加，犯罪类型不断变化和增多，犯罪手段多种多样并不断变化翻新，以网络诈骗、网络色情、网络赌博、网络攻击、网络制假贩假等为代表的传统网络犯罪持续出现，网络制造传播谣言、网络敲诈勒索、网络恐怖主义、网络窃取个人信息、网络制毒贩毒等为代表的新兴网络犯罪层出不穷。②

2015年毒品犯罪案件和吸毒人数持续大幅增长，因吸毒引发的违法犯罪案件明显增多，毒品犯罪案件持续大幅增长。2015年全国公安机关共破获毒品刑事案件16.5万起，抓获毒品犯罪嫌疑人19.4

---

①　靳高风：《2013年中国犯罪形势与刑事政策分析》，载《中国人民公安大学学报》（社会科学版）2014年第2期。

②　转引自靳高风：《2014年中国犯罪形势与刑事政策分析》，载《中国人民公安大学学报》（社会科学版）2015年第2期。

万名，缴获各类毒品102.5吨，同比分别增长13.2%、15%和48.7%。根据最高人民法院的统计，2015年全国人民法院新收涉毒品犯罪案件数量大幅上升，升幅高达30%之多。涉赌涉黄犯罪案件大幅增长，知名互联网公司传播淫秽色情信息、物品引起社会关注。2015年涉赌犯罪案件数量大幅增加。根据最高人民法院的统计，2015年全国人民法院新收涉赌犯罪案件同比上升了31.99%，其中开设赌场、赌博案件都有较大幅度的增长。同时，涉黄犯罪案件持续增加，但增速有所放缓。根据最高人民法院的统计，2015年全国人民法院新收涉黄犯罪案件增长了10.87%。涉赌涉黄犯罪案件的增多与网络赌博、网络涉黄密切相关。

2016年网络赌博和传播淫秽信息犯罪呈现新特点，网络涉毒犯罪蔓延速度快，涉黄赌毒犯罪依然是一个突出的社会问题，尤其是网络涉黄赌毒呈快速蔓延之势。2016年全国检察机关共起诉黄赌毒犯210,325人。通过网络和即时通信工具赌博和通过网络直播平台传播淫秽色情信息成为2016年网络犯罪和传统赌博、色情犯罪的新特点，其呈现组织化、职业化、聚众化特点，跨境赌博现象突出。网络赌博成为一种时尚。2016年利用支付宝红包、微信红包、QQ红包聚众赌博等方式成为赌博“新宠”，手机网络麻将已成为赌博的重灾区，很多赌博软件平台大肆流行。在江苏省破获的首例支付宝特大赌博案中，以抢红包形式赌博吸金千万元；在重庆市破获的QQ红包赌博案中，涉及26个省市、1700多人。传统网络赌博仍呈现出组织化、职业、跨国化的特点。在江苏省公安机关破获的“5·08”网络赌博案中，打掉了6个赌博网站，涉案3亿多元，抓获36名犯罪嫌疑人，其中包括在菲律宾抓获的21人，2016年快播公司传播淫秽物品牟利案、“雪梨枪”制造、传播淫秽物品牟利案等引起了社会的轰动。

网络涉毒与合成毒品问题比较突出，随着信息网络的普及，网络涉毒犯罪呈快速蔓延之势，主要表现为利用网络贩卖毒品、买卖制毒物品、传播制毒技术和组织他人吸毒等。一方面，吸毒者利用QQ、微信等即时通信工具和各类论坛、贴吧、聊天室交流吸毒经验和感受；另一方面，制毒者传播、交流、教唆制毒贩毒技术。从公安机关查获案件的情况看，全国至少半数制造毒品案件、超过1/3制造制毒物品案件涉及网上传播的制毒技术。合成毒品类犯罪逐渐成为毒品犯罪的最主要类型。

第三节　修正内容总结

一、新增加的罪名

共增加新罪19个，分别是投放虚假有害物质罪；编造、故意传播虚假恐怖信息罪；开设赌场罪；使用虚假身份证件、盗用身份证件罪；组织考试作弊罪；非法出售、提供试题、答案罪；代替考试罪；拒不履行信息网络安全管理义务罪；扰乱国家机关工作秩序罪；组织、资助非法聚集罪；编造、故意传播虚假信息罪；虚假诉讼罪；泄露不应公开案件信息罪。

二、修改的罪状

（一）扩大犯罪主体

在非法生产、销售间谍器材罪中增加了单位犯罪；在非法侵入计算机信息系统罪中增加了单位犯罪；在拒不履行判决裁定罪中增加单位犯罪；在隐瞒掩饰犯罪所得犯罪收益罪中增设单位犯罪。

(二)扩充犯罪对象

在非法侵入计算机信息系统罪中增加了行为的对象;伪造居民身份证罪中增加了犯罪对象;在非法生产、销售间谍器材罪中将专用间谍器材改为专用器材,扩充了对象范畴;在盗窃侮辱尸体罪中扩大了犯罪对象;将销赃罪的对象由赃物扩充为犯罪所得及产生的收益,将拒绝提供间谍证据罪的行为对象增加了恐怖主义和极端主义的证据;扩充非法占用农用地罪的行为对象;在非法采伐、毁坏珍贵树木罪中,将树木扩充为植物。

(三)扩充行为方式

在非法侵入计算机信息系统罪中增加了行为的方式;妨害公务罪中增加了对暴力袭警的行为的规制;在聚众扰乱社会秩序罪中,增加了对医疗秩序的规制;对销赃罪行为方式增加了兜底性的规定;在逃避动植物检疫罪中增加规定引起重大动植物疫情危险,情节严重的行为方式;在非法采伐、毁坏珍贵树木罪中,增加非法收购、运输、加工、出售的行为,将违反森林法规定改为违反国家规定;在非法收购盗伐、滥伐的林木罪中,删去了以牟利为目的,删去了地点的限制,增加了运输的行为;在非法买卖制毒物品罪中修改了行为的形式,取消了携带行为。

(四)改变犯罪构成

在寻衅滋事罪中增加加重构成,提升刑档;在非法生产、销售间谍器材罪中增加了情节加重构成;在扰乱无线电管理秩序罪中将“经责令停止使用后拒不停止使用,干扰无线电通讯正常进行,造成严重后果的”改为“干扰无线电通讯秩序,情节严重的”,简化犯罪构成,取消构成的前置条件,将后果严重改为情节严重,放宽构成范围;在掩饰隐瞒犯罪所得、犯罪收益罪中增加加重犯罪构成;在拒不履行判决裁定罪中增加情节加重构成;在重大环境污染事故罪中将列举式的行为规定改为概括式的规定，将造成重大损失或者人身伤亡的改为严重污染环境的；在非法采矿罪和破坏性采矿罪中，删去前置性构成条件，同时将原来的行为犯变更为结果犯；对黑社会性质组织作了明确的规定，列举了特征，将刑法的明确性提高，同时将黑社会性质犯罪进行分层规定；明确了扰乱法庭秩序罪的行为表现；明确协助组织卖淫的行为；将组织卖淫中的列举式的加重规定改为概括式的规定。

(五)改变刑罚

对赌博罪规定了加重处罚刑档；对寻衅滋事罪规定了加重处罚；将黑社会性质的犯罪分层规定，都增加了财产刑；在包庇纵容黑社会性质组织罪中将原来的起刑3年提升到5年；传授犯罪方法罪废除了死刑；在非法生产、销售间谍器材罪中增加情节加重犯；扰乱无线电管理秩序罪增加一个刑档，提高刑罚；组织、利用会道门、邪教组织、利用迷信破坏法律实施罪增加一个情节较轻三年以下的刑档，将最高刑从有期徒刑升为无期徒刑，并且都设置了财产刑；在掩饰隐瞒犯罪所得犯罪收益罪中增加加重刑；对拒不履行判决裁定罪增加加重刑档，增加罚金刑；废除盗掘古文化遗址、古墓葬罪，盗掘古人类化石、古脊椎动物化石罪的死刑；将非法买卖制毒物品罪中的刑罚两档增加为三档，在最高刑中增加了没收财产刑；废除组织卖淫罪的死刑。

三、各分类客体中修正内容汇总

(一)扰乱公共秩序罪内容

1. 计算机类犯罪的修改

新增了非法获取计算机数据罪、非法控制计算机信息系统罪及提供为非法侵入、控制计算机信息系统程序、工具罪。首次将危害计算机网络安全的犯罪行为纳入非法侵入计算机信息系统罪。行为对象是国家事务、国防建设、尖端科学技术领域以外的计算机信息系统。所采用的方式包括三种：一是采用技术手段，获取该计算机信息系统中存储、处理或者传输的数据；二是对该计算机信息系统实施非法控制；三是提供专门用于侵入、非法控制计算机信息系统的程序、工具，或者明知他人实施侵入、非法控制计算机信息系统的违法犯罪行为而为其提供程序、工具的。

《刑法修正案（九）》对该罪进行了大幅度的修改，对非法侵入计算机信息系统罪和破坏计算机信息系统罪增加单位主体，增加拒不履行信息网络安全管理义务罪、非法利用信息网络罪和帮助信息网络犯罪活动罪。在拒不履行信息网络安全管理义务罪中，网络服务提供者不履行法律、行政法规规定的信息网络安全管理义务，经监管部门责令采取改正措施而拒不改正，造成违法信息大量传播、用户信息泄露造成严重后果、致使刑事案件证据灭失情节严重、有其他严重情节的，特别是规定了兜底条款，对可能发生的新情况可以及时纳入；同时规定单位犯罪，对牵连犯提示注意规定。非法利用信息网络罪，即非法利用信息网络实施如下犯罪行为的：（1）设立用于实施诈骗、传授犯罪方法、制作或者销售违禁物品、管制物品等违法犯罪活动的网站、通讯群组的；（2）发布有关制作或者销售毒品、枪支、淫秽物品等违禁物品、管制物品或者其他违法犯罪信息的；（3）为实施诈骗等违法犯罪活动发布信息的。帮助信息网络犯罪活动罪，即明知他人利用信息网络实施犯罪，为其犯罪提供互联网接入、服务器托管、网络存储、通讯传输等技术支持，或者提供广告推广、支付结算等帮助。进一步完善了计算机网络犯罪的规定，而且都规定了单位犯罪和罚金刑。

2. 黑社会性质类犯罪的修改

在黑社会性质类的犯罪中，首先是针对打黑过程对黑社会性质组织界定的困惑问题,进行相对明确的定义。原来黑社会的定义是:以暴力、威胁或者其他手段,有组织地进行违法犯罪活动,称霸一方,为非作恶,欺压、残害群众,严重破坏经济、社会生活秩序的黑社会性质的组织。如今采用特征定义法①将原来的定义特征化,起到了明确化的效果,能够解决现实中存在的打黑还是黑打的混乱问题,在规范公权力的运行和保障公权力运行方面起到了制度标准的作用。

将黑社会性质犯罪进行明确的分层,划分为三种:组织、领导的,处7年以上有期徒刑,并处没收财产;积极参加的,处3年以上7年以下有期徒刑,可以并处罚金或者没收财产;其他参加的,处3年以下有期徒刑、拘役、管制或者剥夺政治权利,可以并处罚金。修改敲诈勒索罪,以完善对黑社会的打击。入境发展黑社会组织罪没有变化。包庇、纵容黑社会性质组织罪中,大幅提高了刑罚的严厉程度,将原来的"三年以下有期徒刑、拘役或者剥夺政治权利;情节严重的,处三年以上十年以下有期徒刑"改为"五年以下有期徒刑;情节严重的,处五年以上有期徒刑"。起刑和最高刑都大幅度地提高了,表明了打击黑社会性质组织中对保护伞的惩治力度。同时将原来的第3款和第4款的位置进行对调,将牵连犯数罪并罚的情形由原来只有组织领导参加黑社会组织罪、入境发展黑社会组织罪,增加了包庇、纵容黑社会性质

---

① 黑社会性质的组织应当同时具备以下特征:(一)形成较稳定的犯罪组织,人数较多,有明确的组织者、领导者,骨干成员基本固定;(二)有组织地通过违法犯罪活动或者其他手段获取经济利益,具有一定的经济实力,以支持该组织的活动;(三)以暴力、威胁或者其他手段,有组织地多次进行违法犯罪活动,为非作恶,欺压、残害群众;(四)通过实施违法犯罪活动,或者利用国家工作人员的包庇或者纵容,称霸一方,在一定区域或者行业内,形成非法控制或者重大影响,严重破坏经济、社会生活秩序。

组织罪,对黑社会保护伞的打击力度更强。在传授犯罪方法罪中,降低了刑罚的严厉性,废除了死刑,将原来加重犯的"情节严重的,处五年以上有期徒刑;情节特别严重的,处无期徒刑或者死刑"改为"情节严重的,处五年以上十年以下有期徒刑;情节特别严重的,处十年以上有期徒刑或者无期徒刑"。《刑法修正案(八)》在寻衅滋事罪中增加第二款加重刑,即纠集他人多次实施前款行为,严重破坏社会秩序的,处5年以上10年以下有期徒刑,可以并处罚金。

3. 社会秩序类犯罪的修改

在聚众扰乱社会秩序罪中,为应对医闹的频繁发生,在原有的工作、生产、营业和教学、科研秩序基础上增加医疗秩序的规定,这是一个注意性规定,提示司法人员对当前突出的医闹问题进行规制。增加扰乱国家机关工作秩序罪,表现为多次扰乱国家机关工作秩序,经行政处罚后仍不改正,造成严重后果的。这主要为了应对当下经常发生的闹访事件,不少人以上访的名义,在国家机关内吃喝拉撒,严重扰乱正常秩序的行为,也是在劳动教养被取消后进行法律惩处衔接的规定。规定了多次和经过行政处罚后仍不改正的两个条件,也表现了刑法立法克制和宽的一面。增加组织、资助非法聚集罪,表现为多次组织、资助他人非法聚集、扰乱社会秩序,情节严重的。在当今风险社会、网络自媒体发达的情况下,经常发生为了对某一事件施加不良影响而聚集群众,或是聚集群众对抗法律的实行或是以法不责众进行聚集闹事的现象,在这种群众活动后面总能看到幕后的组织资助者的身影。在聚众扰乱公共场所秩序、交通秩序罪后增加编造、故意传播虚假信息罪,编造虚假的险情、疫情、灾情、警情,在信息网络或者其他媒体上传播,或者明知是上述虚假信息,故意在信息网络或者其他媒体上传播,严重扰乱社会秩序的。

扰乱无线电管理秩序罪中共有五处修改，一是将原来的擅自占用频率改为擅自使用无线电频率，是要擅自使用不论是否占用，扩大了行为边界；二是删去经责令停止后拒不停止使用的，将构成犯罪的前置条件删去，放宽了构成的条件，降低了入罪的门槛；三是将原来的干扰无线电通讯正常进行的改为干扰无线电秩序——干扰了秩序并不意味着干扰了正常进行，干扰秩序的情形要比前者宽泛很多，依然是放宽犯罪构成的做法；四是将原来的后果严重改为情节严重，后果是一种结果犯的表现，而情节则既包含了结果，也包含过程、影响等因素，同样是放宽了犯罪构成；五是增加了加重刑档，增加情节特别严重的加重犯构成。

《刑法修正案(三)》增加投放虚假有害物质罪和编造、故意传播虚假恐怖信息罪。《刑法修正案(九)》修改组织、利用会道门、邪教组织、利用迷信破坏法律实施罪的刑罚规定，将原来的“处三年以上七年以下有期徒刑；情节特别严重的，处七年以上有期徒刑”修改为三档刑，增加了“情节较轻的，处三年以下有期徒刑、拘役、管制和剥夺政治权利，并处或者单处罚金”，同时将最高刑由有期徒刑升至无期徒刑。从加重刑到基本刑到减轻刑都增加了财产刑的规定，分别规定为并处罚金或没收财产、并处罚金、并处或单处罚金。犯本罪又有强奸、诈骗等犯罪的，将原来分别定罪的规定改为数罪并罚的规定。

4. 诚信社会构建方面

面对袭警罪设立的呼声，《刑法修正案(九)》中，在妨害公务罪中增加暴力袭警的行为规定，按照妨害公务罪处理，显示了刑法谦抑的一面。在伪造、变造居民身份证罪中增加犯罪对象为居民身份证、护照、社会保障卡、驾驶证等依法可以用于证明身份的证件，完善了法网。增加使用虚假身份证件、盗用身份证件罪，在依照国家规定应当提供身份证明的活动中，使用伪造、变造的或者盗用他人的居民身份证、护照、社会保障卡、驾驶证等依法可以用于证明身份的证件，情节严重的，处拘役或者管制，并处或者单处罚金；有前款行为，同时构成其他犯罪的，按照牵连犯处断原则依照处罚较重的规定定罪处罚。在非法生产、销售间谍专用器材罪中，将“生产、销售窃听、窃照等专用间谍器材的”改为“非法生产销售专用间谍器材或者窃听窃照专用器材的”，对罪状进行明确化和扩大化；同时增加情节严重的刑档，将最高刑升至7年；增加单位犯罪。在非法使用窃听、窃照专用器材罪之后增加组织考试作弊罪，非法出售、提供试题、答案罪，代替考试罪。《刑法修正案（六）》中，在赌博罪里，将开设赌场罪单列，并设置两档刑，其中情节严重的，处3年以上10年以下有期徒刑，并处罚金。盗窃、侮辱尸体罪中的尸体扩大为尸体、尸骨、骨灰，扩大了犯罪对象，扩充了规制的范围，增加刑法的明确性。

（二）妨害司法罪

在《刑法修正案（六）》中，将窝藏、转移、收购、销售赃物罪改为掩饰隐瞒犯罪所得犯罪收益罪，将对象由犯罪所得的赃物扩充为犯罪所得及产生的收益，行为方式从“窝藏、转移、收购或者代为销售”扩充为窝藏、转移、收购、代为销售或者以其他方法掩饰、隐瞒的，增加加重刑档，情节严重的，处三年以上七年以下有期徒刑，并处罚金。对掩饰隐瞒犯罪所得犯罪收益罪增设单位犯罪，极大丰富了该罪的构成，扩充了规制范围，同时加大了刑罚力度。

在《刑法修正案（九）》中，在妨害作证罪和帮助毁灭、伪造证据罪后面增加虚假诉讼罪，同时对牵连犯作了注意性规定。在打击报复证人罪后增加泄露不应公开的案件信息罪，即司法工作人员、辩护人、诉讼代理人或者其他诉讼参与人，泄露依法不公开审理的案件中不应当公开的信息，造成信息公开传播或者其他严重后果的。增加披露、报道不应公开的案件信息罪，即公开披露、报道依法不公开审理的案件中不应当公开的信息，情节严重的。都规定了单位犯罪。对扰乱法庭秩序罪作了重大的修改①，极大地扩充了犯罪的行为类型。将拒绝提供间谍犯罪证据罪修改为拒绝提供间谍犯罪、恐怖主义、极端主义犯罪证据罪，增加恐怖主义和极端主义两类犯罪对象。在拒不执行判决、裁定罪中增加一个刑档，将情节严重的最高刑升至7年，并处罚金，增加单位犯罪。废除盗掘古文化遗址、古墓葬罪，盗掘古人类化石、古脊椎动物化石罪中的死刑。

（三）破坏环境资源保护罪

《刑法修正案（二）》中，修改非法占用农用地罪的内容，将非法占用耕地罪改为非法占用农用地罪，将对象耕地扩充为农用地。

《刑法修正案（四）》中，将非法采伐、毁坏珍贵树木罪改为采伐、毁坏珍贵植物罪，非法收购、运输、加工、出售珍贵植物及制品罪，将原来违反森林法的规定改为违反国家规定，将对象珍贵树木扩充到珍贵树木或国家重点保护的其他植物；增加了非法收购、运输、加工、出售的行为类型，完善了犯罪对象和犯罪行为的规定。在盗伐林木罪、滥伐林木罪、非法收购盗伐、滥伐的林木罪中，对于非法收购盗伐、滥伐林木的行为删去了以牟利为目的的构成条件，删去了在林区的地点构

---

① 规定了四类行为：（一）聚众哄闹、冲击法庭的；（二）殴打司法工作人员或者诉讼参与人的；（三）侮辱、诽谤、威胁司法工作人员或者诉讼参与人，不听法庭制止，严重扰乱法庭秩序的；（四）有毁坏法庭设施，抢夺、损毁诉讼文书、证据等扰乱法庭秩序行为，情节严重的。

成条件,增加了运输的行为类型,放宽了构成的条件,扩大了打击的范围,完善了犯罪的边界。

《刑法修正案(八)》中,对重大环境污染事故罪作重大修改,删去向土地、水体、大气的范围限制条件,改为排放、倾倒或者处置;将构成结果条件“造成重大环境污染事故,致使公私财产遭受重大损失或者人身伤亡的严重后果的”改为严重污染环境的,将实害结果犯改为抽象结果犯,扩充了构成的范围;增加了排放的对象,增加病原体、有毒有害物质,扩充了行为对象类型。

《刑法修正案(八)》对破坏性采矿罪作了修改,对擅自开采国家规定实行保护性开采的特定矿种,经责令停止开采后拒不停止开采,造成矿产资源破坏的,删去“经责令停止开采后拒不停止开采,造成矿产资源破坏的”,同时对三种行为类型都确定以情节严重的构成条件。原来的行为类型“未取得采矿许可证擅自采矿的,擅自进入国家规划矿区、对国民经济具有重要价值的矿区和他人矿区范围采矿的”并不需要结果构成条件;而修改后,三种行为一律需要情节严重才构成犯罪。将原来属于行为犯的前两种行为,变更为结果犯,属于宽缓的一面;但是删去“经责令停止开采后拒不停止开采,造成矿产资源破坏的”则属于降低了犯罪构成条件,属于严厉的一面。

(四)走私、贩卖、运输、制造毒品罪

《刑法修正案(九)》中,非法买卖制毒物品修改为非法生产、买卖、运输制毒物品罪和走私制毒物品罪,将运输、携带行为修改为生产、买卖、运输行为,取消了携带行为。将刑罚由原来的两档增加为三档,按情节较重、情节严重、情节特别严重重新设置了法定刑,改为现在的三年以下、三年以上七年以下、七年以上有期徒刑。设置了并处罚金、并处罚金、并处罚金或者没收财产三档对应的财产刑。

（五）组织、强迫、引诱、容留、介绍卖淫罪

《刑法修正案（八）》中，将为组织卖淫的人招募、运送人员或者有其他协助组织他人卖淫行为、经协助组织卖淫的行为中的招募、运送人员定型化，明确化。《刑法修正案（九）》中，废除组织卖淫罪、强迫卖淫罪的死刑规定。将列举式的加重情形“（一）组织他人卖淫，情节严重的；（二）强迫不满十四周岁的幼女卖淫的；（三）强迫多人卖淫或者多次强迫他人卖淫的；（四）强奸后迫使卖淫的；（五）造成被强迫卖淫的人重伤、死亡或者其他严重后果的”删去，仅规定情节严重的简单罪状。然后将组织强迫未成年人卖淫规定为从重处罚，意味着组织强迫未成年人卖淫不属于情节严重的情形，不能直接适用加重刑。同时将有杀害、伤害、强奸、绑架等犯罪行为的，规定为数罪并罚。将部分原来的加重情节行为单独定罪然后数罪并罚，将牵连犯的行为定为数罪并罚。

第四节　刑事政策评价

社会管理秩序罪是各个修正案中改动最为频繁的章节。因此特别是到了《刑法修正案（九）》，修改最集中的章节就是社会管理秩序罪，其中新增罪名 19 个，占总新增罪名的 31%；改变罪状 27 个，占总体的 29%；改变的罪名 9 个，占总体的 26%；严密法网的条文 41 个，占整个 117 个的 35%，增加刑罚 7 个，占整体 29 个的 24%；降低刑罚 7 个，占整体 25 个的 28%；严密法网、增加刑罚、降低刑罚的比重是 74∶13∶13；在设置情节严重的构成元素中，1997 年《刑法》119 个罪名中有 48 个，占比重 40%；经过修改罪名为 138 个，增加了 19 个变为 67 个，占比重为 49%。

表5－1　在社会管理秩序客体中新增罪名及变化罪状在各修正案的分布

		《刑法修正案(一)》	《刑法修正案(二)》	《刑法修正案(三)》	《刑法修正案(四)》	《刑法修正案(五)》	《刑法修正案(六)》	《刑法修正案(七)》	《刑法修正案(八)》	《刑法修正案(九)》	汇总	比重(%)
社会管理	增加			2	1		1	2		13	19	31
	改变		1		3		2	2	7	12	27	29

表5－2　在社会管理秩序客体中变更的罪名在各修正案的分布

统计	《刑法修正案(一)》	《刑法修正案(二)》	《刑法修正案(三)》	《刑法修正案(四)》	《刑法修正案(五)》	《刑法修正案(六)》	《刑法修正案(七)》	《刑法修正案(八)》	《刑法修正案(九)》	汇总	比重(%)
社会管理		1		2		1	1	1	3	9	26

表5－3　在社会管理秩序客体中宽严两个方向上的比较

		《刑法修正案(一)》	《刑法修正案(二)》	《刑法修正案(三)》	《刑法修正案(四)》	《刑法修正案(五)》	《刑法修正案(六)》	《刑法修正案(七)》	《刑法修正案(八)》	《刑法修正案(九)》	汇总	客体内比重(%)
社会管理	严密		1	2	2		2	4	5	23	41	74
	加刑						2		2	3	7	13
	降刑								2＋3	2	7	13

一、扰乱公共秩序罪

(一)流氓罪嬗变的前后

1997年刑法把流氓罪进行了分解，细化为寻衅滋事罪、聚众斗殴罪、强制猥亵、侮辱妇女罪、猥亵儿童罪和聚众淫乱罪，而该类罪的变化又以寻衅滋事的发展变化作为“风向标”。流氓罪演化为寻衅滋事罪是一个从严厉到宽缓的过程，其刑罚从最高刑的死刑降到了5年有期徒刑。同时，从流氓罪的极大不确定性的“大口袋罪”转化成寻衅滋事行为方式相对明确的“小口袋罪”,也是一个刑法明确化的过程,但依然沿袭了相对的不确定性。由于寻衅滋事罪的罪状中所使用的词语不规范、不准确、不严谨,寻衅滋事罪变成一个标准的“口袋罪”,是故意伤害罪、抢劫罪、敲诈勒索罪、故意毁坏财物罪的“堵漏条款”。《刑法修正案(八)》对寻衅滋事罪作了较大的修改,增加了行为类型,首要分子的加重刑增加至5年以上有期徒刑。法定刑的提高,正是刑事政策指导思想的充分体现,凸显出国家对涉黑、涉恶犯罪加大打击力度的一贯重视。对寻衅滋事罪的打击,还在打击有组织犯罪的过程中,与强迫交易、聚众斗殴、敲诈勒索等形成黑社会性质组织犯罪的卫星罪相结合。《刑法修正案(九)》还对强制猥亵、侮辱妇女儿童罪进行修改,将对象扩大至所有人,也是基于社会现实的需要。

(二)有组织犯罪

有组织犯罪是国际社会公认的最高形态的犯罪之一,在现代社会属于高危频发、难以根除的犯罪现象。我国现阶段的有组织犯罪经历了三种形态,一是初级形态,表现为有一定组织方式的结伙犯罪与团伙犯罪;二是中级形态,表现为有一定组织方式的带黑社会性质的团伙犯罪与犯罪集团;三是高级形态,就是典型的黑社会组织犯罪。康树华教授认为黑恶势力、黑社会性质组织、黑社会组织,都是有组织犯罪集团的形式,只是发展阶段不同而已。① 群体性事件也集中在社会管理秩序的客体中。涉及的罪名可能有妨害公务罪、煽动暴力抗拒法律实施罪、聚众扰乱社会秩序罪、聚众冲击国家

---

① 康树华:《黑恶势力:连年打击的重点》,载《辽宁警专学报》2008年第6期。

机关罪、聚众扰乱公共场所秩序、交通秩序罪、聚众斗殴罪、寻衅滋事罪、非法集会游行示威罪、非法携带武器管制刀具爆炸物参加集会游行示威罪、破坏集会游行示威罪。有组织犯罪包含的典型罪名包括聚众侵犯社会管理秩序罪类犯罪、寻衅滋事罪、敲诈勒索罪、强迫交易罪等。

强迫交易和寻衅滋事都是黑社会性质组织犯罪中较为常见、多发的犯罪形式,刑法修正案对强迫交易罪、寻衅滋事罪、敲诈勒索罪的调整和完善,充分体现出国家对黑社会性质组织犯罪加大惩处力度的决心,以及国家一贯对黑社会性质组织犯罪采取的高压态势。将有组织犯罪列入特殊累犯的范畴,列为不得缓刑假释的对象,是严厉打击的政策体现。对寻衅滋事和强迫交易的明确化规定是罪刑法定以及法治原则的体现。黑社会性质组织及黑社会组织的概念在内涵和外延都很广泛,在我国打击有组织犯罪的实践中,在不同的文献中使用了"流氓团伙""犯罪团伙""黑社会犯罪""黑社会性质犯罪""黑恶势力"等犯罪概念表述,表现出一定程度的混乱。立法机关两次试图对黑社会性质组织进行明确的界定,采用特征列举的方式,但仍然难免产生不同的理解,使得对有组织犯罪的打击效果大打折扣。黑社会性质组织的四个特征缺乏逻辑关系,很难仅仅依靠特征对黑社会性质组织进行认定,导致司法实践中对黑社会认定标准难以统一,"拔高""压低"认定现象时有发生,容易给社会造成"黑打"的假象,影响打击的社会效果和法律效果。① 因此将这类犯罪改为有组织犯罪应是一个比较好的选择。

① 李林:《黑社会性质组织犯罪司法认定研究》,法律出版社2013年版,第16页。

立法上加强对有组织犯罪的构成性犯罪的打击①是基于"打早打小"的刑事政策,这也是国外打击有组织犯罪的成功经验。从刑事政策角度出发,立法上可以扩大有组织犯罪的犯罪圈,把一些严重犯罪集团,黑恶势力团伙纳入有组织犯罪打击。同时降低有组织犯罪入罪条件,实现"打早打小"的刑事政策。有组织犯罪的设立是为了打击幕后人员,降低证据标准的要求,打击组织者、领导者以及参加者的刑罚关键还是要依据有组织犯罪实施的情况。

(三)计算机网络犯罪

计算机网络犯罪立法经历四次变化。1997 年《刑法》设立了非法侵入计算机信息系统罪和破坏计算机信息系统罪。2000 年 12 月,全国人大常委会通过了《关于维护互联网安全的决定》。《刑法修正案(七)》增加了非法获取计算机信息系统数据罪、非法控制计算机信息系统罪和提供为非法侵入、控制计算机信息系统程序、工具罪。《刑法修正案(九)》增加了拒不履行信息网络安全管理义务罪、非法利用信息网络罪和帮助信息网络犯罪活动罪。当前该类犯罪共有 8 个罪名,都设置了单位犯罪和罚金刑。

1997 年《刑法》规定的网络犯罪实际上是计算机系统犯罪,着眼点在计算机信息系统上,不是网络的整体。立法保护对象仅是作为网络功能载体的计算机信息系统及其中的信息内容,没有对网络链接部分的保护,行为也仅限于对信息系统的侵入及破坏两种。非法侵入计算机信息系统罪是行为犯,其保护的对象只是"国防建设、高科技、国家事务三个领域的计算机信息系统",普通领域的计算机信息系统并

---

① 构成性犯罪指的是黑社会犯罪过程中的手段行为或方法行为涉及的可能的聚众类犯罪、寻衅滋事罪、强迫交易罪等。

不在其保护的范围。《刑法修正案(七)》增设了“非法获取计算机数据罪”、“非法控制计算机信息系统罪”及“提供为非法侵入、控制计算机信息系统程序、工具罪”。非法获取计算机数据罪的规定是一个突破,将保护的信息系统扩大到信息系统内的内容——数据。修改体现在三个方面:第一,扩大规制对象,基本上涵盖了所有的范围。第二,扩大行为范畴,之前仅局限于对计算机信息系统进行无权限侵入、破坏或者借助其功能进行传统犯罪的行为,如今未经所有者或者管理者许可非法获取计算机信息系统内保密的数据、无权限控制计算机信息系统的行为也纳入规制范围;第三,将共犯类的帮助行为纳入规制。

网络犯罪的发展经历了计算机犯罪、传统犯罪的网络异化乃至网络作为犯罪空间的犯罪的阶段。犯罪中的网络包括作为犯罪对象的网络犯罪、作为犯罪工具的网络犯罪和作为犯罪空间的网络犯罪。犯罪对象类网络犯罪日趋式微,犯罪工具类网络占据绝大多数,犯罪空间类网络犯罪开始增多。① 目前解决的多是网络作为犯罪工具的问题,其司法难题是如何解决传统刑法、传统罪名体系延伸适用于网络空间的问题,例如寻衅滋事罪适用于网络空间中时,关于公共场所、公共秩序等关键词的探索性扩张解释。②《刑法修正案(九)》则从空间的角度做了一定的规定。拒不履行信息网络安全管理义务罪从网络营运商的平台管理出发进行规制,非法利用信息网络罪是将传统犯罪向网络空间延伸的尝试,帮助信息网络犯罪活动罪则是对利用信息网

① 于志刚:《网络犯罪的代际演变与刑事立法——理论之回应》,载《青海社会科学》2014年第2期。

② 于志刚:《“双层社会”的形成与传统刑法的适用空间——以两高(网络诽谤解释)的颁行为背景的思索》,载《法学》2010年第10期。

络犯罪的共犯的正犯化规定。

二、妨害司法罪

党的十八届四中全会决定指出，要完善惩戒妨碍司法机关依法行使职权、拒不执行生效裁判和决定、藐视法庭权威等违法犯罪行为的法律规定。《刑法修正案（九）》对于该政策的体现表现在两个方面：一是完善了扰乱法庭秩序罪，将原来的殴打司法工作人员改为殴打诉讼参与人，增加侮辱、诽谤、威胁司法工作人员或者诉讼参与人，毁坏法庭设施、抢夺、损毁诉讼文书、证据的行为。但是法庭秩序和法庭权威不能等同，因此不少人建议直接确立“藐视法庭罪”，而且由法庭直接当庭裁判定罪。二是完善了拒不执行判决裁定罪，增设了情节特别严重的加重量刑档次，确立了单位犯罪的主体；同时在司法实践中将该罪确定为可以自诉的案件，解决了追诉难的问题。①

三、毒品犯罪

（一）毒品犯罪刑事政策的基调是从严从重

禁毒问题关系到国家长治久安，刑事政策极其关注。2007 年 12 月全国人大通过了《中华人民共和国禁毒法》。2014 年全国法院审结毒品犯罪案件 10 万件，毒品犯罪案件的重刑率为 22.66%。刑法规定了毒品犯罪的 12 个罪名，其中对贩卖、运输、制造、走私毒品规定了死刑，成为主要的死刑判决罪名，可见，我国对毒品犯罪采取最为严厉的刑事政策。具体表现为：1. 法网编织严密，全面涵盖各种有关毒品

① 2015 年 7 月 20 日最高人民法院发布的《关于审理拒不执行判决、裁定刑事案件适用法律若干问题的解释》。

的犯罪,确保制裁体系的完备,共有12个罪名,将毒品犯罪作为洗钱的上游犯罪。2. 对走私、贩卖、运输、制造毒品等严重犯罪处以死刑。3. 走私、贩卖、运输、制造毒品犯罪规定为行为犯,不论数量,且所有毒品犯罪的数量不以纯度计。4. 对所有毒品犯罪都规定了财产刑。5. 对利用、教唆未成年人犯毒品犯罪的,或者向未成年人出售毒品的,引诱、教唆、欺骗或者强迫未成年人吸食、注射毒品的,进行规制。6. 因走私、贩卖、运输、制造、非法持有毒品罪被判过刑又存在毒品犯罪行为的,设置特别再犯予以从重处罚。7. 加大对种植原材料,加工毒品的原料的规制。

要找到治理毒品问题的根本措施和方案,就必须首先探寻毒品问题形成的根源。医学界一般认为,引起毒品依赖的因素主要有毒品、用毒和环境三个方面,它们之间的关系犹如种子、土壤和气候一般。这些因素相互作用,促使用毒者在心理、生理、病理诸方面发生变化,并在人群中表现出特异的流行病学的特征。社会学家更加重视造成毒品泛滥和毒品激增的各种社会因素。他们认为,父母早期离异、身心障碍和家庭生活缺乏温暖与青少年吸毒具有密切的关系,而社会文化、宗教信仰、道德规范、风俗习惯以及民族传统对毒品的使用也有很大的影响。不过,大多认为毒品问题是一种多原因促成的社会综合征,具体的个人或者群体之所以会走上毒品犯罪之路,往往是众多原因交互作用的结果。因此,为了有效控制毒品犯罪的蔓延并最大限度地防止和减少毒品犯罪对社会造成的危害,就必须实行以治理措施的多元化为特征的全面综合防治,以达到全面禁止毒品泛滥的效果。

(二)毒品犯罪规制的问题

罪名体系中存在的缺陷主要有:1. 运输毒品罪在适用中存在困惑。首先是将运输毒品罪与走私、贩卖、制造毒品罪规定于同一条文中处以相同法定刑，会导致罪刑不当；其次是司法实践中对运输的认定不一。2. 非法持有毒品罪作为走私、贩卖、运输、制造毒品罪的堵漏之罪，其法定刑高于窝藏毒品罪，可能导致司法实践中出现疑罪从重的状况。3. 窝藏、转移、隐瞒毒品罪仅限于为走私、贩卖、运输、制造毒品的犯罪分子窝藏、转移、隐瞒毒品，而将为非法持有毒品罪的犯罪分子窝藏、转移、隐瞒毒品的行为排除在外，造成了司法实践中的不合理。4. 将欺骗他人吸毒罪与引诱、教唆他人吸毒罪并列为一个选择性罪名，处以相同的法定刑，会导致不当；引诱、教唆、欺骗、强迫他人吸毒罪的法定刑规定太低。5. 刑法欠缺对非法制造制毒原料、配剂及走私、非法买卖、制造制毒设备的行为的规定。① 《刑法修正案（九）》作出了回应，对违反国家规定，非法生产、买卖、运输醋酸酐、乙醚、三氯甲烷或者其他用于制造毒品的原料、配剂，或者携带上述物品进出境的进行定罪，而明知他人制造毒品而为其生产、买卖、运输前款规定的物品的，以制造毒品罪的共犯论处。

刑罚体系中存在的缺陷主要有：1. 毒品再犯规定存在立法缺陷，毒品犯罪再犯与累犯在适用上存在冲突；构成毒品再犯的时间条件过于宽松，给法律适用造成很大困难。2. 对毒品犯罪数量认定的规定不完善。3. 刑法对适用财产刑的规定不细致，对罚金刑、没收财产刑的规定不够细化，财产追缴制度的规定不完善。4. 死刑规定不合理，集中在运输毒品罪上的死刑适用过多。国际趋势是废除死刑，但是，在

---

① 1998 年 3 月，国务院发出《关于进一步加强麻黄素管理的通知》。1999 年 6 月和 2005 年 5 月，国家有关部门先后发布《麻黄素管理办法》和《麻黄素运输许可证管理规定》，2005 年 8 月国务院制定了《易制毒化学品管理条例》。

同一时期对毒品犯罪适用死刑却在扩张。1985 年,全世界有 22 个国家对毒品犯罪规定了死刑;十年之后的 1995 年,这个数字上升到了 26 个;2000 年年底,至少有 34 个国家在立法上对毒品犯罪规定了死刑。① 因此,政策上的取向有待进一步观察。

(三)吸毒行为的犯罪化与非犯罪化问题

毒品犯罪的增长,有其特定的国际、历史和现实原因,而国内吸食、注射者的猛增,则是刺激毒品走私、制造、贩运及黑市交易日益猖獗的一个重要因素。所以,要控制毒品犯罪,打击毒品的消费活动则是必不可少的。虽然,现行刑法并没有将这类行为纳入犯罪,但理论纷争一直持续不断。在如何惩治吸食、注射毒品行为的问题上,我国学者却存在着两种截然相反的观点。有学者认为,全面禁毒是我国对毒品违法犯罪活动所采取的一贯立场,对毒品应严厉制裁以控制其泛滥。刑法已将为吸食、注射毒品者提供毒品和吸用毒品场所的行为规定为犯罪(第 355 条和第 354 条),在这种情况下,如果不将吸食、注射毒品行为也列为犯罪,就会失去法律规范内部的协调统一,也有悖全面禁毒的思想。纵观当今世界各国的刑事立法和禁毒法规,多数国家都把吸用毒品作为一种独立的犯罪行为,并规定了相应的刑罚和保安处分措施,故从反毒国际合作的角度来看,把这类行为规定为犯罪,也有助于国际社会的反毒品合作,促进全面扫毒。不过,更多的学者认为对吸食、注射毒品行为不宜追究刑事责任,应当主要依靠加强强制治疗和矫正措施的方法去解决。

---

① Baroness Vivien Stern, The Death Penalty for Drug Offences: Global Overview 2012 - Tipping the Scales for Abolition, The International Harm ReductionAssociation, London, 2013.

根据国外反毒斗争的经验,仅仅依靠单一的重罚措施,并不是解决毒品问题的根本路径,应当对涉毒人员实行严格但又有针对性的政策,真正做到有毒必肃、贩毒必惩、种毒必究、吸毒必戒。禁毒必须明确重点,不能平均使力,否则就会分散原本就极其有限的惩治力量,偏离打击重心。应当注意到,走私、制造、贩卖毒品等活动,对毒品泛滥有着直接的影响,理应坚决按照现行法律的明文规定严惩不贷,而对吸食、注射毒品者,则应重在戒毒、治疗和帮教,并附之以必要的处罚,使他们充分认识到吸毒的严重危害,及早醒悟,真正摆脱毒瘾的控制。应当看到,吸毒行为虽然在一定程度上扩大着国内毒品的消费市场,但其形成的原因却十分复杂,而且,我国吸毒人员在短时期内之所以出现迅速增长的势头,也与对走私、制造、贩卖毒品等活动的控制不力,致使境外毒品大量非法涌入、黑市交易日趋频繁的状况有关。所以,从毒品流入到吸毒者增多,再从吸毒者增多到毒品泛滥之间,事实上形成了一种恶性循环。而如果要真正达到全面控制毒品蔓延的目的,就必须堵住毒源、截断毒流、消除毒害。因此,不将吸食、注射毒品的行为规定为犯罪,并不是对其放任自流,只要按照刑法规定,在坚决打击贩卖、严控毒品流入的同时,对吸食、注射毒品者予以教育、矫治,毒品在我国一些地区的泛滥、蔓延现象就一定能够得到有效控制。

第六章

贪污贿赂犯罪内容研究

第一节 立法进程

1952年中央人民政府公布的《惩治贪污条例》规定受贿与行贿以贪污论处，并根据贪污的法定刑予以处罚，贿赂犯罪不具备独立性。

1979年《刑法》在第五章侵犯财产罪中规定了贪污罪，刑档分别为5年以下、5年以上有期徒刑、无期徒刑或死刑。在第八章渎职罪中规定了受贿罪、行贿罪和介绍贿赂罪，但是没有区分公务贿赂和商业贿赂。受贿罪分为5年以下和5年以上有期徒刑两档，行贿和介绍贿赂的处3年以下有期徒刑。

1988年全国人大常委会通过了《关于惩治贪污贿赂罪的补充规定》，对贿赂罪进行实质性的修改和完善，增加了单位受贿和单位行贿形式，首次对收受回扣、手续费的犯罪行为作了明确的规定。与其他犯罪规定的“数额较大”不同，立法机关试图通过具体数额来约束司法机关。①

1995年《关于惩治违反公司法的犯罪的规定》将公司董事、监事作为受贿犯罪主体,同年最高人民法院在《关于办理违反公司受贿、侵占、挪用等刑事案件适用法律若干问题的解释》中规定,公司和其他企业的董事、监事、职工利用职务上的便利收受财物构成犯罪的,界定为商业贿赂罪,立法上第一次实现了受贿罪的二元化区分,即受贿罪和商业受贿罪。

1997年《刑法》对贪污贿赂犯罪作了专章规定,以5000元作为起刑数额,保留了2000元并且情节严重的规定,司法实践中形成了2000~5000元,5000~10,000元,10,000~50,000元,50,000~100,000元的数额区间;确定受贿犯罪与贪污罪适用同种刑罚的规定。增设了对公司企业人员给付财物构成犯罪的规定,但是罪名确定为公司企业人员受贿罪和对公司、企业人员行贿罪,没有使用商业贿赂的罪名。

---

①　对犯贪污罪的,根据情节轻重,分别依照下列规定处罚:(1)个人贪污数额在五万元以上的,处十年以上有期徒刑或者无期徒刑,可以并处没收财产;情节特别严重的,处死刑,并处没收财产。(2)个人贪污数额在一万元以上不满五万元的,处五年以上有期徒刑,可以并处没收财产;情节特别严重的,处无期徒刑,并处没收财产。(3)个人贪污数额在二千元以上不满一万元的,处一年以上七年以下有期徒刑;情节严重的,处七年以上十年以下有期徒刑。个人贪污数额在二千元以上不满五千元,犯罪后自首、立功或者有悔改表现、积极退赃的,可以减轻处罚,或者免予刑事处罚,由其所在单位或者上级主管机关给予行政处分。(4)个人贪污数额不满二千元,情节较重的,处二年以下有期徒刑或者拘役;情节较轻的,由其所在单位或者上级主管机关酌情给予行政处分。对犯受贿罪的,根据受贿所得数额及情节,依照本规定第2条的规定处罚;受贿数额不满一万元,使国家利益或者集体利益遭受重大损失的,处十年以上有期徒刑;受贿数额在一万元以上,使国家利益或者集体利益遭受重大损失的,处无期徒刑或者死刑,并处没收财产。索贿的从重处罚。

2006 年《刑法修正案(六)》将其他单位人员纳入贿赂犯罪主体范围,将罪名确定为非国家工作人员受贿罪和非国家工作人员行贿罪,和国家工作人员受贿行贿犯罪正好对应。①

2009 年《刑法修正案(七)》新设了利用影响力受贿罪,规定利用影响力受贿罪须是为他人谋取不正当利益,与普通受贿为他人牟利区别,与行贿罪中为他人谋取不正当利益相一致。②

2011 年《刑法修正案(八)》增设了对外国公职人员或国际公共组织官员行贿罪,明确规定了为谋取不正当商业利益的要件,归类为商业贿赂范畴。③

---

① 《刑法修正案(六)》将《刑法》第 163 条修改为:"公司、企业或者其他单位的工作人员利用职务上的便利,索取他人财物或者非法收受他人财物,为他人谋取利益,数额较大的,处五年以下有期徒刑或者拘役;数额巨大的,处五年以上有期徒刑,可以并处没收财产。"

② 《刑法修正案(七)》在《刑法》第 388 条后增加一条作为第 388 条之一:"国家工作人员的近亲属或者其他与该国家工作人员关系密切的人,通过该国家工作人员职务上的行为,或者利用该国家工作人员职权或者地位形成的便利条件,通过其他国家工作人员职务上的行为,为请托人谋取不正当利益,索取请托人财物或者收受请托人财物,数额较大或者有其他较重情节的,处三年以下有期徒刑或者拘役,并处罚金;数额巨大或者有其他严重情节的,处三年以上七年以下有期徒刑,并处罚金;数额特别巨大或者有其他特别严重情节的,处七年以上有期徒刑,并处罚金或者没收财产。离职的国家工作人员或者其近亲属以及其他与其关系密切的人,利用该离职的国家工作人员原职权或者地位形成的便利条件实施前款行为的,依照前款的规定定罪处罚。"

③ 《刑法修正案(八)》将《刑法》第 164 条修改为:"为谋取不正当利益,给予公司、企业或者其他单位的工作人员以财物,数额较大的,处三年以下有期徒刑或者拘役;数额巨大的,处三年以上十年以下有期徒刑,并处罚金。为谋取不正当商业利益,给予外国公职人员或者国际公共组织官员以财物的,依照前款的规定处罚。"

2015年《刑法修正案(九)》对贪污贿赂犯罪作了全面重大的修改,将适用刚性数额定罪量刑的规定修改为概括数额加情节的二元弹性量刑模式;增设了对有影响力的人行贿罪,加大了对行贿犯罪的惩处力度;降低了行贿人在被追诉前主动交代行贿行为从而获得减轻刑事责任的幅度,提高了对行贿人免除处罚的门槛;修正了贪污贿赂罪的法定刑、增设了贪污受贿罪的从宽处罚措施、调整了行贿犯罪当中从宽处罚措施。

第二节　犯罪形势综述

2000~2009年,我国公职人员犯罪形势趋缓。从2000年开始,职务犯罪涉案人数缓慢下降。2000年检察机关直接立案侦查职务犯罪涉案人数50,784人;2006年涉案人数为40,041人,减少了1万余人。2007年后虽有所回升,但是增幅很小。2008年共立案侦查贪污贿赂、渎职侵权犯罪案件33,546件,人数41,179人,分别比上年增加1%和10.1%。2009年共立案侦查各类职务犯罪案件32,439件41,531人,件数比上年减少3.3%,人数增加0.9%。①

2010年职务犯罪形势总体平稳上升,涉及领域多,大案要案增多。全年共立案侦查各类职务犯罪案件32,909件,人数44,085人,同比分别增加1.4%和6.1%。2010年审结贪污、贿赂、渎职犯罪案件27,751件,判处罪犯28,652人,同比分别上升7.10%和9.25%。2010年共处分县处级以上干部5098人,移送司法机关的县处级以上

① 郝英兵:《2000—2008年中国犯罪现象分析》,载《中国人民公安大学学报》(社会科学版)2010年第1期。

干部804人。查处的大案要案包括康日新、黄瑶、宋勇、李堂堂、许宗衡等案。2010年职务犯罪主要有以下特点:一是工程建设、房地产开发、土地管理和矿产资源开发、国有资产管理、金融、教育、社保、医疗、环保、司法等领域贪污贿赂犯罪易发多发。二是领导机关干部腐败犯罪案件时有发生,且涉案金额越来越大。三是跨国性质的商业贿赂案件频发。四是涉农职务犯罪突出,特别是国家加大投入力度的农村基础设施建设、生态环境保护等领域贪污贿赂犯罪高发。五是涉案的企业工作人员所占比例下降,而国家机关工作人员和农村基层组织人员所占比例上升。六是"窝案""串案""案中案"明显增多。七是"小官大贪"现象突出,且案件涉案金额惊人,典型如原抚顺市顺城区国土资源局局长罗亚平,涉嫌犯罪的金额高达1.45亿元。八是性贿赂、信息贿赂、业绩贿赂、感情贿赂、期权贿赂等成为腐败的新动向,给反腐工作带来了新的挑战。①

2011年,全国共立案侦查各类职务犯罪案件32,567件,人数44,506人,人数同比增加1%。其中,贪污贿赂大案18,464件,涉嫌犯罪的县处级以上国家工作人员2524人,包括厅局级198人,省部级7人。2011年职务犯罪呈现以下特点:一是职务犯罪群体性特征突出,窝案、串案占比例仍然较大。受贿方式更加隐蔽。二是被判处刑罚的官员保外就医现象突出。三是涉黑职务犯罪问题突出。四是国家宏观经济数据泄密案件频发。五是工程建设、土地交易仍是职务犯罪中的高发领域。六是商业贿赂案件逐年增加,涉案金额逐年增大。七是基层涉农职务犯罪和渎职犯罪引起的群体性事件频发,典型的如

---

① 靳高风:《2010年中国犯罪形势与刑事政策分析》,载《中国人民公安大学学报》(社会科学版)2011年第2期。

“乌坎事件”。①

2012年职务犯罪上升明显，大案要案频发。贪污贿赂、渎职犯罪案件31,325件，共立案侦查各类职务犯罪嫌疑人47,338人，同比上升6.4%。其中立案侦查渎职侵权犯罪嫌疑人11,690人，同比上升10.4%。另外，处分县处级以上干部4698人，移送司法机关的县处级以上干部961人；还查处了薄熙来、刘志军、黄胜、周镇宏、李春城、田学仁等严重违纪违法案件。②

2013年国家加大对贪污贿赂等犯罪的惩治力度，严厉打击各个领域内的职务犯罪。2013年全国各级纪检监察机关初步核实处置反映问题线索19.7万件，立案17.2万件，给予党纪政纪处分18.2万人；处分县处级以上干部6400多人，比2012年同期增长36.3%，多个省（市、自治区）的112名高官落马。2013年全国检察机关立案的职务犯罪案件也明显增加，贪污贿赂、渎职侵权等职务犯罪立案数同比分别上升9.4%和8.4%，共37,551件；人数51,306人，加大了对行贿人的打击力度，依法追究了5515名行贿人的刑事责任，同比上升18.6%。

2014年，国家持续采取严厉打击职务犯罪和环境犯罪的刑事政策，职务犯罪和环境犯罪案件持续大幅增长。2014年全国检察机关共查办各类职务犯罪案件41,487件，人数55,101人，查处人数同比上升7.4%。查办贪污、贿赂、挪用公款100万元以上的案件3664件，

---

① 靳高风：《2011年中国犯罪形势与刑事政策分析》，载《中国人民公安大学学报》（社会科学版）2012年第2期。

② 靳高风：《2012年中国犯罪形势与刑事政策分析》，载《中国人民公安大学学报》（社会科学版）2013年第2期。

同比上升 42%；县处级以上国家工作人员 4040 人，同比上升 40.7%，其中厅局级以上干部 589 人；国家机关工作人员渎职侵权犯罪 13,864 人，同比上升 6.1%。根据最高人民法院的统计，2014 年全国各级法院审结贪污贿赂等犯罪案件 3.1 万件 4.4 万人，同比分别上升 6.7% 和 5.2%。其中被告人原为厅局级以上的 99 人，原为县处级的 871 人；判处行贿犯罪罪犯 2394 人，同比上升 12.1%。从 2014 年查处的职务犯罪案件来看，职务犯罪呈现出“量价齐升”局面。不仅查处的大案、要案多，而且犯罪性质严重，多名“大老虎”落马。① 当前治理职务犯罪的目标比较明确，即“不敢贪、不能贪、不想贪”。

2015 年职务犯罪大、要案不断涌现，“不敢腐”的氛围总体形成。根据最高人民检察院和最高人民法院的统计，2015 年查处和审判的职务犯罪案件数、人数 2014 年相比有所下降，但是大案、要案数量持续大幅增加。2015 年全国检察机关共立案侦查职务犯罪案件 40,834 件，人数 54,249 人，同比分别下降 1.6% 左右；其中查办贪污贿赂、挪用公款 100 万元以上案件 4490 件，同比上升 22.5%；查办涉嫌犯罪的原县处级以上干部 4568 人，同比上升 13%，包括原厅局级以上干部 769 人。检察机关同时加大对行贿犯罪惩处力度，查处的案件数和人数都有较大增幅，共查办行贿犯罪 8217 人，判处罪犯 2495 人。根据最高人民法院的统计，2015 年全国各级法院审结贪污贿赂等犯罪案件 3.4 万件 4.9 万人，分别下降 9.7%、11.4%；其中，被告人原为厅局级以上干部的 134 人，同比增长了 35.3%。2015 年司法机关依法查处了令计划、苏荣、白恩培、朱明国、周本、杨栋梁、何家成等 41 名原省

---

① 靳高风：《2014 年中国犯罪形势与刑事政策分析》，载《中国人民公安大学学报》（社会科学版）2015 年第 2 期。

部级以上干部，依法审判了周永康、蒋洁敏、李崇禧、李东生、申维辰等22名原省部级以上干部。这些职务犯罪大、要案的查处和审判不仅发挥了威慑作用，而且也标志着全国“不敢腐”的氛围已总体形成，“不能腐”“不想腐”的工作逐步深化。

2016年职务犯罪相对数量持续增长，民生与司法领域犯罪案件增幅较大，职务犯罪查处人数持续增长。根据最高人民检察院报告，2016年全国检察机关立案侦查职务犯罪58,122人(其中受贿犯10,472人)，同比上升7.1%；其中分别立案侦查原县处级干部2882人、原厅局级以上干部446人，包括王珉等21名原省部级干部；对令计划、苏荣、白恩培等48名原省部级以上干部提起了公诉。根据最高人民法院的报告，2016年全国各级法院审结贪污贿赂等案件4.5万件，人数6.3万人，人数同比增长28.5%，其中被告人原为省部级以上级别的干部35人，厅局级干部240人；继续加大对行贿犯罪惩治力度，判处罪犯2862人，同比增长14%。

第三节　修正案内容总结

《刑法修正案(六)》将原来的商业贿赂罪改为非国家工作人员受贿罪和对非国家工作人员行贿罪，将二元贿赂体系中的贿赂主体周延化。《刑法修正案(八)》在对非国家工作人员行贿罪中增加了对外国公职人员或国际公共组织官员行贿罪，明确犯罪的目的是谋取不正当的商业利益，不同于普通行贿的不正当利益，扩大了行贿罪的对象范围，进一步完善了贿赂犯罪体系。

《刑法修正案(七)》增加利用影响力受贿罪，将特殊关系人在没有和国家工作人员形成共犯合意的情形下的单独受贿纳入，完善了贿赂行为的边界。

《刑法修正案(九)》对贪污罪作了重大修改,将定罪量刑的单一数额形式改为数额和情节并行,完善了定罪量刑的体系。将原来四个刑档而且存在交叉重叠部分统一改为三个刑档,对每个刑档增加不同的财产刑,使得刑罚具备了明确性和周延性。对贪污的处罚在轻和重的两端体现了宽和严的两面,规定了特殊从轻制度和终身监禁制度:特殊从轻制度突破了总则关于坦白和退赃的从轻规定,凸显宽缓;终身监禁制度则创造了刑罚的历史,也突破了终身监禁刑设立的理论。

《刑法修正案(九)》对贿赂犯罪也作了体系性的修改,首先是定罪量刑的标准比照贪污罪实现了明确化和周延化,体现了宽严相济精神。其次,对整个贿赂犯罪作了综合的修改,对所有的贿赂犯罪增设了财产刑,以并处罚金为原则,严重的并处没收财产;增设了与利用影响力受贿罪对应的对特殊关系人行贿罪,完善了对向犯的体系;在行贿罪最高刑档中,在原有的情节特别严重的基础上增加"或者使国家利益遭受特别重大损失的"构成条件,扩充了构成范围,完善了规制对象;加大对行贿罪的处罚,回应行贿受贿一起抓的政策;针对司法实践中行贿人在主动交代行贿行为后基本上不处罚的情形,衡量行贿人的恶性和行贿人主动交代对司法效率提升的好处,严格限制行贿免除处罚的情形。

《刑法修正案(九)》对贪污贿赂犯罪的修改可以归结为以下几点:

一是改变了犯罪构成模式。将原来单一的、确定的数额构成,改为数额加情节的方式,而且采用数额概括化的方式。这是为了应对单纯数额无法满足社会发展的多元需要:单纯的数额规定无法应对如性贿赂的入罪问题,加入情节严重为性贿赂的入罪打开了出口。这个修改是根本性的修改,意义重大。二是增加了财产刑的适用。贪污贿赂犯罪的本质都是逐利性的,原刑法只对单位犯贪贿犯罪规定了罚金刑、对严重的贪贿犯罪规定并处没收财产,其他都没有规定财产刑。修正案大幅增加了并处罚金的内容,加大了财产刑适用的比例,强化了经济上的打击,提高了犯罪者的犯罪成本。三是增加了资格刑。职务犯罪多是利用职务的便利进行的犯罪,需具备特定的身份,《刑法修正案(九)》增加了职业禁止的规定,将其犯罪的资格剥夺,就在源头上堵截了犯罪的入口。四是增加法条适用的明确性规定,减少了交叉规定的情形。原刑法贪污罪的处罚规定了四个量刑档次,而在第一档和第二档中,都有 10 年以上有期徒刑和无期徒刑的交叉规定;在第二档和第三档中,都包含 5 年以上、10 年以下有期徒刑的交叉规定;在第三档和第四档中,都包含 1 年以上、2 年以下有期徒刑的交叉规定。于是,就会出现在不同的刑档可能判处同样的刑罚,出现裁量上的混乱。修改后的贪污罪的处罚规定了三个量刑档次,第一档为 3 年以下有期徒刑,第二档为 3 年以上 10 年以下有期徒刑,第三档为 10 年以上有期徒刑或者无期徒刑以及在数额特别巨大,并使国家和人民利益遭受特别重大损失的情况下,规定了无期徒刑或者死刑。五是取消了单一、确定的法定刑。原来规定如个人贪污数额在 10 万元以上,情节特别严重的,处死刑,并处没收财产;个人贪污数额在 5 万元以上不满 10 万元,情节特别严重的,处无期徒刑,并处没收财产。单一确定的法定刑适用容易出现罪刑不均衡的问题。

表 6－1 贪污贿赂犯罪量刑对照表

<table>
<tr><th>年份</th><th>量刑数额</th><th>主刑</th><th>财产刑</th><th>减轻规定或加重规定</th><th>1997 年《刑法》规定</th></tr>
<tr><td rowspan="8">1988</td><td rowspan="2">五万元以上的</td><td>十年以上有期或无期</td><td>可以并处没收财产</td><td rowspan="2"></td><td rowspan="2">十万元以上的</td></tr>
<tr><td>情节特别严重的，处死刑</td><td>并处没收财产</td></tr>
<tr><td rowspan="2">一万元以上不满五万元的</td><td>五年以上有期徒刑</td><td>可以并处没收财产</td><td rowspan="2"></td><td rowspan="2">五万元以上不满十万元的</td></tr>
<tr><td>情节特别严重的，处无期徒刑</td><td>并处没收财产</td></tr>
<tr><td rowspan="2">二千元以上不满一万元的</td><td>处一年以上七年以下有期徒刑</td><td></td><td rowspan="2">1988 年[①]规定：在二千元以上不满五千元，犯罪后自首立功或者有悔改表现积极退赃的，可以减轻处罚或者免予刑事处罚。
1997 年《刑法》规定：五千元以上不满一万元，犯罪后有悔改表现、积极退赃的，可以减轻处罚或者免予刑事处罚</td><td rowspan="2">五千元以上不满五万元的</td></tr>
<tr><td>情节严重的，处七年以上十年以下有期徒刑</td><td></td></tr>
<tr><td rowspan="2">不满二千元的</td><td>情节较重的，处二年以下有期徒刑或者拘役</td><td></td><td rowspan="2"></td><td rowspan="2">不满五千元</td></tr>
<tr><td>情节较轻的，行政处罚</td><td></td></tr>
</table>

① 1988 年全国人大常委会通过的《关于惩治贪污贿赂罪的补充规定》。

续表

年份	量刑数额	主刑	财产刑	减轻规定或加重规定	1997年《刑法》规定
2015	数额较大或者有其他较重情节的	三年以下有期徒刑或者拘役	并处罚金	在提起公诉前如实供述自己罪行、真诚悔罪、积极退赃，避免、减少损害结果的发生，可以从轻、减轻或者免除处罚	3万～20万元（1万～3万元，有特殊情节的）
	数额巨大或者有其他严重情节的	三年以上十年以下有期徒刑	并处罚金或者没收财产	在提起公诉前如实供述自己罪行、真诚悔罪、积极退赃，避免、减少损害结果的发生，可以从轻处罚	20万～300万元（10万～20万元，有特殊情节的）
	数额特别巨大或者有其他特别严重情节的	十年以上有期徒刑或者无期徒刑	并处罚金或者没收财产	在提起公诉前如实供述自己罪行、真诚悔罪、积极退赃，避免、减少损害结果的发生，可以从轻处罚。被判处死刑缓期执行的，人民法院可以同时决定在其死刑缓期执行二年期满依法减为无期徒刑后，终身监禁，不得减刑、假释	300万元以上（150万～300万元，有特殊情节的）300万～2000万元有期 2000万～1亿元无期
		数额特别巨大，并使国家和人民利益遭受特别重大损失的无期徒刑或者死刑	并处没收财产		

第四节 刑事政策评价

一、贪污贿赂犯罪的刑事政策分析

（一）修正案内容中严厉、严格和严密的方面

一是建构一个严密的法网。历次修正案的改变目的是完善贿赂犯罪的体系，即犯罪圈和刑罚圈的完善。犯罪圈方面，增加商业贿赂的主体和对象，增加普通贿赂特殊关系人的主体和对象，增加国家公职人员或国际公共组织官员的对象，增加犯罪构成中情节严重的构成条件等都是严密犯罪圈的做法。刑罚圈方面，增加所有贪污贿赂犯罪的财产刑，增加终身监禁刑，改变贪污贿赂犯罪量刑数额的规定为概括规定和情节规定，增加职业禁止的规定，改变法条中交叉规定使刑罚适用明确化等。立法过程是一个严密法网的过程。

二是明显加强了对行贿罪的严惩力度。我国改变“轻行贿、重受贿”的策略有现实的考量。一方面，要想继续扩大反腐成果、建立反腐机制，必须要遏制受贿源头。没有行贿就没有受贿，因此从严惩处行贿罪势在必行。另一方面，从刑事一体化的角度分析，司法侦查能力的提高以及刑诉法对技术侦查措施的实施规定都有利于减轻贪污贿赂案件中对行贿者口供的依赖程度。此外，刑法调整了行贿罪的法定从宽情节。现行刑法中，行贿人被追诉前主动交代行贿行为的，可以减轻处罚或免除处罚。修正案对被“追诉前主动交代”这一从宽情节进行了降档处理，即变为可以从轻或减轻处罚。再分析当中对可以免除处罚从宽情节的列举，因为中间使用的都是逗号，有列举之意，因此，行贿人若要免除处罚，则必须至少具备犯罪较轻、检举揭发行

为对侦破重大案件起关键作用或有其他重大立功表现三者之中的一个情节。修正案限缩了对行贿罪的从宽处理，表明了从严惩处行贿罪的倾向。

三是设立终身监禁制度。《刑法修正案（九）》第 44 条规定：犯贪污罪，同时具有数额特别巨大，并使国家和人民利益遭受特别重大损失的情形而被判处死刑缓期执行的，人民法院根据犯罪情节等情况可以同时决定在其死刑缓期执行二年期满依法减为无期徒刑后，终身监禁，不得减刑、假释。虽然终身监禁的规定是以确定判决为前提的，但死刑缓期执行二年期满依法减为无期徒刑后不得减刑、假释，仍然是对犯罪人刑事责任轻重的补充规定，其通过限制行为人承担刑事责任方式的形式，实质上加重了行为人承担的刑事责任。

（二）修正案内容中宽缓、宽大和宽容的方面

1988 年补充规定对贪污和受贿没有采用统一的定罪量刑标准，1997 年规定采用相同的数额标准。2015 年之前的刑罚配置中，财产刑配置不全面，只在四个刑档的后两个重刑档设置了没收财产刑，各刑档之间存在大量的交叉情况，适用上容易出现混乱或是自由裁量权的极度扩张。在法定从宽情节中，只规定了在第三档中就低部分刑罚可以考虑从宽，1988 年规定了“自首、立功或者有悔改表现、积极退赃的”，1997 年将法定的自首立功情节去掉，只规定非法定的悔改退赃情节可以从宽。

《刑法修正案（九）》的修改主要表现为五方面，其中四个方面都显示了宽缓的一面：

一是全面配置了财产刑，在低档刑中设置了罚金刑。在财产上对犯罪进行全面的打击，抑制该类营利性犯罪的犯罪动机。财产刑的配置较自由刑而言是一种轻刑结构。二是改变了以往的交叉重叠的情

形,使得刑罚更明确,更符合罪刑法定和罪刑相适应的原则。三是在所有刑档都增设了从宽情节,将部分法定从宽情节和酌定从宽情节结合在一起。能够适用从宽处罚的须符合两个条件:一是存在如实供述自己罪行、真诚悔罪、积极退赃的过程条件;二是存在避免、减少损害结果发生的结果条件,两条件缺一不可。而过程条件中的如实供述自己罪行、真诚悔罪、积极退赃之间应该是并列或选择的关系,只要存在其中的一种情形,与后条件耦合就能够适用从宽的规定。从这个角度说,《刑法修正案(九)》对此采取极为宽缓的态度,唯一对过程条件进行了时间的限制,即在提起公诉前,而原来的时间条件是在犯罪后,显然要较为严格。此外,三个刑档的从宽规定不一样,第一刑档可以从轻或者减轻处罚,第二、三刑档只能从轻处罚。四是大幅抬高起刑点及量刑标准,可以视为立法者对贪污贿赂宽缓的态度。五是规定了终身监禁的制度,采取对于判处死缓的罪犯加重生刑的做法。从这五方面改变来看,可以认为三个方面采取了宽的态度,两个方面采取了严的态度。而终身监禁制度其实是一个变相宽缓的态度,因为在贪污贿赂犯罪无法在立法上公开废除死刑的情况下,司法实践中已经基本不判处死刑了,但是不判处死刑,生刑又缺乏足够的制裁。因此,规定终身监禁后,贪污贿赂犯罪的死刑就基本上再无使用之必要及可能了,可以说终身监禁制度是为了实际废除死刑而设计的衔接制度。从这个角度来说,该制度的设立也反映立法机关宽缓、宽大和宽容的态度。

二、贪污贿赂犯罪立法存在的问题

第一,刑法对贪污贿赂定罪量刑的数额确定存在不当的问题。按照现行的司法解释,3 万元是第一档刑罚的起刑点,即数额达到 3 万至 20 万元的构成犯罪,特殊情节下数额达到 1 万至 3 万元也构成犯罪。笔者认为，这是司法机关的权宜之策，仍然沿袭了原刑法的思维，没有解决交叉混乱的问题。这当然受到刑事政策的影响，刑事政策要求严厉严格；还有诸如“零容忍”“破窗理论”等因素，因此数额不宜定得太高。但是经济发展状况和普遍性的腐败现状要求有较高的数额规定，否则司法会出现要么犯罪泛滥要么规范被虚设的情形。而当前的司法定罪数额的科学性和合理性，还有待实践的验证。

第二，贪污受贿犯罪的从宽情节突破了总则的规定，出现体系上的矛盾。一方面，贪污受贿犯罪“免除处罚”的从宽处理突破了总则如实供述的“可以从轻处罚”和“可以减轻处罚”的从宽幅度。另一方面，刑法增加了贪污受贿犯罪的法定从宽情节。原刑法规定数额在5000 元以上不满 1 万元的，若有悔改表现积极退赃的，可以减轻或者免除处罚，该种情形是在第三档刑罚即 5000 元到 5 万元之间的一小部分情况；而新法则是对第一档“数额较大”都适用，当然也包括在第一档数量之下的情形。如果按现在的司法解释，也就是在数额较大的空间内都可以适用，而这个空间的起刑点是 3 万 ~ 20 万元，上限是 20 万 ~ 300 万元，如厦门对于数额较大采用的是 20 万 ~ 300 万元的标准，就是说在这个数额内，只要在提起公诉前“如实供述、真诚悔罪、积极退赃，避免、减少损害结果”，就可以从轻处罚、减轻处罚和免除处罚，其适用范围要宽得多。《刑法修正案（九）》的规定实际上是结合了自首和坦白的规定，将从宽情节由现行刑法规定下的悔改表现、积极退赃扩展到如实供述、真诚悔罪、积极退赃，避免、减少损害结果，这种规定超越了总则关于自首和坦白的规定，可能出现总则、分则不和谐的情形，需要进一步的立法解决。

第三，对行贿罪的追诉有矫枉过正的嫌疑，可能出现量刑的不均衡。贪污受贿的行为人在提起公诉前如实供述自己的罪行、真诚悔罪,积极退赃的,可以从轻、减轻或免除处罚;而行贿人在被追诉前主动交代行贿行为的,可以从轻或者减轻处罚,其中犯罪较轻的,对侦破重大案件起关键作用的,或者有重大立功表现的,可以减轻处罚或者免除处罚。《刑法修正案(九)》对受贿罪和行贿罪分别采取了不同的刑事政策,即对受贿罪增加了相对宽松的规定,而对行贿罪加大了打击力度,提高了减轻和免除处罚的门槛。该规定反映了当前要求打击行贿犯罪的力度的刑事政策,但是在这组对向犯中,受贿的社会危害性肯定要大于行贿,而且重点打击的应该也是受贿罪,受贿对国家公务制度的廉洁性侵犯当然也是最为明显的。《刑法修正案(九)》对受贿罪和行贿罪的不同态度,与我国目前严惩腐败的政策相背离。

三、构建从严治吏、适度宽缓、综合预防的具体刑事政策

(一)从严治吏体系的构建

包含严密法网、严格司法、严厉执法三个层面。严密法网就是要编织一个没有漏洞的贪污贿赂犯罪的法网,不存在让行为人逃脱犯罪惩罚的机会诱惑,对关系人受贿行贿的入罪、对国际组织对象行贿的入罪等都是严密法网的做法。不少学者认为,当前贪污贿赂犯罪体系存在如下需要完善的漏洞:1. 要取消受贿罪为他人谋取利益要件;① 2. 取消行贿罪为谋取不正当利益的要件;② 3. 非物质性利益贿赂应规定为贿赂罪对象;③

---

① 朱建华:《受贿罪“为他人谋取利益”要件取消论》,载《现代法学》2001年第4期。

② 易志华:《完善贿赂犯罪立法,遏制腐败新问题》,载《云南公安高等专科学校学报》2000年第4期。

③ 熊文玲:《非物质利益贿赂应规定为贿赂罪探析》,载《江西社会科学》1998年第4期。

4. 增设挪用公物的犯罪，将挪用公款与挪用公物合并规定为挪用公款公物罪或挪用公共财物罪；①5. 取消挪用公款后归个人使用的三种具体用途的规定，只要挪用公款数额较大，时间较长的，无论行为人挪用公款归个人具体用于何处，均应成立挪用公款罪；② 6. 将刑法巨额财产来源不明罪修改为：国家工作人员的财产收入与支出，应当依照国家规定申报。财产或者支出明显超过合法收入，差额巨大的，应当说明来源。本人拒不说明或作虚假说明的，处 5 年以下有期徒刑或拘役；差额部分为非法所得，予以追缴。③

（二）适度宽缓的刑罚体系构建

在法网严密之后，重刑主义未必有更好的惩治和预防效果，刑罚体系应从自由刑重刑中心主义转向自由刑轻刑中心，辅以财产刑和资格刑。《刑法修正案（九）》对所有的贪污贿赂犯罪设置了罚金刑，但是没收财产刑配置不够。《刑法修正案（九）》同时设置了职业禁止的规定，但是作为一种非刑罚措施适用，指向不明确。应该在贪污贿赂犯罪的章节中明确设置资格刑。对于贪污贿赂这种典型的身份犯、贪利性犯罪、白领型犯罪，资格剥夺使其丧失再犯罪的能力、施加财产刑制约了犯罪的动机、处以自由刑使其丧失了社会地位，这三项处罚足以达到完整的刑罚效果。

---

① 宣炳昭、严正宏：《论贪污贿赂犯罪刑事立法之不足及其完善》，载《甘肃政法学院学报》2000 年第 3 期。

② 田宏杰、侯亚辉：《挪用公款罪司法适用问题研析》，载《法学》1999 年第 4 期。

③ 卢建平：《刑事政策视野中的巨额财产来源不明罪》，载《中国刑事法杂志》2002 年第 1 期。

(三)综合预防体系的构建

贪污贿赂犯罪产生并在一定程度上一定范围内蔓延的原因主要有:1.物欲主义,奢靡之风的诱惑;2.权力缺少监督与制约,绝对权力导致绝对腐败;3.法治运行环境不好,体系不完善,运行不规范;4.官僚体制构建不完善,配套制度缺乏等。正如李斯特所言:最好的社会政策乃是最好的刑事政策。① 与其加大刑罚的力度,不如在刑罚外寻找对策。首先是构建监督制约机制,对权力的监督是预防贪污贿赂犯罪发生的第一道屏障。绝对权力导致绝对腐败,阳光是最好的防腐剂。权力没有实现有效的监督是腐败滋生的最主要原因。如何构建党内的监督体系、官僚体系的监督机制、社会的监督机制、任内离任审计监督等制度,并让其真正发挥效用是最为重要的。其次是建构良性的官僚运作体系,建立公开、公平、公正的官员选拔任用制度,相关的财产申报制度,社会保障制度等。

① 杨春洗主编:《刑事政策论》,北京大学出版社1993年版,第2页。

第七章

刑罚变化内容研究

宽严相济刑事政策首先意味着应当形成一种合理的刑罚结构，这是实现宽严相济刑事政策的基础。刑罚结构决定刑罚运行的内部环境，构成整体刑罚功能的基础。① 从表面上看，构成我国刑罚体系的刑种，无论是主刑还是附加刑，都是有轻有重。附加刑的各个刑种也是轻重有别。从我国刑罚实际运作的状况来看，我国刑罚体系存在结构性缺陷，就是死刑过重，生刑过轻，轻刑配置比例低，财产刑设置少。

第一节　死刑废除的立法过程

一、死刑的刑事政策的梳理

我国的死刑刑事政策可以分为四个阶段：第一阶段是从新中国成立到 1979 年刑法制定，这一时期，保留死刑但是要限制适用，要少杀。

---

① 储槐植：《刑事一体化与关系刑法论》，北京大学出版社 1997 年版，第 403 页。

第二阶段是改革开放后到2007年左右,这期间死刑的适用较为宽松,核准权下放。第三阶段是2007年到2010年期间,在宽严相济刑事政策下,最高人民法院收回死刑复核权,死刑适用较为谨慎。第四阶段是2011年至今,开始了废除死刑的步伐,而且力度很大。

1956年4月,在中共中央政治局扩大会议上,毛泽东指出:“今后社会上的镇反,要少捉少杀。社会上的反革命因为是老百姓的直接冤头,老百姓恨透了,所以少数人还是要杀。他们中的多数要交给农业合作社去管制生产,劳动改造。但是,我们还不能宣布不杀,不能废除死刑。”①1956年9月15日至27日,在中共八大上,刘少奇作的政治报告正式提出了“逐步废除死刑”的伟大构想。其原文如下:“党中央委员会认为,除极少数的罪犯由于罪大恶极,造成人民的公愤,不能不处死刑以外,对于其余一切罪犯都应当不处死刑,并且应当在他们服徒刑的期间给以完全人道主义的待遇。凡属需要处死刑的案件,应当一律归最高人民法院判决或者核准。这样,我们就可以逐步地达到完全废除死刑的目的,而这是有利于我们的社会主义建设的。”②1979年《刑法》规定了28个死刑罪名,分布在15个条文之中。这些死刑罪名大部分都附加了“危害特别严重、情节特别恶劣”“致人重伤死亡”等限制性条件,而且死刑都属于可选择刑种,没有绝对确定的死刑。同时在适用范围上局限于罪大恶极的犯罪分子,适用对象上排除审判时怀孕的妇女和犯罪时不满18周岁的未成年人,死刑复核权归

① 《论十大关系》(1956年4月25日),载《毛泽东选集》(第五卷),人民出版社1977年版,第281~282页。

② 刘少奇:《在中国共产党第八次全国代表大会的政治报告》,载《建国以来重要文献选编》,中央文献出版社1994年版,第38页。

属最高人民法院，核准程序非常严格，充分体现了少杀的政策。

20世纪80年代，随着改革开放的进行，犯罪出现井喷式增长，邓小平主张“严打”的刑事政策，坚持死刑不能废除，有些罪犯就是要判死刑，要依法从重判处。同时他也认为，杀人要慎重，但总得杀一些。① 2005年3月14日，国务院总理温家宝在回答德国记者提问时说：“中国在着手进行司法制度的改革，包括上收死刑的核准权到最高人民法院。但是出于我们的国情，我们不能够取消死刑。世界上一半以上的国家也还都有死刑制度，但是我们将用制度来保证死刑判决的慎重和公正。”②

2007年1月最高人民法院正式统一收回死刑复核权后，3月，最高人民法院、最高人民检察院、公安部、司法部《关于进一步严格依法办案确保办理死刑案件质量的意见》明确规定：“保留死刑，严格控制死刑”是我国的基本死刑政策，并认为“这一政策是完全正确的，必须继续贯彻执行”，依法严厉打击严重刑事犯罪，“我国还不能废除死刑，但应逐步减少适用，凡是可杀可不杀的，一律不杀”。2007年3月在日内瓦联合国人权理事会的一次会议上，中国正式表态：确信中国“最终将废除死刑”。这是在2008年北京奥运会之前中国政府在国际场合关于死刑的正式态度，可以视为中国对国际社会的庄严承诺。③ 2010年2月，最高人民法院公布《关于贯彻宽严相济刑事政策

---

① 《在中央政治局常委会上的讲话》，载《邓小平文选》，人民出版社1993年版，第152～153页。

② 《温家宝表示中国不能废除死刑》，载 http://news.sina.com.cn/c/2005-03-14/12385355416s.shtml，转引自卢建平主编：《京师刑事政策评论》（第4卷），北京师范大学出版社2014年版，第68页。

③ 参见[英]罗杰尔·胡德：《死刑废止之路新发展的全球考察》，付强校译，高铭暄点评，载《法学杂志》2011年第3期。

的若干意见》,再次指出我国坚持“保留死刑,严格控制和慎用死刑”。相关内容是:“对于罪行极其严重的犯罪分子,论罪应当判处死刑的,要坚决依法判处死刑。要依法严格控制死刑的适用,统一死刑案件的裁判标准,确保死刑只适用于极少数罪行极其严重的犯罪分子。拟判处死刑的具体案件定罪或者量刑的证据必须确实、充分,得出唯一结论。对于罪行极其严重,但只要是依法可不立即执行的,就不应当判处死刑立即执行。”该意见在《刑法》第48条“罪行极其严重”之前冠之以“极少数”这一限定,被学界前辈储槐植教授称为“双极”政策,而其精神核心是将死刑适用限制在最小范围。①

2011年《刑法修正案(八)》废除了13个非暴力犯罪的死刑,开启了立法废止死刑的新进程。2013年,党的十八届三中全会《关于全面深化改革若干重大问题的决定》进一步要求“逐步减少死刑适用罪名”,减少死刑的内容写进党的文件,其精神必然要落实到刑事政策之中。贯彻落实党的十八届三中全会精神是刑法修改的一个重要指导思想,为后续死刑制度改革继续在立法上削减死刑罪名指明了方向。例如,《刑法修正案(九)》取消死刑的9个罪名中有两个军职罪,就是中央军委有关部门根据三中全会的精神认真研究后主动提出来的,经与中央各政法机关反复研究和论证,并在广泛听取人大代表、专家和各有关方面意见的基础上,在常委会初次审议后,经同中央政法委、解放军总政治部等反复研究,体现了党的精神的落实。同时,死刑废除还从非暴力犯罪转向了暴力犯罪。以走私武器、弹药罪、走私核材料罪和走私假币罪为例,《刑法修正案(八)》已经废除了走私文物

---

① 储槐植:《死刑司法控制:完整解读刑法第四十八条》,载《中外法学》2012年第5期。

罪、走私贵重金属罪和走私珍贵动物、珍贵动物制品罪的死刑,《刑法修正案(九)》废除了所有走私罪的死刑,包括走私武器、弹药罪、走私核材料罪和走私假币罪,其已经不限于非暴力性犯罪。

二、死刑立法的发展变化

1979 年《刑法》涉及死刑的条文有 15 个,罪名共 28 个。其中,15 个罪名属于第一章反革命罪的范畴,分别为:背叛祖国罪,阴谋颠覆政府罪,阴谋分裂国家罪,策动叛乱罪,策动叛变罪,投敌叛变罪,持械聚众叛乱罪,聚众劫狱罪,间谍罪,投敌罪,特务罪,反革命破坏罪,反革命杀人罪,反革命伤人罪。8 个属于第二章危害公共安全罪的范畴,分别为:放火罪,决水罪,爆炸罪,投毒罪,以其他方法危害公共安全罪,破坏交通工具罪,破坏交通设施罪,破坏易燃、易爆设施罪。3 个属于第四章侵犯公民人身权利、民主权利罪的范畴,分别是故意杀人罪、强奸妇女罪、奸淫幼女罪。2 个属于第五章侵犯财产罪的范畴,分别是抢劫罪、贪污罪。

从 1979 年到 1997 年,全国人大常委会共通过了 25 部单行刑法,这其中有增设死刑罪名的就近 40 个,使死刑罪名在原有 28 个的基础上猛增到近 80 个。①

表 7－1　1997 年刑法死刑罪名统计

罪数及分类 / 客体类别	死刑罪数	暴力型	非暴力型
危害国家安全罪	7	1	6
危害公共安全犯罪	14	11	3

① 卢建平:《从政策上控制死刑》,载《人民检察》2006 年第 9 期。

续表

罪数及分类 / 客体类别	死刑罪数	暴力型	非暴力型
破坏市场经济秩序罪	16		16
侵犯人身权利、民主权利罪	5	5	
侵犯财产罪	2	1	1
妨害社会管理秩序罪	8	3	5
危害国防利益罪	2	1	1
贪污受贿罪	2	0	2
渎职罪	0	0	0
军人违反职责罪	12	2	10

表7－2 《刑法修正案(九)》后死刑罪名统计

罪数及分类 / 客体类别	死刑罪数	暴力型	非暴力型
危害国家安全罪	7	1	6
危害公共安全犯罪	14	11	3
破坏市场经济秩序罪	2		2
侵犯人身权利、民主权利罪	5	5	
侵犯财产罪	1	1	
妨害社会管理秩序罪	3	2	1
危害国防利益罪	2	1	1
贪污受贿罪	2	0	2
渎职罪	0	0	0
军人违反职责罪	10	3	7

《刑法修正案(八)》取消了13个罪名的死刑,分别为走私文物罪,走私贵重金属罪,走私珍贵动物、珍贵动物制品罪,走私普通货物、物品罪,票据诈骗罪,金融凭证诈骗罪,信用证诈骗罪,虚开增值税专用发票、用于骗取出口退税、抵扣税款发票罪,伪造、出售伪造的增值税专用发票罪,盗窃罪,传授犯罪方法罪,盗掘古文化遗址、古墓葬罪,盗掘古人类化石、古脊椎动物化石罪——经济秩序罪中9个,财产罪中1个,社会管理秩序罪中3个。原来共68个死刑罪名,《刑法修正案(八)》后剩余55个,取消死刑的13个罪名约占原有68个死刑罪名总数的19.1%。

《刑法修正案(九)》取消了9个罪名的死刑,分别为走私武器、弹药罪,走私核材料罪,走私假币罪,伪造货币罪,集资诈骗罪,组织卖淫罪,强迫卖淫罪,阻碍执行军事职务罪,战时造谣惑众罪——经济秩序罪中5个,社会管理秩序罪中2个,军人违反职责罪中2个。取消死刑的9个罪名约占原有55个死刑罪名总数的16.3%。

《刑法修正案(九)》取消的9个死刑罪名具有三个方面的显著特点:一是主要是经济性、非暴力犯罪,同时包括部分非致命性暴力犯罪。9个罪名中,破坏社会主义市场经济秩序类犯罪5个,妨害社会管理秩序类犯罪2个,军人违反职责类犯罪2个。其中,强迫卖淫罪、阻碍执行军事职务罪都包含了暴力手段;走私武器、弹药罪、走私核材料罪、走私假币罪的死刑取消,则武装掩护走私也将取消死刑,而武装掩护走私则属于暴力类犯罪。二是这些罪的死刑要么属于备而不用,纯粹虚置型,要么基本不用,属于宣示型。其中,走私核材料罪、阻碍执行军事职务罪、造谣惑众罪这3种犯罪的死刑基本上是备而不用,而走私武器、弹药罪、走私假币罪等其他6种犯罪的死刑则属于基本不用。三是批量地取消死刑罪名,这与《刑法修正案(八)》一次性取消了 13 个死刑罪名一样，占当时死刑罪名总数的 19.1%。此次取消 9 个死刑罪名，占现存死刑罪名总数的 16.4%。

在《刑法修正案（九）》起草过程中，对于是否应当取消走私武器、弹药，走私核材料，集资诈骗，强迫卖淫等犯罪的死刑，存在完全不同的观点。相关的部门和群体强烈要求保留有关犯罪的死刑，他们认为取消死刑的时机尚不成熟，取消会导致犯罪增多和量刑不均衡。① 尽管反对声音很强，立法机关在广泛听取意见、认真调查研究、科学审慎论证后，最终还是取消了包括上述罪名在内的 9 个罪名的死刑。这是党的十八届三中全会关于废除死刑的党中央政策转化为刑事政策带来的效果，立法机构在贯彻落实刑事政策规范化上还是有力度的。本次取消的 9 个死刑罪名已不限于非暴力性犯罪，有少数已涉及暴力性犯罪，如强迫卖淫罪和阻碍执行军事职务罪，这是勇敢的理论创新，具有开先河的意义。对我国死刑废除的步骤，理论界认为，废除死刑应当先从非暴力犯罪开始，然后过渡到暴力犯罪，《刑法修正案（九）》的做法已经涉足暴力犯罪死刑废除了，说明废除死刑工作进入到新的阶段。

死刑制度改革取得的成效最为显著，主要体现在五个方面：(1)废止死刑罪名。《刑法修正案（八）》废除了 13 种犯罪的死刑，在此基础上《刑法修正案（九）》又一次性废除了 9 种犯罪的死刑，使我国刑法分则的死刑罪名由之前的 68 种减至 46 种，减幅接近 1/3。(2)提高死缓犯执行死刑的门槛。《刑法修正案（九）》将死缓犯执行

---

① 像当年取消盗窃文物罪死刑的时候，相关的文物部门就表示了强烈的反对意见，认为没有死刑的威慑会导致犯罪的爆发，但是《刑法修正案（八）》废除死刑后，并没有出现预想的情况。

死刑的条件由之前的“故意犯罪”修改提高为“故意犯罪，情节恶劣的”，同时规定，死缓犯“故意犯罪”但不属于“情节恶劣的”，不执行死刑，但应重新计算死刑缓期执行的期间，并报最高人民法院备案。(3)适度限制、调整死缓犯的减刑、假释。根据《刑法修正案(八)》的规定，死缓犯在死刑缓期执行期间，如果确有重大立功表现，二年期满以后，减为20年有期徒刑。对被判处死刑缓期执行的累犯以及因故意杀人、强奸、抢劫、绑架、放火、爆炸、投放危险物质或者有组织的暴力性犯罪被判处死刑缓期执行的犯罪分子，人民法院根据犯罪情节等情况可以同时决定，在减为无期徒刑或者20年有期徒刑后，不得再予减刑，这大大提高了死缓犯的实际执行期限。(4)原则上废止老年犯罪人的死刑适用。根据《刑法修正案(八)》的规定，审判时已满75周岁的老年人，除以特别残忍手段致人死亡的外，不适用死刑。(5)《刑法修正案(九)》废止了3种犯罪绝对确定的死刑，即将绑架罪、贪污罪和受贿罪由其原来绝对确定的死刑修改为相对确定的死刑，赋予司法机关在刑罚适用上更多的选择权，有利于限制死刑的适用。

第二节　生刑加重的立法

一、总则性规定加重生刑

生刑加重表现在两个方面，一是延长死缓及无期徒刑的实际刑期，二是严密累犯、缓刑、假释的规定。对于死刑缓期执行的罪犯属于累犯或犯有故意杀人、强奸、抢劫、绑架、放火、爆炸、投放危险物质或者有组织的暴力性犯罪的情况，可以实行限制减刑。将减刑的最低执行刑期提高，无期徒刑的最低执行刑期从 10 年提高到 13 年，死刑缓期执行的减为无期徒刑的，执行刑期不能少于 25 年，减为 25 年有期徒刑的，执行刑期不能少于 20 年。增加数罪并罚的刑罚上限至 25 年。将恐怖活动犯罪和黑社会性质的组织犯罪列入特殊累犯的范畴。将犯罪集团的首要分子列入不适用缓刑。在不得假释的情况中增加了放火、投放危险物质或者有组织的暴力性犯罪的。

按照原来的刑法，在我国司法实践中，被判处死缓的，减为无期徒刑后一般服刑 18 年左右可以重获自由；被判处无期徒刑的，减刑后一般服刑 15 年左右可以重获自由；被判处有期徒刑 15 年的，减刑后一般服刑 12 年左右可重获自由。

表 7 – 3 《刑法》修改前后最长生刑比较

1997 年刑法			2016 年刑法		
死缓	2 年后减为无期	2 年后减为 15 ~ 20 年	2 年后减为无期	2 年后减为 25 年	
无期	服刑 2 年后悔改或立功减为 18 ~ 20 年	服刑 2 年后重大立功减为 13 ~ 18 年，实际执行不低于 10 年	服刑 2 年后悔改或立功减为 20 ~ 25 年	服刑 2 年后重大立功减为 18 ~ 20 年，实际执行不低于 13 年	
			限制减刑实际执行不低于 20 年	限制减刑实际执行不低于 18 年	
死缓刑期	2 + 20 年	2 + 13 年	2 + 20 年	2 + 18 年	
死缓刑期	最高 24 年	最低 17 年	最高 29 年，限制减刑不低于 24 年	限制减刑不低于 22 年	

经过《刑法修正案(八)》和《刑法修正案(九)》对生刑的改变,特别是对死刑缓期执行制度的改变,生刑被延长了很多。原来死缓减为无期徒刑后,最长执行刑期24年,最低可至12年。修改后的死缓在没有限制减刑的情况下,减为无期徒刑后,最长刑期可至29年,最低可至15年;在有限制减刑的情况下,开始减为无期徒刑的最低刑期24年,开始减为有期徒刑的最低刑期22年。修正案极大地延长了生刑的时间,一定程度上改变了生刑过轻的局面。而《刑法修正案(九)》增设的终身监禁刑则将生效延长到极致。

在贪污贿赂犯罪中增设终身监禁刑,是一个特殊的制度创新。反对者认为:终身监禁违背教育改造之刑罚目的,与联合国有关囚犯待遇国际公约的精神冲突,贪污受贿犯罪不属于最危险、最严重的犯罪,不宜规定终身监禁。支持者认为:对本应判处死刑的贪污受贿犯,对其判处死缓依法减为无期徒刑后,采取终身监禁的措施有利于体现罪刑相适应的刑法原则,也符合宽严相济的刑事政策。终身监禁被限定为一种过渡性的刑罚措施,其适用有严格限制,具体体现在:1.终身监禁只适用于犯贪污罪受贿罪的犯罪分子,对其他犯罪分子不能适用终身监禁。2.终身监禁只适用于被判处死缓的贪污犯罪分子,体现出明显的死刑替代措施的色彩。3.终身监禁制度的适用具有一定的灵活性。终身监禁的适用条件是"死刑缓期执行2年期满依法减为无期徒刑后"。而判处死刑缓期执行的,在死刑缓期执行期间,如果确有重大立功表现的,2年期满以后,减为25年有期徒刑。贪污犯罪分子被判处死缓并决定终身监禁,这些犯罪人还可以在死缓执行期间通过重大立功表现绕开终身监禁的裁决。从此角度看,终身监禁的裁决并未完全堵住罪犯提前出狱的出路,体现了刑法的制度创新。

截至2017年5月,我国对四起特重大腐败犯罪案件适用了死缓附加终身监禁:2016年10月,我国先后对3起特重大受贿犯罪案件的犯罪人适用了死缓附带终身监禁:一是2016年10月9日河南省安阳市中级人民法院对原正部级高官白恩培以受贿罪(2.46亿余元)判处死缓并适用终身监禁;二是2016年10月17日河北省保定市中级人民法院对国家能源局原副司长魏鹏远以受贿罪(2.11亿余元)判处死缓并适用终身监禁;三是2016年10月22日黑龙江省林区中级人民法院对龙煤集团物资供应分公司原副总经理于铁义以受贿罪(3.06亿余元)判处死缓并适用终身监禁。2017年5月27日,河南省郑州市中级人民法院对天津市政协原副主席、天津市公安局原局长武长顺,以贪污罪(3.42亿余元)判处死缓并适用终身监禁。

二、新增罪名刑罚设置分析

(一)前六个修正案新罪的刑罚统计

1. 隐匿、故意销毁会计凭证、会计账簿、财务会计报告罪,5年以下;2. 国有公司、企业、事业单位工作人员失职罪,3年以下有期徒刑,加重刑3年以上7年以下有期徒刑;3. 国有公司、企业、事业单位工作人员滥用职权罪,3年以下有期徒刑,加重刑3年以上7年以下有期徒刑;4. 资助恐怖活动罪,5年以下有期徒刑,加重刑5年以上有期徒刑;5. 投放虚假有害物质罪,5年以下有期徒刑,加重刑5年以上有期徒刑;6. 变造、故意传播虚假恐怖信息罪,5年以下有期徒刑,加重刑5年以上有期徒刑;7. 雇佣童工从事危重劳动罪,3年以下有期徒刑,加重刑3年以上7年以下有期徒刑;8. 非法收购、运输、加工、出售国家重点保护植物、国家重点保护植物制品罪，3年以下有期徒刑，加重刑3年以上7年以下有期徒刑；9. 执行判决、裁定失职罪，5年以下有期徒刑，加重刑5年以上10年以下有期徒刑；10. 执行判决、裁定滥用职权罪，5年以下有期徒刑，加重刑5年以上10年以下有期徒刑；11. 妨害信用卡管理罪，3年以下有期徒刑，加重刑3年以上10年以下有期徒刑；12. 窃取、收买、非法提供信用卡信息罪，3年以下有期徒刑，加重刑3年以上10年以下有期徒刑；13. 过失损坏武器装备、军事设施、军事通信罪，3年以下有期徒刑，加重刑3年以上7年以下有期徒刑；14. 强令他人违章冒险作业罪，5年以下有期徒刑，加重刑5年以上有期徒刑；15. 大型群众性活动安全事故罪，3年以下有期徒刑，加重刑3年以上10年以下有期徒刑；16. 不报谎报安全事故罪，3年以下有期徒刑，加重刑3年以上10年以下有期徒刑；17. 虚假破产罪，5年以下有期徒刑；18. 背信损害上市公司利益罪，3年以下有期徒刑，加重刑3年以上10年以下有期徒刑；19. 骗取贷款、票据承兑、金融凭证罪，3年以下有期徒刑，加重刑3年以上10年以下有期徒刑；20. 背信运用受托财产罪，3年以下有期徒刑，加重刑3年以上10年以下有期徒刑；21. 违法运用资金罪，3年以下有期徒刑，加重刑3年以上10年以下有期徒刑；22. 组织残疾人、儿童乞讨罪，3年以下有期徒刑，加重刑3年以上7年以下有期徒刑；23. 开设赌场罪，3年以下有期徒刑，加重刑3年以上10年以下有期徒刑；24. 枉法仲裁罪，5年以下有期徒刑，加重刑5年以上10年以下有期徒刑。

（二）《刑法修正案（七）》中新罪刑罚设置统计

1. 走私其他禁止进出口的物品罪，5年以下有期徒刑，加重刑5年以上10年以下有期徒刑；2. 利用未公开信息交易罪，5年以下有期徒刑,加重刑5年以上10年以下有期徒刑3.组织领导传销罪,5年以下有期徒刑,加重刑5年以上10年以下有期徒刑;4.出售、非法提供公民个人信息罪,3年以下有期徒刑;5.非法获取公民个人信息罪,3年以下有期徒刑;6.组织未成年人进行违反治安管理活动罪,3年以下有期徒刑,加重刑3年以上7年以下有期徒刑;7.非法获取计算机信息系统数据罪,3年以下有期徒刑,加重刑3年以上7年以下有期徒刑;8.非法提供侵入系统程序罪3年以下有期徒刑,加重刑3年以上7年以下有期徒刑;9.影响力受贿罪,3年以下有期徒刑,加重刑3年以上7年以下有期徒刑,加重刑7年以上有期徒刑。

(三)《刑法修正案(八)》中新罪刑罚设置统计

1.危险驾驶罪,拘役;2.对外国公职人员、国际公共组织官员行贿罪,3年以下有期徒刑,加重刑3年以上7年以下;3.虚开普通发票罪,2年以下有期徒刑,加重刑2年以上7年以下有期徒刑;4.持有伪造的发票罪,2年以下有期徒刑,加重刑2年以上7年以下有期徒刑;5.组织出卖人体器官罪,5年以下有期徒刑,加重刑5年以上有期徒刑;6.拒不支付劳动报酬罪,3年以下有期徒刑,加重刑3年以上7年以下有期徒刑;7.食品监管渎职罪,5年以下有期徒刑,加重刑5年以上10年以下有期徒刑。

(四)《刑法修正案(九)》中新罪刑罚设置统计

1.准备实施恐怖活动罪,5年以下有期徒刑,加重刑5年以上有期徒刑;2.宣扬恐怖主义、极端主义、煽动实施恐怖活动罪,5年以下有期徒刑,加重刑5年以上有期徒刑;3.利用极端主义破坏法律实施罪,3年以下,加重刑3年以上7年以下有期徒刑、最高刑7年以上有期徒刑;4.强制穿戴宣扬恐怖主义、极端主义服饰、标志罪,3年以下有期徒刑;5. 非法持有宣扬恐怖主义、极端主义物品罪,3 年以下有期徒刑;6. 虐待被监护、看护人罪,3 年以下有期徒刑;7. 使用虚假身份证件、盗用身份证件罪,拘役或管制;8. 组织考试作弊罪,3 年以下有期徒刑,加重刑 3 年以上 7 年以下有期徒刑;9. 非法出售、提供试题、答案罪,3 年以下,加重刑 3 年以上 7 年以下有期徒刑;10. 代替考试罪,拘役或管制;11. 拒不履行信息网络安全管理义务罪,3 年以下有期徒刑;12. 非法利用信息网络罪,3 年以下有期徒刑;13. 帮助信息网络犯罪活动罪,3 年以下有期徒刑;14. 扰乱国家机关工作秩序罪,3 年以下有期徒刑;15. 组织、资助非法聚集罪,3 年以下有期徒刑;16. 编造、故意传播虚假信息罪,3 年以下有期徒刑,加重刑 3 年以上 7 年以下有期徒刑;17. 虚假诉讼罪,3 年以下有期徒刑,加重刑 3 年以上 7 年以下有期徒刑;18. 泄露不应公开的案件信息罪,3 年以下有期徒刑;19. 披露、报道不应公开的案件信息罪,3 年以下有期徒刑;20. 对有影响力的人行贿罪,5 年以下有期徒刑。

三、修改罪状中的刑罚改变统计

1.《刑法修正案(一)》中徇私舞弊造成破产、亏损罪,原刑罚为 3 年以下有期徒刑或拘役,增加了 3 年以上 7 年以下有期徒刑的刑档;2.《刑法修正案(三)》中组织、领导、参加恐怖组织罪,由原来的 3 年以上 10 年以下有期徒刑,提升为 10 年以上有期徒刑;3.《刑法修正案(四)》中将走私废物罪设立为 5 年以下有期徒刑的基本刑,5 年以上有期徒刑的加重刑;4.《刑法修正案(六)》中操纵证券交易价格罪,原刑罚为 5 年以下有期徒刑,增加了 5 年以上 10 年以下有期徒刑的刑档;5. 掩饰隐藏犯罪所得犯罪收益罪,原刑罚为 3 年以下有期徒刑,增加了 3 年以上 7 年以下有期徒刑的刑档;6.《刑法修正案(七)》中的绑架罪,原刑罚为10年以上有期徒刑,增加了5年以上10年以下有期徒刑的刑档;7.巨额财产来源不明罪,原刑罚为5年以下有期徒刑,增加了5年以上10年以下有期徒刑的刑档;8.走私普通货物罪,刑罚顺序由原来由重及轻,改为由轻及重,废除死刑;9.强迫交易罪,原刑罚为3年以下有期徒刑,增加了3年以上7年以下有期徒刑的刑档;10.强迫职工劳动罪,原刑罚为3年以下有期徒刑,增加3年以上10年以下有期徒刑的刑档;11.敲诈勒索罪,原刑罚为3年以下有期徒刑及3年以上10年以下有期徒刑,增加了10年以上有期徒刑的刑档;12.寻衅滋事罪,增加了5年以上10年以下有期徒刑的刑档;13.组织领导黑社会性质组织罪,原刑罚为3年以上7年以下有期徒刑、3年以下有期徒刑,改为7年以上有期徒刑,3年以上7年以下有期徒刑,3年以下有期徒刑;14.非法出售提供公民个人信息罪,增加了3年以上7年以下有期徒刑的刑档;15.非法使用窃听窃照专用器材罪,增加了3年以上7年以下有期徒刑的刑档;16.扰乱无线电管理秩序罪,增加了3年以上7年以下有期徒刑的刑档;17.组织利用会道门、邪教组织、利用迷信致人死亡罪,原刑罚为3年以上7年以下有期徒刑、7年以上有期徒刑,改为基本刑3年以上7年以下有期徒刑,加重刑7年以上有期徒刑或无期徒刑,减轻刑3年以下有期徒刑的刑档;18.拒不履行判决裁定罪,增加了3年以上7年以下有期徒刑的刑档;19.偷越国边境罪,原刑罚为1年以下有期徒刑,改为参加恐怖活动的1年以上3年以下有期徒刑;20.走私制毒物品罪,原刑罚为3年以下有期徒刑、3年以上10年以下有期徒刑两档,改为3年以下有期徒刑、3年以上7年以下有期徒刑和7年以上有期徒刑三档。

四、刑罚改变汇总分析

(一)新罪及罪状改变下的刑罚变化

前六个修正案共增加新罪 24 个,基本刑在 3 年以下有期徒刑的罪名有 15 个,占 63% ,基本刑在 5 年以下有期徒刑的罪名共 9 个,占 37% 。后三个修正案共增加新罪 36 个,基本刑在 3 年以下有期徒刑的共 28 个,占 78% ,基本刑在 5 年以下有期徒刑的共 8 个,占 22% 。前六个修正案中基本刑 3 年以下有期徒刑的全部都有加重刑,基本刑 5 年以下有期徒刑的只有 2 个没有加重刑。而后三个修正案基本刑 3 年以下有期徒刑有 43% 都没有加重刑,还设置了三个只有管制或者拘役刑的新罪,基本刑 5 年以下有期徒刑的有 1 个没有加重刑,这充分说明了后三个修正案刑罚轻缓的态度。在加重刑方面,前六个修正案中,基本刑在 3 年以下有期徒刑的情况下,3 年以上 7 年以下有期徒刑的加重刑占了 25% ,3 年以上 10 年以下有期徒刑的加重刑占 42% ,属于偏重型;而在基本刑 5 年以下有期徒刑的情况下,5 年以上 10 年以下有期徒刑的加重刑占了 12% ,5 年以上有期徒刑的加重刑占了 17% ,属于偏重型。后三个修正案中,在基本刑 3 年以下有期徒刑的情况下,3 年以上 7 年以下有期徒刑的加重刑占了 33% ,3 年以上 10 年以下有期徒刑的加重刑没有占 3% ,属于偏轻型;而在基本刑 5 年以下有期徒刑的情况下,5 年以上 10 年以下有期徒刑的加重刑占了 11% ,5 年以上有期徒刑的加重刑占了 9% ,属于偏重型,充分体现了“轻轻重重”的刑事政策,即轻者更轻,重者更重。在改变罪状各罪中,在基本刑 3 年以下有期徒刑的情况下,加重刑 3 年以上 7 年以下有期徒刑的有 8 个,占了整个加重的 42% ,而加重 3 年以上 10 年以下有期徒刑的只有一个。在基本刑 5 年以下有期徒刑的情况下,加重刑为5年以上10年以下有期徒刑和5年以上有期徒刑的各占21%，加重刑为10年以上有期徒刑的占了10%，也显示了“轻轻重重”的刑事政策。

（二）修正前后刑罚轻重比较分析

以个罪的法定最高刑作为统计依据，将3年以下有期徒刑的作为轻罪，10年以上有期徒刑作为重罪。1997年《刑法》总共有413个罪名，10年以上有期徒刑的罪名有138个，占33%；3年以下有期徒刑的罪名共有73个，占17%，重罪比例是轻罪比例的一倍，可以看出刑法重刑主义的立场。其中，国家安全罪的重罪比重达83%，占比最高。经济秩序罪和军人违反职责罪中重罪比重也较高，在50%至70%之间。在人身权利犯罪、社会管理秩序罪、危害国防利益罪和渎职罪中，重罪比重较低，在10%至20%之间。轻罪方面，在人身权利犯罪中，轻罪设置比例最高，占44%，而在国家安全犯罪和财产犯罪中最低，竟然一个也没有。在公共安全犯罪和军人违反职责罪中，轻罪所占比重都低于10%。在社会管理秩序罪、贪污贿赂犯罪和危害国防利益罪中，轻罪约占了1/4的比重。

经过九个修正案后，《刑法》总共有474个罪名，10年以上有期徒刑的罪名共150个，占比为32%，3年以下有期徒刑的罪名85个，占比18%，就修正案前后的重罪和轻罪的比重而言，变化不大，依然是重刑主义的刑法。在重刑方面，国家安全犯罪和军人违反职责罪仍然占据最高比例，分别是83%和68%，其他所占比重变化不大。纵向比较看，公共安全犯罪的重罪比重有明显的下降，下降了10个百分点。经济秩序犯罪和社会管理秩序犯罪的重罪比重有所下降，而财产犯罪、贪污贿赂犯罪和危害国防利益罪的重罪比重有所上升，国家安全犯罪、人身权利犯罪、军人违反职责罪和渎职罪重罪比例没有变化。在轻罪方面,国家安全犯罪和财产犯罪中依然没有轻罪的规定,人身权利犯罪中轻罪占比最大,达到45%。纵向比较看,在公共安全犯罪、人身权利犯罪和社会管理秩序罪中轻罪比例有所上升,在经济秩序犯罪和贪污贿赂犯罪中轻罪比例有所下降,其他客体中维持不变。

表7－4　1997年刑法刑罚轻重比例

客体	国家安全	公共安全	经济秩序	人身权利	财产权利	社会管理	国防利益	贪污贿赂	渎职	军职	合计
1997年《刑法》罪数	12	42	94	37	12	119	21	12	33	31	413
十年以上刑罚	10	9	55	5	5	24	2	3	4	21	138
占比(%)	83	37	58	14	42	20	9	25	12	68	33
三年以下刑罚	0	2	12	16	0	29	5	3	5	2	73
占比(%)	0	5	11	44	0	24	22	25	15	6	17

表7－5　经过九个修正案后的刑罚轻重比例

客体	国家安全	公共安全	经济秩序	人身权利	财产权利	社会管理	国防利益	贪污贿赂	渎职	军职	合计
修正后罪数	12	52	109	44	13	138	23	14	37	31	474
十年以上刑罚	10	14	57	6	6	26	3	4	4	21	150
占比(%)	83	27	53	14	46	19	13	29	12	68	32
三年以下刑罚	0	4	11	19	0	36	5	3	5	2	85
占比(%)	0	8	10	45	0	26	22	21	15	6	18

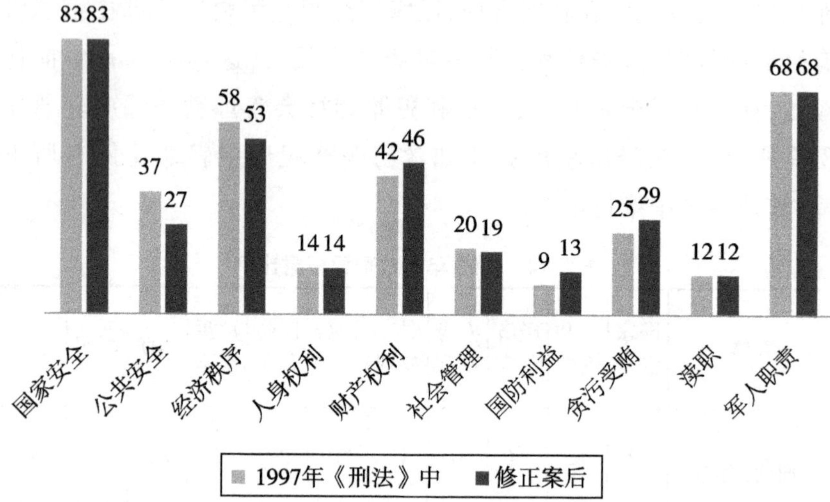

图 7－1　重罪在修正前后占比

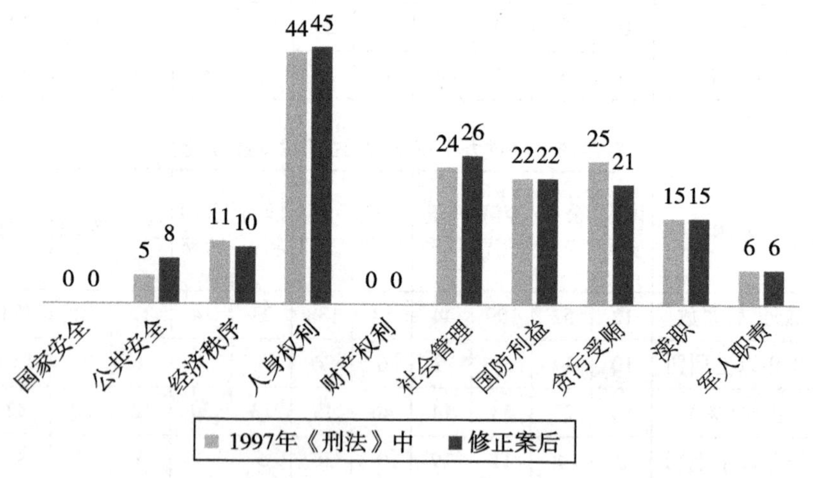

图 7－2　轻罪在修正前后占比

第三节　罚金刑的设置

一、罚金刑增设的统计

各个修正案增设的罚金刑统计如下：

（一）前六个修正案统计

《刑法修正案（一）》增设罚金刑1处，在隐匿、故意销毁会计凭证、会计账簿、财务会计报告罪中并处或单处二万元以上二十万元以下罚金。《刑法修正案（三）》增设罚金刑1处，在资助恐怖活动罪中并处罚金，情节严重的，并处罚金或者没收财产。《刑法修正案（四）》增设罚金刑1处，雇佣童工从事危重劳动罪中并处罚金，《刑法修正案（五）》增设罚金刑1处，妨害信用卡管理罪，基本刑并处或单处一万元以上十万元以下罚金，加重刑并处二万元以上二十万元以下罚金。《刑法修正案（六）》增设罚金刑6处，分别是：1. 虚假破产罪，并处或单处二万元以上二十万元以下罚金。2. 背信损害上市公司利益罪，基本刑并处或者单处罚金，加重刑并处罚金。3. 骗取贷款、票据承兑、金融凭证罪，基本刑并处或者单处罚金，加重刑并处罚金。4. 操纵证券期货交易价格罪，将罚金刑的比例规定改为概括式规定。5. 背信运用受托财产罪，违法运用资金罪，基本刑并处三万元以上三十万元以下的罚金，加重刑并处五万元以上五十万元以下的罚金。6. 组织残疾人、儿童乞讨罪，并处罚金。

（二）《刑法修正案（七）》统计

《刑法修正案（七）》增设罚金刑共5处，分别是：1. 逃税罪，将比例罚金改为概括式规定；2. 组织领导传销罪，增设并处罚金；3. 出售、非法提供公民个人信息罪,非法获取公民个人信息罪,并处或者单处罚金;4.组织未成年人进行违反治安管理活动罪,并处罚金;5.违法侵入计算机系统罪,增设并处罚金。

(三)《刑法修正案(八)》统计

《刑法修正案(八)》增设罚金刑共11处,分别是:1.在危险驾驶罪中设定并处罚金;2.生产销售假药罪,比例罚金改为并处罚金;3.生产销售不符合食品安全标准的食品罪,将比例罚金改为并处罚金;4.生产销售有毒有害食品罪,比例罚金改为并处罚金;5.增设单位犯集资诈骗罪、票据诈骗罪、信用证诈骗罪中直接责任人员的财产刑,皆并处罚金;6.虚开发票罪,并处罚金;7.非法持有伪造的发票罪,并处罚金;8.强迫职工劳动罪,将并处或者单处罚金改为并处罚金;9.敲诈勒索罪,在基本刑中增加并处或者单处罚金,在加重刑中增加并处罚金;10.拒不支付劳动报酬罪,在基本刑中增加并处或者单处罚金,在加重刑中增加并处罚金;11.组织、领导参加黑社会性质组织罪,组织领导的增加并处没收财产,积极参加的增加可以并处罚金后者没收财产,其他参加的增加可以并处罚金。

(四)《刑法修正案(九)》统计

《刑法修正案(九)》增设罚金刑共31处,分别是:1.组织领导参加恐怖活动罪,组织领导的增加并处没收财产,积极参加的增加可以并处罚金或者没收财产,其他参加的增加可以并处罚金。2.准备实施恐怖活动罪,基本刑增设并处罚金,加重刑设并处罚金或者没收财产。3.宣扬恐怖主义、极端主义、煽动实施恐怖活动罪,基本刑增设并处罚金,加重刑设并处罚金或者没收财产。4.利用极端主义破坏法律实施罪,基本刑设并处罚金,二档设并处罚金,三档加重刑设并处罚金或者没收财产。5.强制穿戴宣扬恐怖主义、极端主义服饰、标志罪,并处罚金。6. 非法持有宣扬恐怖主义、极端主义物品罪,并处罚金或者没收财产。7. 对非国家工作人员行贿罪,增加并处罚金。8. 伪造货币罪,并处五万元以上五十万元以下罚金改为并处罚金,并处五万元以上五十万元以下罚金改为并处罚金。9. 在虐待被监护、看护人罪中增加单位犯罪主体的罚金刑,但是对主管人员和直接责任人员没有财产刑规定。10. 在伪造变造买卖盗窃抢夺毁灭国家机关公文证件印章罪中,增设并处罚金。11. 在伪造公司企业事业单位人民团体印章罪中,增设并处罚金。12. 在伪造变造居民身份证罪中,增设并处罚金。13. 使用虚假身份证件、盗用身份证件罪,设置基本刑,并处或者单处罚金。14. 非法生产、销售专用间谍器材、窃听、窃照专用器材罪,基本刑增设并处或者单处罚金,加重刑增设并处罚金。15. 组织考试作弊罪,设置基本刑并处或者单处罚金,加重刑并处罚金。16. 非法出售、提供试题、答案罪,设置基本刑并处或者单处罚金,加重刑并处罚金。17. 代替考试罪,设置并处或者单处罚金。18. 拒不履行信息网络安全管理义务罪,并处或者单处罚金。19. 非法利用信息网络罪,并处或者单处罚金。20. 帮助信息网络犯罪活动罪,并处或者单处罚金。21. 组织、利用会道门、邪教组织、利用迷信致人重伤、死亡罪,基本刑并处罚金,加重并处罚金或者没收财产,减轻刑并处或者单处罚金。22. 虚假诉讼罪,基本刑并处或者单处罚金,加重刑并处罚金。23. 泄露不应公开的案件信息罪,并处或者单处罚金。24. 披露、报道不应公开的案件信息罪,并处或者单处罚金。25. 非法生产、买卖、运输制毒物品、走私制毒物品罪,在加重刑最高档增设没收财产。26. 贪污罪,从基本刑开始三档,分别增设并处罚金、并处罚金或者没收财产、并处没收财产。27. 在行贿罪中,三档刑分设并处罚金、并处罚金、并处罚金或者没收财产。28. 在对关系人行贿中增设并处罚金。29. 对单位行贿罪增设并处罚金。30. 对介绍贿赂罪增设并处罚金。31. 在单位行贿罪中对主管人员或者直接责任人员增设并处罚金。

二、罚金刑设置比较统计

表 7-6 罚金刑增加分布统计

修正案序号	修正案一	修正案二	修正案三	修正案四	修正案五	修正案六	修正案七	修正案八	修正案九
增加次数	1		1	1	1	6	5	11	31
占比(%)	1.7		1.7	1.7	1.7	10	9	19	54

表 7-7 罚金刑增加分布统计

客体	国家安全	公共安全	经济秩序	人身权利	财产权利	社会管理	贪污受贿	军职	国防	渎职
增加次数	0	8	17	5	3	18	6	0	0	0
占比(%)	0	14	30	9	5	32	10	0	0	0

表 7-8 罚金刑占比重比较

客体	国家安全	公共安全	经济秩序	人身权利	财产权利	社会管理	贪贿	军职	国防	渎职	合计
1997 年《刑法》罪数	12	42	96	35	12	119	12	31	23	34	413
财产刑统计	12	1	87	3	8	63	6	0	3	0	184
占比(%)	100	2.4	91	8.5	66	53	50	0	13	0	44
修正后的罪数	12	52	108	42	13	136	14	31	23	37	474
财产刑	12	9	104	8	11	81	13	0	3	0	241
占比(%)	100	17	96	19	85	60	93	0	13	0	51

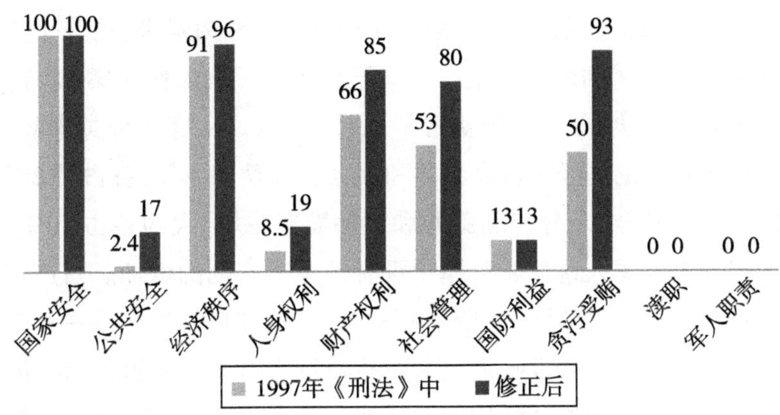

图 7－3 罚金刑在各章比重比较

三、罚金刑配置分析

1997 年《刑法》中的罪名总共 413 个，①配置了财产刑的罪名共有 184 个，占比为 44.3%。经过九次修正案后，总罪名增加为 474 个，财产刑增加到 241 个，占比为 51.5%，增加了 7 个百分点。② 从财产

---

① 1997 年 12 月 9 日最高人民法院审判委员会通过的《关于执行〈中华人民共和国刑法〉确定罪名的规定》确定刑法有 413 个罪名，而 1997 年 12 月 25 日最高人民检察院通过的《关于适用刑法分则规定的犯罪的罪名的意见》，确定刑法有 414 个罪名。二者的差异在于对第 397 条第 2 款是否为独立罪名，最高检认为是国家机关工作人员徇私舞弊罪，最高法认为是加重情节。本书以最高人民法院的为准。

② 德国刑法典规定可以判处罚金刑的条文有 92 条，占刑法分则条文的 66%，瑞士占 58.6%，法国占 34.2%，意大利占 42.5%，西班牙 43%。转引自梁根林：《刑罚结构论》，北京大学出版社 1998 年版，第 68 页。司法实践中罚金的判罚率方面，日本罚金刑占被判刑罚总数的 94.93%，英格兰和威尔士占 79.33%，德国占 79.31%，奥地利占 70.61%。转引自吴宗宪、陈志海、叶旦生、马晓东：《非监禁刑研究》，中国人民公安大学出版社 2003 年版，第 269 页。

刑配置分布来看,《刑法修正案(九)》增设31种为最多,前几个修正案仅有一个,从《刑法修正案(六)》开始增多,《刑法修正案(八)》和《刑法修正案(九)》的数量就占了总共的3/4。从客体分类来看,增加财产刑最多的是经济秩序犯罪和社会管理秩序犯罪,各占了30%,其次是公共安全、人身权利犯罪和贪污贿赂犯罪,大约各占10%,而在国家安全和军人违反职责罪中没有涉及财产刑的增加。财产刑如果有档次区分配置的话,一般采用的是:并处或单处罚金——并处罚金——并处罚金或者没收财产——并处没收财产。在组织、领导、参加黑社会性质组织罪和组织、领导、参加恐怖活动罪中,按层次规定了并处没收财产、可以并处没收财产或者罚金、可以并处罚金三档。国家安全犯罪都规定了没收财产刑但是没有罚金刑的规定。经过修正案的修改,公共安全犯罪的财产刑大幅度增加,从原来的3%增加到20%;人身权利和财产权利犯罪的财产刑都有一定的增加,分别是10%和20%;社会管理秩序罪财产刑设置也在增加;经济秩序犯罪和贪污贿赂犯罪的财产刑配置最完善,基本上达到了100%;危害国防利益罪罚金刑设置只占了14%,而军人违法职责罪中则没有财产刑。

配置罚金刑罪名的性质,可分为三类:直接涉利性质的犯罪、间接涉利性质的犯罪和需要以金钱为支撑的犯罪。① 前两类犯罪,因其犯罪本质和犯罪动机都与利益密切相关,所以增设罚金刑的处罚方式是尤为必要的。例如,经济类财产类的犯罪就是直接涉利性质的,而社会管理秩序和人身权利犯罪往往是间接涉利性质的。对于第三类犯

① 陈伟:《刑法修正案(九)刑罚修订内容介评》,载《法治研究》2015年第6期。

罪,根据以往的立法传统不宜适用罚金刑处罚。在有组织犯罪日益猖獗的现实情况下,恐怖组织、黑社会性质组织、邪教组织等进行犯罪活动时,无不以大量的非法资金资助为前提,因此,对该类犯罪实施财产刑,能够在基础上和源头上预防犯罪的发生,起到刑法的一般预防和特殊预防的效果。因此,《刑法修正案(九)》对新增恐怖类犯罪全部增加了财产刑的配置。

罚金刑作为一种附加刑的刑罚处罚方式,既可以附加于主刑适用,也可以单独适用,天然具备了体现"宽"与"严"相结合的特性。在《刑法修正案(九)》出台前,刑法仅仅规定了分期缴纳和减免缴纳两种罚金刑的执行方式,并且在分则中规定了适用罚金刑的大量罪名。《刑法修正案(九)》虽然增加了延期缴纳的方式,进一步扩大了罚金刑的执行方式,但同时,分则扩大了适用罚金刑的罪名,而且对一些社会危害性较小的犯罪和个别过失犯罪也配置了并处罚金刑的方式,总体而言,依然没有体现出罚金刑"宽"的一面,与宽严相济的刑事政策不相符。总之,罚金刑延期缴纳制度的设置,意在使罚金刑的适用体现"宽"的一面。在我国,罚金刑的适用方式基本以必并处罚为原则,可并处罚(也有学者称为选科处罚)为例外,《刑法修正案(九)》更是将原则性规定体现到极致,即本次修正案新增的或经过调整的所有涉及罚金刑的罪名中,除第 5 条规定的"组织、领导恐怖活动组织罪"表述为"可以并处罚金"外,其他都表述为"并处罚金"。由此可见,并处罚金模式下的必并制占据绝对优势地位。

第四节 降低刑罚及增加刑罚明确性的情形

一、降低刑罚的情形

《刑法修正案(七)》对逃税罪中第一次逃税增加了条件,提高了入罪门槛,对部分逃税行为进行了非罪化的处理,是宽缓的表现。

《刑法修正案(七)》将绑架罪刑罚降低,增加减轻刑,使得起刑由原来的10年以上调整到5年以上。在《刑法修正案(九)》中,将绑架致人死亡判处死刑的规定修改为"杀害被绑架人的,或者故意伤害被绑架人、致人重伤、死亡的,处无期徒刑或者死刑"。原来规定中致人死亡的情形包含杀害被绑架人、故意伤害致被绑架人死亡或是过失导致被绑架人死亡的情形,一律判处死刑。修改后的规定只包含了故意的情形,排除了过失的情形,而且即使在故意的情形下也未必判处死刑,而出现了或选的无期徒刑。可以说,从《刑法修正案(八)》到《刑法修正案(九)》,立法者对绑架的刑罚采取的是两端轻缓的做法,降低了起刑,也降低了最高刑的适用。

在1997年《刑法》中,所有的罪名都规定了有期徒刑以上刑罚,截至《刑法修正案(七)》,也没有主刑仅规定了拘役或者管制的罪名。但是《刑法修正案(八)》中增加的危险驾驶罪,其规定的刑罚是"处拘役,并处罚金"。在《刑法修正案(九)》中,新增的使用虚假身份证明、盗用他人身份证明罪规定了"处拘役或管制,并处或者单处罚金";在替考罪中,规定了"处拘役或管制,并处或者单处罚金"。将拘役或者管制单独规定为主刑适用,完善了整个刑罚的体系,在轻刑的规定上补足了缺陷,充分贯彻了轻者更轻、重者更重的宽严相济的刑事政策。

特别是在劳动教养被废除后，行政处罚和刑罚之间出现了空白地带。对于严重的行政违法行为，如果被提升为犯罪行为，对行为人的惩处将在性质上发生质的变化，而如果动辄施加有期徒刑，则会有刑罚过重的嫌疑。拘役和管制则容易做到罪刑相适应，是今后轻罪立法的一个方向。

刑法修正案增加对老年人从轻处罚的规定，其中故意犯罪采取得减主义，过失犯罪采取必减主义，有条件不适用死刑，在符合缓刑条件时应当缓刑。修正案对未成年人一贯采取宽缓从轻的态度，首先，未成年人犯罪符合缓刑条件的应当缓刑；其次，有条件免除了未成年人犯罪的前科报告义务；再次，规定未成年人不构成累犯。在保护未成年人方面，修正案设立了几个以未成年人为组织对象的犯罪，如组织未成年人乞讨罪、组织未成年人从事违反治安管理处罚罪。在刑罚执行上，最有效的减轻制度就是设立社区矫正制度，是宽缓三部曲——非罪化、非刑化和非监禁化的直接适用。管制、缓刑、假释等采取社区矫正，实现了非监禁化的开始。死刑缓期执行将判处死刑立即执行的条件提高，增加了情节恶劣的条件，限制了死刑的适用。在贪污贿赂犯罪中增加了终身监禁刑，理论上是提高了生刑，刑罚看似加重，其在司法实践中会异化成贪污贿赂犯罪死刑的替代刑。

二、增加明确性的规定

刑罚明确化的方式有几种，一是从犯罪构成角度明确，如明确黑社会性质组织的特征，明确寻衅滋事、强迫交易、扰乱法庭秩序、协助组织卖淫的行为类型等。二是对犯罪进行分层处理，明晰刑罚的处罚。如将组织、领导、参加恐怖活动犯罪进行分层规定，对组织、领导者处以重刑，有区分地对参加者处以轻刑，还有组织、领导、参加黑社会性质组织罪、走私普通货物罪的刑罚从由重及轻改为由轻及重的规定。三是利用刑罚裁量制度进行明确化。如对减轻处罚的适用、坦白情节作明确规定,明确缓刑的适用条件。四是将容易混同的罪行进行边界的明确。如废除嫖宿幼女罪,将其与强奸罪的关系明确化,该类行为只处强奸罪。

针对在管制、拘役和有期徒刑同时存在数罪并罚的情况下,明确了刑罚的处罚方式。① 数罪中有判处有期徒刑和拘役的,采取吸收原

---

① 几种刑罚交叉的情况如何处理存在以下六种观点的分歧:(1)换算说,认为应先把管制和拘役折算成有期徒刑,比例是两天管制折抵一天有期徒刑,一天拘役折抵一天有期徒刑,然后按照限制加重的原则,在总和刑期以下,数刑中最高刑期以上,决定执行的刑期。(2)并科说,认为在数罪并罚的情况下,除判处死刑和无期徒刑的以外,其余的不同刑种,应当按照限制加重的原则分别并罚,然后逐一执行,而不能换算为另一种刑种处罚。(3)吸收说,对于数罪中同时判处有期徒刑、拘役或者管制,或管制期间又犯新罪被判处拘役或者有期徒刑的,在决定执行刑罚时,可以采取重刑吸收轻刑的办法,只决定执行有期徒刑。这样并罚既体现了法律的严肃性,又符合并罚的原则,且简便易行。(4)分别说,认为可以根据案件的具体情况采取不同的方法:有的可以采取重刑吸收轻刑的办法;有的可以采取执行完有期徒刑以后,再执行拘役和管制的办法。至于究竟采取哪一种办法,要依据罪刑均衡的原则来决定。对于采取重刑吸收轻刑不致轻纵罪犯的,即可采此方法,否则并科。(5)按比例分别执行部分刑期说,认为对于不同种有期自由刑,应从重到轻分别予以执行,但并非分别执行不同种有期自由刑的全部刑期,而是分别执行不同种有期自由刑的一定比例的部分刑期。(6)有限制酌情(或酌量)分别执行说,认为对于不同种有期自由刑,仍应采用体现限制加重原则的方法予以并罚,即在不同种有期自由刑的总和刑以下、最高刑以上,酌情决定执行的刑罚,其结果或仅执行其中一种最高刑的刑期,或酌情分别执行不同种的自由刑。

则,只执行有期徒刑。对于数罪中有判处有期徒刑和管制,或者拘役和管制的,采取并科原则,在有期徒刑、拘役执行完毕后,管制仍须执行,但采取并科原则存在一个法律障碍,即违反了一个判决只能有一个主刑的原则;如果一个判决存在两个或者两个以上主刑,那么,主刑就不是独立适用而是附加适用,这就抹杀了主刑和附加刑之间的区别。

第八章

未成年人犯罪刑事政策的发展变化

一、未成年人刑事政策的形成过程

1954年最高人民法院、司法部《关于城市中当前几类刑事案件审判工作的指示》提出,“对未成年人犯,必须贯彻教育为主、惩罚为辅”的方针。

1979年8月17日,中共中央转发《关于提请全党重视解决青少年犯罪问题的报告》,针对未成年犯罪人提出了“教育、挽救、改造”的方针。

1979年,我国第一部刑法典诞生,其中刑事责任年龄的部分参考了苏联的规定,在第14条作出了以下规定:“已满16岁的人犯罪,应负刑事责任;已满14岁不满16岁的人,犯杀人、重伤、抢劫、放火、惯窃罪或者其他严重破坏社会秩序罪,应当负刑事责任;已满14岁不满18岁的人犯罪应当从轻或者减轻处罚;因不满16岁不处罚的,责令他家长或者监护人加以管教;在必要的时候,也可以由政府收容养。”第44条规定:“犯罪的时候不满18岁的人,不适用死刑;已满16岁不满18岁的,如果所犯罪行特别严重,可以判处死刑缓期2年执行。”

1981年党中央批准的《第八次全国劳改会议纪要》,其中规定,尤其是对青少年罪犯,要像父母对待患了传染病的孩子、医生对待病人、老师对待犯了错误的学生那样,做耐心细致的教育、感化、挽救工作,认真组织罪犯学政治、学文化、学技术、学科学,关心他们的吃、穿、住、医疗、卫生,为他们创造良好的改造条件,促进思想转化。1985年中共中央《关于进一步加强青少年教育、预防青少年犯罪的通知》,对未成年人宽待的政策多次重申、坚持。该政策提出后,先后在两个重要的关于未成年人的立法中被法律化。

1991年颁布的《未成年人保护法》第38条明确提出:"对犯罪的未成年人,实行教育、感化、挽救的方针,坚持以教育为主,惩罚为辅的原则。"2006年修订后的《未成年人保护法》,更是明确提出了针对未成年人的特殊和优先保护原则。2012年修正后的《未成年人保护法》第55条规定:"公安机关、人民检察院、人民法院办理未成年人犯罪案件和涉及未成年人权益保护案件,应当照顾未成年人身心发展特点,尊重他们的人格尊严,保障他们的合法权益,并根据需要设立专门机构或者指定专人办理。"

1995年最高人民法院《关于办理未成年人刑事案件适用法律的若干问题的解释》,将"六字方针"和"八字原则"有效地融入司法实践,对未成年人的出罪化、非刑罚化、刑罚个别化和缓刑适用等作了相关规定。2006年最高人民法院公布的《关于审理未成年人刑事案件具体应用法律若干问题的解释》,贯彻"教育为主,惩罚为辅"的原则,对未成年罪犯适用刑罚,应当充分考虑是否有利于未成年罪犯的教育和矫正。对未成年罪犯量刑应当依照我国《刑法》第61条的规定,并充分考虑未成年人实施犯罪行为的动机和目的、犯罪时的年龄、是否初次犯罪、犯罪后的悔罪表现、个人成长经历和一贯表现等因素。对符合管制、缓刑、单处罚金或者免予刑事处罚适用条件的未成年罪犯，应当依法适用管制、缓刑、单处罚金或者免予刑事处罚。

1997 年《刑法》在对用语的严谨性进行了考究、完善后，形成了当前未成年人刑法的主体内容。具体修正内容主要体现在三个方面：(1)将年龄计数单位由“岁”改为“周岁”，从而避免了司法实践中认定上的争议。(2)对相对负刑事责任的罪名范围进行了修正。只规定了对故意杀人、故意伤害致人重伤或者死亡、强奸、抢劫、贩卖毒品、放火、爆炸、投毒八种严重的刑事犯罪，已满 14 周岁不满 16 周岁的未成年人才要负刑事责任。(3)对 18 周岁以下的未成年人完全排除了死刑的适用。新刑法对 16～18 岁适用死刑缓期执行的规定进行了修正，规定只要是犯罪时未满 18 周岁，一律不适用死刑，从而体现了刑法对未成年人的宽宥。

1999 年颁布的《预防未成年人犯罪法》第 44 条规定：“对犯罪的未成年人追究刑事责任，实行教育、感化、挽救方针，坚持以教育为主，惩罚为辅的原则”。至此，“六字方针”和“八字原则”正式成为我国未成年人犯罪的基本刑事政策。在 1995 年司法解释的基础上，2006 年最高人民法院《关于审理未成年人刑事案件具体应用法律若干问题的解释》又补充规定了未成年人在财产刑、减刑、假释适用上的适度放宽条件和标准。

根据 2002 年《人民检察院办理未成年人刑事案件的若干规定》的规定，人民检察院办理未成年人刑事案件，实行教育、感化、挽救的方针，坚持教育为主、惩罚为辅和特殊保护的原则。在严格遵守法律规定的前提下，按照最有利于未成年人和适合未成年人身心特点的方式进行，充分保障未成年人合法权益。

2003 年，最高人民法院、最高人民检察院、公安部、司法部联合颁布《关于开展社区矫正试点工作的通知》,将被宣告缓刑的未成年犯罪人列为社区矫正的重点对象。

2011 年《刑法修正案(八)》中出现了大量有关未成年人犯罪量刑的规则,从确立社区矫正制度、排除未成年人累犯的成立、扩大未成年人缓刑的适用以及免除未成年人前科报告义务四个方面,重申了我国未成年人犯罪的刑事政策。

2012 年《刑事诉讼法》规定了未成年犯罪人的前科消灭制度。同时再次将"实行教育、感化、挽救的方针,坚持以教育为主,惩罚为辅的原则",用基本法的形式固定下来。

二、未成年人犯罪刑事政策规范化

(一)在实体法方面的规定

在第一部刑法典颁布以前,国家也曾对未成年人的罪刑问题做出过零零散散的规定。例如,1955 年最高人民法院在一个复函里对司法实践中负刑事责任的最低年龄总结为:"以各地法院处理这类案件的习惯来看,少年罪犯负刑事责任的年龄,大都不在 12 周岁以下。"在刑法空缺的时代,我国基本将未成年人的刑事责任年龄限定在 12 周岁。1979 年,我国迎来了第一部刑法典,有关刑事责任年龄的部分参考了苏联的规定,在第 14 条作出了以下规定:"已满 16 岁的人犯罪,应负刑事责任;已满 14 岁不满 16 岁的人,犯杀人、重伤、抢劫、放火、惯窃罪或者其他严重破坏社会秩序罪,应当负刑事责任;已满 14 岁不满 18 岁的人犯罪应当从轻或者减轻处罚;因不满 16 岁不处罚的,责令他家长或者监护人加以管教;在必要的时候,也可以由政府收容教养。"此外,它在第 44 条规定:"犯罪的时候不满 18 岁的人,不适用死刑;已满 16 岁不满 18 岁的,如果所犯罪行特别严重,可以判处死刑缓期2年执行。”由此，我国刑法首次确定了以14岁、16岁和18岁作为三档法定刑的分界线，从而对不同年龄的未成年人实现了区别对待。

1997年《刑法》在对用语的严谨性进行了完善后，形成了当前未成年人刑法的主体内容。具体修正内容主要体现在三个方面：(1)将年龄计数单位由“岁”改为“周岁”，从而避免了司法实践中认定上的争议。(2)对相对负刑事责任的罪名范围进行了修正。只规定了故意杀人、故意伤害致人重伤或者死亡、强奸、抢劫、贩卖毒品、放火、爆炸、投毒八种严重的刑事犯罪，已满14周岁不满16周岁的未成年人才要负刑事责任。(3)对18周岁以下的未成年人完全排除了死刑的适用。新刑法对16～18岁适用死刑缓期执行的规定进行了修正，规定只要犯罪时未满18周岁，一律不适用死刑，从而体现了刑法对未成年人的宽宥。

2011年《刑法修正案(八)》中出现了大量有关未成年人犯罪量刑的规则，从确立社区矫正制度、排除未成年人累犯的成立、扩大未成年人缓刑的适用以及免除未成年人前科报告义务四个方面重申了我国未成年人犯罪的刑事政策。就像有论者提到的那样，这些都在“一定程度上反映了宽严相济的刑事政策中‘宽’的一面，体现了未成年人犯罪刑事政策的特殊性”。

《刑法修正案(八)》首次确定未成年人不再构成一般累犯。这样一种修正不仅在中国，即便是在世界范围内也具有超前性，因为大多数国家的累犯主体与初犯主体没有任何区别。也就是说，凡是能够作为其他犯罪主体承担刑事责任的人也就能够作为累犯主体。尽管《刑法修正案(八)》确立了未成年人不构成一般累犯，但其并没有排除未成年人构成特殊累犯的可能性。立法这样区别对待的原因可能有两点：第一，特殊累犯前罪和后罪在犯罪性质上的特定性、一致性决定了其社会危害性和再犯可能性远远大于一般累犯，即便是未成年人构成特殊累犯也应当从重处罚；第二，特殊累犯对前罪和后罪犯罪性质特定性和一致性的特定要求使得其在成立数量上可能远远少于一般累犯。

《刑法修正案（八）》将符合缓刑条件的未成年人的缓刑宣告由“可以”修正为“应当”，至少在以下两个方面具有重大意义：第一，可以避免未成年人受到交叉感染。缓刑制度构建的初衷就是为了遏制短期自由刑所带来的交叉感染问题，而未成年人具有的心智发育不完全、容易受到外界影响的特点决定了他们更容易受到感染，如果将他们放在执行场所执行，可能会导致“酒没有戒掉，烟又抽上了”的恶果。第二，有利于未成年人回归社会。对犯轻罪的未成年人宣告缓刑，将其放在社会上，由司法机关和人民群众共同教育、感化、挽救，在帮助未成年人认识到自己所实施行为的性质、意义和法律上的后果，实现刑罚特殊预防和一般预防的同时，也有利于未成年人树立正确的世界观、人生观、价值观，从而顺利地复归社会。此外，应当宣告缓刑制度不具有广泛适用性。根据《刑法修正案（八）》的规定，“应当宣告缓刑”只适用于“被判处拘役、三年以下有期徒刑的”未成年犯罪人，将“被判处三年以上有期徒刑的”未成年人排除在外。

（二）在程序法方面的规定

我国关于未成年犯罪的程序性规定较为零散，从 2002 年的《人民检察院办理未成年人刑事案件的若干规定》，到 2006 年最高人民法院公布的《关于审理未成年人刑事案件具体应用法律若干问题的解释》，再到 2012 年《刑事诉讼法》的出台和《未成年人保护法》的法律规定，可谓内容繁杂，包罗万象。

1. 基本方针和基本原则的确立。1991年《未成年人保护法》出台，其中第38条对未成年人刑事案件的基本方针和基本原则进行了规定："对违法犯罪的未成年人，实行教育、感化、挽救的方针，坚持教育为主、惩罚为辅的原则。"随后，在1999年出台的《预防未成年人犯罪法》和2012年《刑事诉讼法》中，该原则被重申，从而为日后未成年人犯罪的审判实践确立了基本的指导理念。

2. 对未成年罪犯的社会调查。一般来讲，对成年罪犯的刑罚主要取决于其自身行为的严重程度，即属于所谓的报应刑。但对未成年人来说，对其个人人身危险性的考察，则会成为量刑过程中重点考虑的对象。2012年《未成年人保护法》第55条规定："公安机关、人民检察院、人民法院办理未成年人犯罪案件和涉及未成年人权益保护案件，应当照顾未成年人身心发展特点，尊重他们的人格尊严，保障他们的合法权益，并根据需要设立专门机构或者指定专人办理。"1999年《预防未成年人犯罪法》中也存在类似规定："预防未成年人犯罪，应当结合未成年人不同年龄的生理、心理特点，加强青春期教育、心理矫治和预防犯罪对策的研究。"2012年《刑事诉讼法》确立了未成年犯的社会调查制度，公、检、法三家机关都可以对未成年犯罪嫌疑人、被告人的成长经历、犯罪原因、监护教育等情况进行调查，从而为未成年犯的合理量刑提供依据。

3. 对未成年犯的身份保密制度。相比于成年犯，未成年犯大多还没有进入社会或初步接触社会，其罪犯身份的公开将导致日后重返社会困难。基于此，我国未成年人的程序法为未成年犯的身份保密提供了很多法律依据。例如，《预防未成年人犯罪法》和《刑事诉讼法》都对未成年案件的不公开审理做出了相应的规定。

《刑事诉讼法》在第275条明确规定了犯罪记录封存制度，规定

"犯罪的时候不满十八周岁，被判处五年有期徒刑以下刑罚的，应当对其相关犯罪记录予以封存"。且犯罪记录被封存的，不得向任何单位和个人提供，除非司法机关为办案需要或者有关单位根据国家规定进行查询。这样一来，有过犯罪记录的未成人就可以避免前科带来的负面影响，从而平等地享有与其他正常人一样的权利，争取改过自新，早日回归社会。

4. 对未成年人的司法救助制度。由于缺乏经济来源，未成年人经常因为诉讼费的问题而面临诉讼权利难以得到保障的局面。对此，2000 年最高人民法院《关于审理未成年人刑事案件的若干规定》第 15 条规定："人民法院应依法保证未成年被告人获得辩护。开庭审理时不满十八周岁的未成年被告人没有委托辩护人的，人民法院应当指定承担法律援助义务的律师为其提供辩护。"2012 年《刑事诉讼法》更是将法律援助和辩护的时间提前到侦查阶段，从而全方位保证未成年犯能够行使自己的辩护权利。

第九章

修正案与刑事政策关系归纳研究

第一节　刑事政策刑法化评析

一、刑事政策刑法化正向评价分析

刑事政策刑法化的过程总体是正确的、良性的，刑事政策指导刑事立法的过程从修正案的历程来看是成功的。典型的如对恐怖类、黑社会性质组织等有组织犯罪的规制过程，采取了循序渐进的方式，逐步完善法网，充分考虑预防、控制、惩罚犯罪的现实需要，借鉴域外法成熟的经验，结合中国的国情，在宽严相济刑事政策的指导下，最终实现法治体系的构建。又如对暴恐犯罪的刑事立法，首先是对组织、领导、参与行为进行刑罚明确化规定，其次增加了资助类的犯罪，然后是对其进行刑罚体系上的完善，如增加为特殊累犯，增加为洗钱的上游犯罪，增加为不能减刑的情形等，再进一步将行为体系化，将准备、帮助、征表等行为入罪，完善整体体系犯罪的财产刑规定和其他刑罚规定，最后形成一个在犯罪圈和刑罚圈上都完善严密的反暴恐刑事法体系,充分贯彻了刑事政策中严厉和严密的一面。

将刑事政策"坦白从宽,抗拒从严"规定为刑罚处罚条文,其实反映了学者对刑事政策与刑法关系的态度。一直对该政策持批评态度的学者认为,自首、立功等法定量刑情节的适用符合罪刑法定的原则,而坦白从宽的适用则违反了罪刑法定的原则,作为一种政策不能直接适用。持这种观点的人显然将刑事政策与刑法规范分离,认为在司法适用过程中是没有刑事政策的地位的,规范适用的法治原则就是罪刑法定、罪刑均衡、法律适用平等,刑事政策不应该直接进入规范适用中,从这个角度来说,刑事政策和刑法规范是不相融的,至少在法律适用层面。从这个角度来说,刑事政策和刑法规范是不相融的,至少在法律适用层面。刑事政策只有通过立法转化为规范,才能适用于现实。

同样的例子是关于劳动教养制度的问题。劳动教养制度被认为是违反宪法规定的政策贯彻的典型例子,最长 3 年的劳教期限甚至高过刑法中很多犯罪的刑罚期限。劳动教养制度被废除后,出现了很多原来刑法无法规制的"真空"地带。在法治原则之下,对这类行为的规制只能通过刑事政策刑法化的途径去完成,于是刑法修改过程中将盗窃的多次行为、敲诈勒索的多次行为、抢夺的多次行为入罪,以及寻衅滋事罪行为的扩充等,都是劳动教养制度废除后刑事政策的体现。

党的十八届三中全会《关于全面深化改革若干重大问题的决定》提出了 20 多项法治改革举措,十八届四中全会《关于全面推进依法治国若干重大问题的决定》部署了 190 项法治改革任务。十八届三中全会明确提出要"逐步减少适用死刑罪名",《刑法修正案(九)》进一步大规模地废除死刑,则是这种政策的落实。党的十八届四中全会决定指出,要加快推进反腐败国家立法,完善惩治和预防腐败体系,形成不敢腐、不能腐、不想腐的有效机制,坚决遏制和预防腐败现象;完善惩治贪污贿赂犯罪法律制度,把贿赂犯罪对象由财物扩大为财物和其他财产刑利益。《刑法修正案(九)》对贪污贿赂犯罪作了重大的修改就是这种政策的贯彻,改变了定罪量刑的标准,增设了终身监禁制度,加大了对行贿的惩治力度。党的十八届四中全会决定指出,要加大对虚假诉讼、恶意诉讼、无理缠诉行为的惩治力度。《刑法修正案(九)》增设了虚假诉讼罪作为回应,对促进诚信体系的构建、社会主义核心价值观的培育、司法秩序的养成等有积极的意义。党的十八届四中全会决定指出,贯彻落实总体国家安全观,加快国家安全法治建设,抓紧出台反恐怖主义法等一批急需法律,推进公共安全法治化,构建国家安全法律制度体系。《刑法修正案(九)》增设了5个反恐的新罪,完善了恐怖类犯罪的体系,而随后的《反恐怖主义法》也是该政策的体现。

良好的刑事政策刑法化的程序规制就是立法过程。我国立法程序大概经历这样的步骤:由不同的部门主体提出立法的建议——向社会征求意见——向专家征求意见——立法上的三读。不同部门的立法建议代表了犯罪态势的表达,如司法部门、税务部门、海关部门等等,其提出的立法建议最能反映事实层面的诉求或规范需求,向社会征求意见则是民意的表达,这是影响刑事政策的一个因素。向专家征求意见的过程则是一个借鉴、甄别、整合、筛选的过程,是对刑事政策把握最重要的环节。然后三读过程则是在程序上进行进一步的把控。刑事政策如何指导立法、如何进行规范化,其实是各方力量进行博弈的过程,或者说是一个协商整合的过程。博弈的结果也出现了一些被认为是有瑕疵的情形。

二、刑事政策刑法化反向评价分析

将刑法看作社会管理法，使其过度介入社会生活，将导致调整对象的过度化。刑法不同于一般意义上的社会管理法，也不属于公共利益服务法。过分强调刑法积极介入社会治理，即社会治理中出现某种问题，国家动辄适用刑法进行治理，通过新增罪名或是修改罪状的方式来扩充刑法。在没有充分动用经济行政措施解决问题之前，简单地将某类行为犯罪化，就是将刑法作为社会管理法来看待。如增设拒不支付劳动报酬罪，主要源于特定时期国家对民生问题的重视，则是直指拖欠农民工工资问题；危险驾驶罪的增设与特定时期“醉驾”和“酒驾”的社会焦点有关系。

（一）关于骗取贷款罪入罪的评析

从本罪设置的背景来看，公安机关、人民银行等部门提出，实践中一些单位和个人骗取银行或其他金融机构的贷款，难以认定行为人主观上具有非法占有贷款的目的，致使无法认定该行为构成贷款诈骗罪，但是客观上此类案件的高发，危害到金融安全，需要规制。① 因此，该罪的设置相当于是对骗取银行资金使用权的行为进行规制。刑法对财产犯罪的传统规制是为了保护所有权，后来发展到本权说，但是对使用权的保护还是比较慎重。像刑法中的挪用公款罪和挪用资金罪，是对款项的使用权的刑法保护，但是这种保护是基于行为人与对象之间具备某种管领关系，因而要求行为人对对象具备更高的法律义务。但是在贷款人与借款人之间这种商业合同关系中，不应该参照

① 黄太云：《刑法修正案（六）的理解与适用》，载《人民检察》2008 年第 8 期。

这种因特殊地位诸如管领、保障人而形成的关系。特别是近代以来，刑法对单纯财产关系的介入范围大大萎缩，只限于对财产权最严重侵犯的情形，即一般的民事欺诈行为由民法调整，只有行为人主观上具有“非法占有目的”的场合，才纳入刑法范围。

对于被规制的，使用行为至少应该造成损失后果的，应该被确认为结果犯。但是根据最高人民检察院、公安部《关于公安机关管辖的刑事案件立案追诉标准的规定(二)》第27条，行为涉嫌下列情形之一，应予立案追诉：“(一)以欺骗手段取得贷款数额在一百万元以上的……(三)虽未达到上述数额标准，但多次以欺骗手段取得贷款的。”司法解释已将本罪的处罚范围扩张为行为犯。问题是骗贷数额达到一百万以上，或者多次实施骗贷行为，若所贷银行款项及利息都如期偿还，在没有给银行造成任何损失的情况下，连民事责任都没有，怎么成立刑事责任？法律的制裁体系应该是有层次性的，如果行政法规都没有对其予以规制，没有施加行政处罚，就直接使其进入刑事处罚范畴，行政处罚的前置性和过滤性就没有了。法定犯的成立，其行为需以违反特定经济、行政法律法规为前提，没有前提规定而直接入罪不合理。①

(二)关于拒不支付劳动报酬罪的入罪评析

《刑法修正案(八)》被视为保护民生的亮点工程，设立拒不支付劳动报酬罪就是代表内容之一。立法增设本罪的原因是“劳动者报酬关乎劳动者的生存等基本人权和社会稳定。拖欠劳动者报酬严重

① 何荣功：《社会治理“过度刑法化”的法哲学批判》，载《中外法学》2015年第2期。

侵犯劳动者权益,甚至会引发群体性事件和诸多社会矛盾”。[①] 随着社会的进步和市场经济的完善,法律对不损害国家和社会公共利益的民事欺诈类行为表现出宽容的态度。梁慧星教授明确反对增设本罪,他认为,轻易采取刑法打击欠薪行为不妥,把老板判几年刑,工厂垮了,劳动者又会失去工作,无益于问题的解决,建议从民事立法的角度,加强保护劳动者的工资债权。[②] 不支付劳动报酬属于民事债务纠纷,对象的特殊性不是将其纳入刑法调整的特殊理由,该罪设立的正当性和立法技术方面被质疑。

刑法对热点民生问题的介入是当前刑法泛化的一个重要方向。民生问题关系人心向背、社会稳定和政权兴衰,热点民生问题往往是社会矛盾和多方利益冲突的集中反映。在这种情况下,刑事政策很容易强势介入现实问题而造成规范的逾越。综合考量刑法的最后性和民生问题的紧迫性,二者之间的紧张关系需要国家优先尝试使用社会政策和民事、经济、行政等法律手段进行化解,在用尽前置手段后再考虑刑事政策的介入。

三、刑事政策刑法化的框架分析

社会因素、刑事政策、刑法规范和犯罪事实之间的结构关系,社会因素影响刑事政策的本身,社会因素必须通过刑事政策的桥梁去生成刑法规范,刑事政策在其间起着筛选转化的作用;刑事政策作用于刑法规范的生成,也即在立法阶段刑事政策规范化为刑法条

---

① 黄太云:《刑法修正案(八)解读二》,载《人民检察》2011 年第 7 期。

② 梁慧星:《恶意欠薪入罪有坚实的民意基础》,载《新京报》2010 年 3 月 14 日,第 4 版。

文,刑事政策作用于刑法规范仅限于立法阶段,在刑法生成之后的司法适用阶段,刑事政策应当自动退出,司法适用阶段规范运行的唯一依据是法治原则,即罪刑法定原则、罪刑均衡原则等;刑法规范作用于犯罪事实,对行为进行规制,只有规范才能直接适用于行为事实中;犯罪事实的积累形成了社会因素,影响到刑事政策的形成及运行。如此,形成一个完整的从事实到规范、从规范到事实的逻辑循环。

在刑事政策刑法化的阶段,刑事政策的过滤或筛选的标准是什么?刑事政策刑法化的依据或限制是什么?刑法的过度政策化就是刑事政策的把关作用没有发挥好的原因。刑事政策刑法化的标准是个疑难问题。西方学者认为,刑法对任何行为犯罪化必须恪守"伤害原则""责任原则""刑法最小化原则"以及"比例原则",当然后来也衍生出"家长主义原则""道德主义原则"等。原则的灵活性很容易被政策的强势突破边界,而且原则并没有明确的边界,因而需要在原则指导下建构一个边界体系,或是构建一个刑事政策刑法化的标准。

在刑事政策筛选上建立机制,而该机制可以分为形式标准和实质标准。形式标准类似于程序化的标准,是属于看得见的可控的标准,是当前法治环境下更应当着力构建的。梁根林教授提出的"三重作业过滤体制"是一个可参考的具体标准,即充分考虑刑法介入的正当性和谦抑性,建构从道德——第一次法——第二次法的犯罪化作业过滤机制。刑事立法在决定是否将特定种类行为犯罪化并赋予刑事制裁时,应当首先考量道德规范体系的检验,其次考虑民商法、行政法等一次法规范体系规制的可能性,最后才考虑刑事法作为第二次法规范体系进行调整的必要性、可能性与有效性。① 如果认为法律是道德的底线,那么刑法就是法律的底线。某种危害社会的行为能够为道德规范体系或者第一次法规范体系有效调整,就不应当进入第二次法的干预范围。只有当前置规范无法有效予以调整,并且符合第二次法调整的要求时,该行为才能进入刑法的视角,并通过正式的立法程序予以犯罪化。②

实质标准就是行为犯罪化必须遵循伤害原则和最小化原则。法治国公民权利与国家权力的逻辑关系决定了公民具有不被犯罪化的权利,反映在刑法上就是确立"伤害原则"或"法益侵害原则"等犯罪化的基本原则,即任何行为构成犯罪必须具有严重社会危害性。要强调刑法参与社会治理的最小化,如对具有规模性、普遍性的违法行为,其社会危害性是显然的,但因其数量大,全面处罚必将面临巨大的司法成本以及来自社会的普遍抵触情绪,削弱刑法的道义力量。相反,如果国家采取选择性处罚,社会民众和犯罪分子就会将惩罚看作仅仅是碰运气时可能会遇到的一种危险,惩罚同样缺乏道义性。理性的方法应当是国家尽可能优先通过非刑法措施予以化解,刑法介入尽可能

---

① 梁根林认为:位于现代刑事法律科学与现代刑事政策核心的,就是以刑法干预的正当性考虑与刑法干预的谦抑性思想为基础的"道德——第一次法——第二次法"的犯罪化作业机制过滤原理。这种三阶段递进收缩式的犯罪化作业机制过滤原理,要求刑事立法在决定是否将特定种类行为犯罪化并赋予刑事制裁的法律效果时,应当渐次考量道德规范体系、民商法、行政法等一次法规范体系以及刑事法作为第二次法规范体系对该行为调整的必要性、可能性与有效性。梁根林:《刑事法网:扩张与限缩》,法律出版社2005年版,第34页。

② 陈兴良:《社会危害性理论:进一步的批判性清理》,载《中国法学》2006年第4期。

保留在最后的阶段。

第二节 刑法规制刑事政策评析

刑法是刑事政策不可逾越的樊篱,刑事政策的作用力仅限制于刑法规范自身作用的射程范围。在本书所述的框架中,刑事政策对刑法的作用仅仅在立法层面,司法层面必须严格适用法治原则。因此,探讨所谓的刑法规制刑事政策问题也就只停留在刑事立法上,即在立法上讨论刑法如何规制刑事政策的恣意性而防止刑法的泛化。这个问题可以从两个方面分析,一是构建刑事政策法治化;二是刑法规制刑事政策的形式理性构架。

一、刑事政策法治化构建

刑事政策法治化是指将刑事政策的制定和运行纳入法治的轨道,以法律化的形式规范刑事政策的运行,使刑事政策脱离“精神化”的意识形态,具备法治的形式载体。所有的刑事政策都需要法治化,但并非所有的刑事政策都需要法律化。刑事政策的法律化意味着刑事政策的终结,它只是刑事政策法治化的一种表现方式。① 刑事政策法律化为规范后,其遵循的原则就是罪刑法定原则和罪刑均衡等原则了,刑事政策当然就终结了。

西方国家刑事政策法治化的进程与我国不同,它们的法律经历了严格的“法治化”的阶段,才走入“政策”领域(无论是公共政策还是刑事政策),走的是一条先有法律后出现公共政策问题的法治化道路。

---

① 张永红:《刑法的刑事政策化论纲》,载《法律科学》2004年第6期。

而我国却是先有政策后有法律路径。而且在我国，政策先于而且高于法律而存在，法律被视为政策的派生物，是实现政策性目的的工具，法律在政治上也处于依附于政策之上的附属。我国刑事政策存在制定的科学化程度不高、应急性明显和对刑罚的期望值过高的缺点。① 还有观点认为，我国刑事政策存在意识形态化、国家化和策略化的问题。②

笔者认为，上述观点都是针对我国现行刑事政策的法治化程度。刑事政策法治化在教义学上可供借鉴的是，将刑事政策作为一门独立的学科进行设置。建立刑事政策的独立体系，将自身的制定、实施、转化、边界进行规定。建立一个科学的体系，包括可以包容众多社会因素的入口，包含稳定的、易变的、应急的等因素，经过自身的取舍、固定形成相对稳定的刑事政策体系；而在出口表现为是法治化的政策来影响刑法规范的制定。

二、刑法规制刑事政策形式理性标准构建

法治是一种规则之治，在法治国家，政治行为必须受法治约束，如果一种法律没有规则或者其规则未得到有序的遵守，那么这种法律就

---

① 李希慧、杜国强：《我国现行刑事政策反思与完善——以维护社会稳定为切入点》，载《法学论坛》2003 年第 4 期。

② 陈兴良：《刑事法治视野中的刑事政策》，载陈兴良主编：《中国刑事政策检讨——以“严打”刑事政策为视角》，中国检察出版社 2004 年版，第 129 页。

是一种随意决断的非正式制度,①而非法律制度。同时,法律本身具有自主性,而刑法自主性的最重要体现在于罪刑法定这个帝王原则的确立以及所体现的对法的安定价值的维护。刑事政策属于政治范畴的内容,在法治国家,刑事政策必须受到法治的约束;同时,刑法制定后以安定性和罪刑法定原则为准,不再受到刑事政策的制约。就国家对犯罪的治理而言,刑法不是必需的,没有刑法而运用刑事政策会使犯罪治理更为及时、有效、灵活、便利。因此,刑法更重要的目的在于遏制国家权力而非遏制犯罪,保证刑罚的正当性要优于惩罚犯罪。现代刑法存在的一个特别重要的理由,就是限制国家的刑罚权。② 法律形式理性的观念对于法治有独特的价值,尤其对于刑事法治而言,形式正义是维护刑法安定性的最基础环节。安德鲁·阿什沃思教授提出了刑法最小化的方法,他认为,为了实现刑法范围的最小化,行为的犯罪化必须考虑以下四方面因素,即尊重人权、强调公民有不被国家惩罚的权利、倡导处罚的最后手段性以及处罚的有效性。③

因此,必须坚守刑事政策只在刑事立法中发生作用,立法之后的司法过程必须与刑事政策隔离的原则。尽量将刑事政策刑法化的过程用形式理性的方式进行定性或定量,最常用的理性的方式就是程序化。如上文所述,坚持形式理性高于实质理性是当前刑事政策刑法化

---

① [美]P. S. 阿蒂亚、R. S. 萨默斯:《英美法中的形式与实质一法律推理、法律理论与法律制度比较研究》,金敏、陈林林、王笑红译,中国政法大学出版社2005年版,第61页。

② 周少华:《刑法之适应性:刑事法治的实践逻辑》,法律出版社2012年版,第94页。

③ Andrew Ashworth, Principles of criminal law (6th Edition), Oxford University Press, 2009, pp. 31 – 34.

的准则。在法的适用中最为明显的形式理性就是量刑规范化,用定性定量的方式将规定,充分体现法治的原则。刑法规制刑事政策法治化的可行方法就是采用规范化的做法。立足于刑法的首要目的——限制国家的刑罚权而非惩罚犯罪,坚持刑法最小化和最后性原则,设计刑事政策刑法化的依据或是规则,即设计行为犯罪化的标准,同时设计行为犯罪化的消极阻却条件,两个条件同时耦合时才能进行犯罪化处理。如上文所述,帕克和张明楷所描述的就是积极的犯罪化条件,而王明星所描述的就是消极的阻却条件,应将两者融合成一个标准体系,同时充分考虑法律行为的三级规制体系,即民事、行政和刑事规制,只有在前置规制方法失效时才考虑犯罪化,如果没有前置规制方法就不可以考虑犯罪化,并用标准化的方式规制犯罪化的路径。

参考文献

一、专著类

[1]陈兴良编:《中国刑事政策检讨——以“严打”刑事政策为视角》,中国检察出版社2004年版。

[2]陈兴良:《宽严相济刑事政策研究》,中国人民大学出版社2007年版。

[3]储槐植:《刑事一体化与关系刑法论》,北京大学出版社1997年版。

[4]储槐植:《美国德国惩治经济犯罪和职务犯罪法律选编》,北京大学出版社1994年版。

[5]何秉松编:《刑事政策学》,群众出版社2002年版。

[6]何荣功:《自由秩序与自由刑法理论》,北京大学出版社2013年版

[7]侯宏林:《刑事政策的价值分析》,中国政法大学出版社2005年版。

[8]姜涛:《宽严相济刑事政策实施的基本原理》,法律出版社2013年版。

[9]李林、田禾:《法治蓝皮书:中国法治发展报告》,社会科学文献出版社2016年版。

[10]李林、田禾:《法治蓝皮书:中国法治发展报告》,社会科学文

献出版社 2015 年版。

[11]李林、田禾:《法治蓝皮书:中国法治发展报告》,社会科学文献出版社 2014 年版。

[12]李林、田禾:《法治蓝皮书:中国法治发展报告》,社会科学文献出版社 2013 年版。

[13]梁根林:《刑事政策立场与范畴》,法律出版社 2005 年版。

[14]梁根林:《刑罚结构论》,北京大学出版社 1998 年版。

[15]林纪东:《刑事政策学》,中正书局 1963 年版。

[16]刘海年、李林、张广兴:《依法治国与廉政建设》,社会科学文献出版社 2008 年版。

[17]刘海年、李林主编:《依法治国与法律体系建构》,社会科学文献出版社 2008 年版。

[18]刘仁文:《刑事政策初步》,中国人民公安大学出版社 2004 年版。

[19]刘远:《刑事政策哲学解读》,中国人民公安大学出版社 2005 年版。

[20]刘沛谞:《宽严相济刑事政策系统论》,中国人民公安大学出版社 2010 年版。

[21]卢建平:《刑事政策学》,中国人民大学出版社 2007 年版。

[22]卢建平:《刑事政策与刑法》,中国人民公安大学出版社 2004 年版。

[23]卢建平编:《中国刑事政策研究综述》,中国检察出版社 2009 年版。

[24]卢建平编:《京师刑事政策评论》,北京师范大学出版集团 2014 年版。

[25]卢建平编:《刑事政策评论》,中国方正出版社 2007 年版。

[26]卢建平:《刑事政策与刑法变革》,中国人民公安大学出版社 2011 年版。

[27]卢建平:《刑事政策与刑法完善》,北京师范大学出版集团 2014 年版。

[28]马克昌:《比较刑法原理——外国刑法学总论》,武汉大学出版社 2002 年版。

[29]马克昌:《宽严相济刑事政策研究》,清华大学出版社 2012 年版。

[30]马克昌编:《近代西方刑法学说史》,中国人民公安大学出版社 2008 年版。

[31]莫晓宇:《刑事政策体系中的民间社会》,四川大学出版社 2010 年版。

[32]齐文远:《刑法、刑事责任、刑事政策研究——哲学、社会学、法律文化的视角》,北京大学出版社 2004 年版。

[33]屈学武:《刑法改革的进路》,中国政法大学出版社 2012 年版。

[34]曲新久:《刑事政策的权力分析》,中国政法大学出版社 2002 年版。

[35]曲新久:《刑法的精神与范畴》,中国政法大学出版社 2003 年版。

[36]沈德咏编:《刑法修正案(九)条文及配套司法解释理解与适用》,人民法院出版社 2015 年版。

[37]王牧主编:《中国犯罪对策研究》,吉林人民出版社 2004 年版。

[38]王强军:《刑法修正案(八)理性辨思》,知识产权出版社2011年版。

[39]汪明亮:《社会资本与刑事政策》,北京大学出版社2011年版。

[40]魏东编:《刑事政策学》,四川大学出版社2011年版。

[41]魏东:《保守的实质刑法观与现代刑事政策立场》,中国民主法制出版社2011年版。

[42]卫磊:《刑事政策的当代发展》,中国法制出版社2010年版。

[43]肖扬编:《中国刑事政策与策略》,法律出版社1996年版。

[44]谢望原、卢建平:《中国刑事政策研究》,中国人民大学出版社2006年版。

[45]谢望原、张小虎编:《中国刑事政策报告》(第一辑),中国法制出版社2007年版。

[46]谢望原、肖中华、吴大华编:《中国刑事政策报告》(第三辑),中国法制出版社2010年版。

[47]信春鹰、李林:《依法治国与司法改革》,中国法制出版社1999年版。

[48]信春鹰:《中国的法律制度及其改革》,法律出版社1999年版。

[49]许福生:《刑事政策学》,中国民主法制出版社2006年版。

[50]许秀中:《刑事政策系统论》,中国长安出版社2008年版。

[51]徐松林、孙道萃编:《刑法修改的当代使命——聚焦〈刑法修正案(九)〉》,法律出版社2015年版。

[52]杨春洗:《刑事政策论》,北京大学出版社1994年版。

[53]严励:《中国刑事政策原理》,法律出版社2011年版。

[54]严励编:《刑事政策论坛》(第三辑),中国法制出版社2014年版。

[55]赵秉志:《宽严相济刑事政策与和谐社会构建》,中国法制出版社 2009 年版。

[56]赵秉志:《国际恐怖主义犯罪极其防范对策专论》,中国人民公安大学出版社 2005 年版。

[57]赵秉志编:《刑事政策专题探讨》,中国人民公安大学出版社 2005 年版。

[58]赵秉志编:《宽严相济刑事政策在死刑适用中的贯彻研究》,中国法制出版社 2015 年版。

[59]赵运锋:《宽严相济刑事政策司法适用研究》,中国法制出版社 2011 年版。

[60]张远煌:《宽严相济刑事政策与刑法改革研究》,中国人民公安大学出版社 2010 年版。

[61]张亚平:《宽严相济刑事政策方略研究》,中国检察出版社 2008 年版。

[62]张小虎:《转型期中国社会犯罪原因探析》,北京师范大学出版社 2002 年版。

[63]周玉华:《宽严相济刑事政策与司法机制完善研究》,人民法院出版社 2010 年版。

二、译著类

[1][意]贝卡里亚:《论犯罪与刑罚》,黄风译,中国大百科全书出版社 1993 年版。

[2][日]大谷实:《刑事政策学》,黎宏译,法律出版社 2000 年版。

[3][德]汉斯·海因里希·耶塞克:《德国刑法教科书》,徐久生译,中国法制出版社 2001 年版。

[4][德]黑格尔:《法哲学原理》,范扬、张企泰译,商务印书馆1961年版。

[5][法]马克·安塞尔:《新刑法理论》,卢建平译,香港天地图书有限公司1990年版。

[6][美]凯瑞斯:《法律中的政治:一个进步性批评》,信春鹰译,中国政法大学出版社2008年版。

[7][德]李斯特:《德国刑法教科书》,徐久生译,法律出版社2000年版。

[8][英]罗吉尔·胡德:《死刑的全球考察》,刘仁文、周振杰译,中国人民公安大学出版社2005年版。

[9][法]马克·安塞尔:《社会防卫思想》,卢建平译,香港天地图书有限公司1988年版。

[10][法]孟德斯鸠:《论法的精神》,张雁深译,商务印书馆1963年版。

[11][法]米海依尔·戴尔玛斯·马蒂:《刑事政策的主要体系》,卢建平译,法律出版社2000年版。

三、期刊文献类

[1]陈兴良:《宽严相济刑事政策研究》,载《法学杂志》2006年第2期。

[2]陈兴良:《刑事政策视野中的刑罚结构调整》,载《法学研究》1998年第6期。

[3]陈兴良:《刑法的刑事政策化及其限度》,载《华东政法大学学报》2013年第6期。

[4]陈兴良:《寻衅滋事罪的法教义学形象:以起哄闹事为中心展

开》,载《中国法学》2015 年第 3 期。

[5]陈晓明:《施行宽严相济刑事政策之隐忧》,载《法学研究》2007 年第 5 期。

[6]陈伟:《刑事立法的政策导向与技术制衡》,载《中国法学》2013 年第 3 期。

[7]储槐植、赵合理:《构建和谐社会与宽严相济刑事政策之实现》,载《法学杂志》2007 年第 1 期。

[8]房绪兴:《宽严相济与轻轻重重的刑事政策》,载《中国人民公安大学学报》(社会科学版)2008 年第 1 期。

[9]何荣功:《社会治理“过度刑法化”的法哲学批判》,载《中外法学》2015 年第 2 期。

[10]何荣功:《经济自由与刑法理性:经济刑法的范围界定》,载《法律科学》2014 年第 4 期。

[11]何荣功:《我国“重刑治毒”刑事政策之法社会学思考》,载《法商研究》2015 年第 5 期。

[12]何荣功:《“重刑”反腐与刑法理性》,载《法学》2014 年第 12 期。

[13]何家弘:《宽严相济与中庸反腐》,载《法学家》2015 年第 5 期。

[14]黄京平:《宽严相济刑事政策的时代含义及实现方式》,载《法学杂志》2006 年第 4 期。

[15]姜涛:《刑事政策的理性架构》,载《现代法学》2006 年第 4 期。

[16]劳东燕:《死刑适用标准的体系化构造》,载《法学研究》2015 年第 1 期。

[17]劳东燕:《风险社会中的刑法——社会转型与刑法理论的变迁》,载《刑事法评论》2015 年第 1 期。

[18]林亚刚:《劳教改革与刑罚权扩张论辩》,载《西部法学评论》2014 年第 2 期。

[19]刘仁文:《宽严相济的刑事政策研究》,载《当代法学》2008 年第 1 期。

[20]刘仁文:《死刑政策:全球视野及中国视角》,载《比较法研究》2004 年第 4 期。

[21]刘仁文:《中国食品安全的刑法规制》,载《吉林大学社会科学学报》2012 年第 4 期。

[22]刘沛谞:《出罪与入罪:宽严相济视阈下罪刑圈的标准设定——一个基于实证范例的考察》,载《中国刑事法杂志》2008 年第 1 期。

[23]刘慧明:《经验与逻辑:宽严相济刑事政策之进境》,载《兰州大学学报》2010 年第 5 期。

[24]卢建平、刘春花:《刑事政策与刑法的二重协奏——1949 年以来中国刑事政策的演进与刑法的变迁》,载《河北学刊》2011 年第 4 期。

[25]卢建平:《刑事政策与刑法关系的应然追求》,载《法学论坛》2007 年第 3 期。

[26]莫洪宪:《进一步推进死刑改革的设想——废除女性犯罪死刑适用》,载《吉林大学社会科学学报》2014 年第 6 期。

[27]莫洪宪:《毒品犯罪"严打"整治行动理论反思与对策革新》,载《政府论丛》2015 年第 5 期。

[28]莫洪宪:《从劳动教养事由的类型化看制度重构》,载《法

学》2013 年第 2 期。

[29]孙道萃:《以刑制罪的知识巡思与教义延拓》,载《法学评论》2016 年第 2 期。

[30]孙万怀:《宽严相济刑事政策应回归为司法政策》,载《法学研究》2014 年第 4 期。

[31]苏永生:《变动中的刑罚结构——由〈刑法修正案(九)〉引发的思考》,载《法学论坛》2015 年第 5 期。

[32]王顺安:《宽严相济的刑事政策之我见》,载《法学杂志》2007 年第 1 期。

[33]王志远:《〈刑法修正案(九)〉的犯罪控制策略视野评判》,载《当代法学》2016 年第 1 期。

[34]王志祥、韩雪:《我国刑法典的轻罪化改造》,载《苏州大学学报》2015 年第 1 期。

[35]吴宗宪:《解读宽严相济的刑事政策》,载《中国人民公安大学学报》2007 年第 1 期。

[36]信春鹰:《中国特色社会主义法律体系及其重大意义》,载《法学研究》2014 年第 6 期。

[37]信春鹰:《中国国情与社会主义法治建设》,载《红旗文稿》2008 年第 18 期。

[38]信春鹰:《向民主和法治国家继续迈进》,载《法学研究》2007 年第 4 期。

[39]邢馨宇、邱兴隆:《刑法的修改:轨迹、应然与实然——兼及对刑法修正案(八)的评价》,载《法学研究》2011 年第 2 期。

[40]喻蕾:《浅析刑事政策与刑法体系的贯通》,载《北方经贸》2015 年第 12 期。

[41]赵秉志:《中国反腐败刑事法治的若干重大现实问题研究》,载《法学评论》2014 年第 3 期。

[42]赵秉志:《贪污受贿犯罪定罪量刑标准问题研究》,载《中国法学》2015 年第 1 期。

[43]曾粤兴、贾凌:《〈刑法修正案(九)〉有关腐败犯罪规定评述》,载《法治研究》2016 年第 2 期。

四、博士论文类

[1]艾尔肯·沙木沙克:《宽严相济刑事政策下的少数民族犯罪控制研究》,武汉大学 2013 年博士学位论文。

[2]安曦萌:《中美刑事政策比较研究》,复旦大学 2013 年博士学位论文。

[3]高永明:《刑法修正案修正规则研究》,吉林大学 2012 年博士学位论文。

[4]何挺:《"严打"刑事政策研究》,中国政法大学 2008 年博士学位论文。

[5]侯宏林《刑事政策的价值分析》,中国政法大学 2004 年博士学位论文。

[6]李露:《建国初期"镇反"刑事政策的实施研究(1950—1953)——以西康地区实施状况为主要分析对象》,西南政法大学 2009 年博士学位论文。

[7]李元鹤:《刑事政策论纲》,西南政法大学 2008 年博士学位论文。

[8]刘仁文:《刑事政策及过程》,中国政法大学 2002 年博士学位论文。

[9]刘艳萍:《美国刑事政策研究——以重重轻轻两极化刑事政策为视角》,中国政法大学2008年博士学位论文。

[10]刘沛谞:《宽严相济刑事政策研究》,西南政法大学2009年博士学位论文。

[11]曲新久:《刑事政策的权力分析》,中国政法大学2001年博士学位论文。

[12]王振峰:《刑事政策模式选择——我国社会转型为视角》,中国政法大学2006年博士学位论文。

[13]王文生:《宽严相济视域下的刑事检察工作》,中国政法大学2008年博士学位论文。

[14]万国海:《经济犯罪的刑事政策研究》,华东政法大学2007年博士学位论文。

[15]许秀中:《刑事政策系统论》,中国政法大学2004年博士学位论文。

[16]赵亮:《当代中国社会转型时期刑事政策的调整》,吉林大学2008年博士学位论文。

[17]赵军:《卖淫刑事政策实证研究》,武汉大学2005年博士学位论文。

[18]赵运锋:《宽严相济刑事政策司法适用研究》,上海交通大学2009年博士学位论文。

[19]郑齐猛:《中国民族刑事政策研究》,中央民族大学2009年博士学位论文。

[20]朱琳:《法国刑事政策研究》,中国政法大学2008年博士学位论文。

附刑法修正案一至十

中华人民共和国刑法修正案(一)

为了惩治破坏社会主义市场经济秩序的犯罪,保障社会主义现代化建设的顺利进行,对刑法作如下补充修改:

一、第一百六十二条后增加一条,作为第一百六十二条之一:“隐匿或者故意销毁依法应当保存的会计凭证、会计账簿、财务会计报告,情节严重的,处五年以下有期徒刑或者拘役,并处或者单处二万元以上二十万元以下罚金。

“单位犯前款罪的,对单位判处罚金,并对其直接负责的主管人员和其他直接责任人员,依照前款的规定处罚。”

[新增“隐匿、故意销毁会计凭证、会计账簿、财务会计报告罪”] *

二、将刑法第一百六十八条修改为:“国有公司、企业的工作人员,由于严重不负责任或者滥用职权,造成国有公司、企业破产或者严重损失,致使国家利益遭受重大损失的,处三年以下有期徒刑或者拘役;致使国家利益遭受特别重大损失的,处三年以上七年以下有期徒刑。“国有事业单位的工作人员有前款行为,致使国家利益遭受重大

* 为方便读者理解,括号内的内容为笔者增加的说明性文字。

损失的,依照前款的规定处罚。

“国有公司、企业、事业单位的工作人员,徇私舞弊,犯前两款罪的,依照第一款的规定从重处罚。”

[修改为“国有公司、企业、事业单位人员失职罪”和“国有公司、企业、事业单位人员滥用职权罪”]

三、将刑法第一百七十四条修改为:“未经国家有关主管部门批准,擅自设立商业银行、证券交易所、期货交易所、证券公司、期货经纪公司、保险公司或者其他金融机构的,处三年以下有期徒刑或者拘役,并处或者单处二万元以上二十万元以下罚金;情节严重的,处三年以上十年以下有期徒刑,并处五万元以上五十万元以下罚金。

“伪造、变造、转让商业银行、证券交易所、期货交易所、证券公司、期货经纪公司、保险公司或者其他金融机构的经营许可证或者批准文件的,依照前款的规定处罚。

“单位犯前两款罪的,对单位判处罚金,并对其直接负责的主管人员和其他直接责任人员,依照第一款的规定处罚。”

[修改为“擅自设立金融机构罪”和“伪造、变造、转让金融机构经营许可证、批准文件罪”]

四、将刑法第一百八十条修改为:“证券、期货交易内幕信息的知情人员或者非法获取证券、期货交易内幕信息的人员,在涉及证券的发行,证券、期货交易或者其他对证券、期货交易价格有重大影响的信息尚未公开前,买入或者卖出该证券,或者从事与该内幕信息有关的期货交易,或者泄露该信息,情节严重的,处五年以下有期徒刑或者拘役,并处或者单处违法所得一倍以上五倍以下罚金;情节特别严重的,处五年以上十年以下有期徒刑,并处违法所得一倍以上五倍以下罚金

“单位犯前款罪的,对单位判处罚金,并对其直接负责的主管人员和

其他直接责任人员，处五年以下有期徒刑或者拘役。

“内幕信息、知情人员的范围，依照法律、行政法规的规定确定。”

［新增处罚期货内幕交易、泄露期货内幕信息的行为］

五、将刑法第一百八十一条修改为：“编造并且传播影响证券、期货交易的虚假信息，扰乱证券、期货交易市场，造成严重后果的，处五年以下有期徒刑或者拘役，并处或者单处一万元以上十万元以下罚金。

“证券交易所、期货交易所、证券公司、期货经纪公司的从业人员，证券业协会、期货业协会或者证券期货监督管理部门的工作人员，故意提供虚假信息或者伪造、变造、销毁交易记录，诱骗投资者买卖证券、期货合约，造成严重后果的，处五年以下有期徒刑或者拘役，并处或者单处一万元以上十万元以下罚金；情节特别恶劣的，处五年以上十年以下有期徒刑，并处二万元以上二十万元以下罚金。

“单位犯前两款罪的，对单位判处罚金，并对其直接负责的主管人员和其他直接责任人员，处五年以下有期徒刑或者拘役。”

［新增加处罚编造并传播期货交易虚假信息等行为］

六、将刑法第一百八十二条修改为：“有下列情形之一，操纵证券、期货交易价格，获取不正当利益或者转嫁风险，情节严重的，处五年以下有期徒刑或者拘役，并处或者单处违法所得一倍以上五倍以下罚金：

（一）单独或者合谋，集中资金优势、持股或者持仓优势或者利用信息优势联合或者连续买卖，操纵证券、期货交易价格的；

（二）与他人串通，以事先约定的时间、价格和方式相互进行证券、期货交易，或者相互买卖并不持有的证券，影响证券、期货交易价格或者证券、期货交易量的；

（三）以自己为交易对象，进行不转移证券所有权的自买自卖，或

者以自己为交易对象,自买自卖期货合约,影响证券、期货交易价格或者证券、期货交易量的;

(四)以其他方法操纵证券、期货交易价格的。

“单位犯前款罪的,对单位判处罚金,并对其直接负责的主管人员和其他直接责任人员,处五年以下有期徒刑或者拘役。”

[增加处罚操纵期货市场的行为]

七、将刑法第一百八十五条修改为:“商业银行、证券交易所、期货交易所、证券公司、期货经纪公司、保险公司或者其他金融机构的工作人员利用职务上的便利,挪用本单位或者客户资金的,依照本法第二百七十二条的规定定罪处罚。

“国有商业银行、证券交易所、期货交易所、证券公司、期货经纪公司、保险公司或者其他国有金融机构的工作人员和国有商业银行、证券交易所、期货交易所、证券公司、期货经纪公司、保险公司或者其他国有金融机构委派到前款规定中的非国有机构从事公务的人员有前款行为的,依照本法第三百八十四条的规定定罪处罚。”

[犯罪主体由原来的“银行或者其他金融机构的工作人员”扩大到包括证券交易所、期货交易所、证券公司、期货经纪公司、保险公司的工作人员等]

八、刑法第二百二十五条增加一项,作为第三项:“未经国家有关主管部门批准,非法经营证券、期货或者保险业务的;”原第三项改为第四项。

[将“未经国家有关主管部门批准,非法经营证券、期货或者保险业务的”作为“非法经营罪”的一项内容]

九、本修正案自公布之日起施行。

中华人民共和国刑法修正案(二)

为了惩治毁林开垦和乱占滥用林地的犯罪,切实保护森林资源,将刑法第三百四十二条修改为:“违反土地管理法规,非法占用耕地、林地等农用地,改变被占用土地用途,数量较大,造成耕地、林地等农用地大量毁坏的,处五年以下有期徒刑或者拘役,并处或者单处罚金。”

[**将罪名改为非法占用农用地罪,对象作了扩充**]

本修正案自公布之日起施行。

中华人民共和国刑法修正案(三)

为了惩治恐怖活动犯罪,保障国家和人民生命、财产安全,维护社会秩序,对刑法作如下补充修改:

一、将刑法第一百一十四条修改为:“放火、决水、爆炸以及投放毒害性、放射性、传染病病原体等物质或者以其他危险方法危害公共安全,尚未造成严重后果的,处三年以上十年以下有期徒刑。”

二、将刑法第一百一十五条第一款修改为:“放火、决水、爆炸以及投放毒害性、放射性、传染病病原体等物质或者以其他危险方法致人重伤、死亡或者使公私财产遭受重大损失的,处十年以上有期徒刑、无期徒刑或者死刑。”

[**“投毒罪”修改为“投放危险物质罪”**]

三、将刑法第一百二十条第一款修改为:“组织、领导恐怖活动组织的,处十年以上有期徒刑或者无期徒刑;积极参加的,处三年以上十年以下有期徒刑;其他参加的,处三年以下有期徒刑、拘役、管制或者剥夺政治权利。”

[提高了法定刑]

四、刑法第一百二十条后增加一条,作为第一百二十条之一:“资助恐怖活动组织或者实施恐怖活动的个人的,处五年以下有期徒刑、拘役、管制或者剥夺政治权利,并处罚金;情节严重的,处五年以上有期徒刑,并处罚金或者没收财产。

“单位犯前款罪的,对单位判处罚金,并对其直接负责的主管人员和其他直接责任人员,依照前款的规定处罚。”

[新增“资助恐怖活动罪”]

五、将刑法第一百二十五条第二款修改为:“非法制造、买卖、运输、储存毒害性、放射性、传染病病原体等物质,危害公共安全的,依照前款的规定处罚。”

[将“非法买卖、运输核材料罪”修改为“非法制造、买卖、运输、储存危险物质罪”]

六、将刑法第一百二十七条修改为:“盗窃、抢夺枪支、弹药、爆炸物的,或者盗窃、抢夺毒害性、放射性、传染病病原体等物质,危害公共安全的,处三年以上十年以下有期徒刑;情节严重的,处十年以上有期徒刑、无期徒刑或者死刑。

“抢劫枪支、弹药、爆炸物的,或者抢劫毒害性、放射性、传染病病原体等物质,危害公共安全的,或者盗窃、抢夺国家机关、军警人员、民兵的枪支、弹药、爆炸物的,处十年以上有期徒刑、无期徒刑或者死刑。”

[增加了一个危险物质作为犯罪对象]

七、将刑法第一百九十一条修改为:“明知是毒品犯罪、黑社会性质的组织犯罪、恐怖活动犯罪、走私犯罪的违法所得及其产生的收益，为掩饰、隐瞒其来源和性质，有下列行为之一的，没收实施以上犯罪的违法所得及其产生的收益，处五年以下有期徒刑或者拘役，并处或者单处洗钱数额百分之五以上百分之二十以下罚金；情节严重的，处五年以上十年以下有期徒刑，并处洗钱数额百分之五以上百分之二十以下罚金：

（一）提供资金帐户的；

（二）协助将财产转换为现金或者金融票据的；

（三）通过转帐或者其他结算方式协助资金转移的；

（四）协助将资金汇往境外的；

（五）以其他方法掩饰、隐瞒犯罪的违法所得及其收益的来源和性质的。

"单位犯前款罪的，对单位判处罚金，并对其直接负责的主管人员和其他直接责任人员，处五年以下有期徒刑或者拘役；情节严重的，处五年以上十年以下有期徒刑。"

[**增加了第 191 条洗钱的对象"恐怖活动犯罪所得及其产生的收益"**]

八、刑法第二百九十一条后增加一条，作为第二百九十一条之一："投放虚假的爆炸性、毒害性、放射性、传染病病原体等物质，或者编造爆炸威胁、生化威胁、放射威胁等恐怖信息，或者明知是编造的恐怖信息而故意传播，严重扰乱社会秩序的，处五年以下有期徒刑、拘役或者管制；造成严重后果的，处五年以上有期徒刑。"

[**新增"投放虚假危险物质罪""编造、故意传播虚假恐怖信息罪"**]

九、本修正案自公布之日起施行。

中华人民共和国刑法修正案(四)

为了惩治破坏社会主义市场经济秩序、妨害社会管理秩序和国家机关工作人员的渎职犯罪行为,保障社会主义现代化建设的顺利进行,保障公民的人身安全,对刑法作如下修改和补充:

一、将刑法第一百四十五条修改为:“生产不符合保障人体健康的国家标准、行业标准的医疗器械、医用卫生材料,或者销售明知是不符合保障人体健康的国家标准、行业标准的医疗器械、医用卫生材料,足以严重危害人体健康的,处三年以下有期徒刑或者拘役,并处销售金额百分之五十以上二倍以下罚金;对人体健康造成严重危害的,处三年以上十年以下有期徒刑,并处销售金额百分之五十以上二倍以下罚金;后果特别严重的,处十年以上有期徒刑或者无期徒刑,并处销售金额百分之五十以上二倍以下罚金或者没收财产。”

[将原来的结果犯改为危险犯]

二、在第一百五十二条中增加一款作为第二款:“逃避海关监管将境外固体废物、液态废物和气态废物运输进境,情节严重的,处五年以下有期徒刑,并处或者单处罚金;情节特别严重的,处五年以上有期徒刑,并处罚金。”

原第二款作为第三款,修改为:“单位犯前两款罪的,对单位判处罚金,并对其直接负责的主管人员和其他直接责任人员,依照前两款的规定处罚。”

[新增“走私废物罪”]

三、将刑法第一百五十五条修改为:“下列行为,以走私罪论处,依照本节的有关规定处罚:

（一）直接向走私人非法收购国家禁止进口物品的，或者直接向走私人非法收购走私进口的其他货物、物品，数额较大的；

（二）在内海、领海、界河、界湖运输、收购、贩卖国家禁止进出口物品的，或者运输、收购、贩卖国家限制进出口货物、物品，数额较大，没有合法证明的。”

四、刑法第二百四十四条后增加一条，作为第二百四十四条之一：“违反劳动管理法规，雇用未满十六周岁的未成年人从事超强度体力劳动的，或者从事高空、井下作业的，或者在爆炸性、易燃性、放射性、毒害性等危险环境下从事劳动，情节严重的，对直接责任人员，处三年以下有期徒刑或者拘役，并处罚金；情节特别严重的，处三年以上七年以下有期徒刑，并处罚金。

“有前款行为，造成事故，又构成其他犯罪的，依照数罪并罚的规定处罚。”

［新增“雇用童工从事危重劳动罪”］

五、将刑法第三百三十九条第三款修改为：“以原料利用为名，进口不能用作原料的固体废物、液态废物和气态废物的，依照本法第一百五十二条第二款、第三款的规定定罪处罚。”

［以“走私废物罪”定罪］

六、将刑法第三百四十四条修改为：“违反国家规定，非法采伐、毁坏珍贵树木或者国家重点保护的其他植物的，或者非法收购、运输、加工、出售珍贵树木或者国家重点保护的其他植物及其制品的，处三年以下有期徒刑、拘役或者管制，并处罚金；情节严重的，处三年以上七年以下有期徒刑，并处罚金。”

［“非法采伐、毁坏珍贵树木罪”修改为“非法采伐、毁坏国家重点保护植物罪”］

七、将刑法第三百四十五条修改为：“盗伐森林或者其他林木，数量较大的，处三年以下有期徒刑、拘役或者管制，并处或者单处罚金；数量巨大的，处三年以上七年以下有期徒刑，并处罚金；数量特别巨大的，处七年以上有期徒刑，并处罚金。

“违反森林法的规定，滥伐森林或者其他林木，数量较大的，处三年以下有期徒刑、拘役或者管制，并处或者单处罚金；数量巨大的，处三年以上七年以下有期徒刑，并处罚金。

“非法收购、运输明知是盗伐、滥伐的林木，情节严重的，处三年以下有期徒刑、拘役或者管制，并处或者单处罚金；情节特别严重的，处三年以上七年以下有期徒刑，并处罚金。

“盗伐、滥伐国家级自然保护区内的森林或者其他林木的，从重处罚。”

[修改为“非法收购、运输盗伐、滥伐的林木罪”，增加了运输行为，删除了“以牟利为目的”]

八、将刑法第三百九十九条修改为：“司法工作人员徇私枉法、徇情枉法，对明知是无罪的人而使他受追诉、对明知是有罪的人而故意包庇不使他受追诉，或者在刑事审判活动中故意违背事实和法律作枉法裁判的，处五年以下有期徒刑或者拘役；情节严重的，处五年以上十年以下有期徒刑；情节特别严重的，处十年以上有期徒刑。

“在民事、行政审判活动中故意违背事实和法律作枉法裁判，情节严重的，处五年以下有期徒刑或者拘役；情节特别严重的，处五年以上十年以下有期徒刑。

“在执行判决、裁定活动中，严重不负责任或者滥用职权，不依法采取诉讼保全措施、不履行法定执行职责，或者违法采取诉讼保全措施、强制执行措施，致使当事人或者其他人的利益遭受重大损失的，处五年以下有期徒刑或者拘役;致使当事人或者其他人的利益遭受特别重大损失的,处五年以上十年以下有期徒刑。

“司法工作人员收受贿赂,有前三款行为的,同时又构成本法第三百八十五条规定之罪的,依照处罚较重的规定定罪处罚。”

[新增“执行判决、裁定失职罪”和“执行判决、裁定滥用职权罪”]

九、本修正案自公布之日起施行。

中华人民共和国刑法修正案(五)

一、在刑法第一百七十七条后增加一条,作为第一百七十七条之一:“有下列情形之一,妨害信用卡管理的,处三年以下有期徒刑或者拘役,并处或者单处一万元以上十万元以下罚金;数量巨大或者有其他严重情节的,处三年以上十年以下有期徒刑,并处二万元以上二十万元以下罚金:

“(一)明知是伪造的信用卡而持有、运输的,或者明知是伪造的空白信用卡而持有、运输,数量较大的;

“(二)非法持有他人信用卡,数量较大的;

“(三)使用虚假的身份证明骗领信用卡的;

“(四)出售、购买、为他人提供伪造的信用卡或者以虚假的身份证明骗领的信用卡的。

“窃取、收买或者非法提供他人信用卡信息资料的,依照前款规定处罚。

“银行或者其他金融机构的工作人员利用职务上的便利,犯第二款罪的,从重处罚。”

[新增“妨害信用卡管理罪”和“窃取、收买、非法提供信用卡信息罪”]

二、将刑法第一百九十六条修改为:“有下列情形之一,进行信用卡诈骗活动,数额较大的,处五年以下有期徒刑或者拘役,并处二万元以上二十万元以下罚金;数额巨大或者有其他严重情节的,处五年以上十年以下有期徒刑,并处五万元以上五十万元以下罚金;数额特别巨大或者有其他特别严重情节的,处十年以上有期徒刑或者无期徒刑,并处五万元以上五十万元以下罚金或者没收财产:

“(一)使用伪造的信用卡,或者使用以虚假的身份证明骗领的信用卡的;

“(二)使用作废的信用卡的;

“(三)冒用他人信用卡的;

“(四)恶意透支的。

“前款所称恶意透支,是指持卡人以非法占有为目的,超过规定限额或者规定期限透支,并且经发卡银行催收后仍不归还的行为。

“盗窃信用卡并使用的,依照本法第二百六十四条的规定定罪处罚。”

[增加规定了“使用以虚假的身份证明骗领的信用卡”的情形]

三、在刑法第三百六十九条中增加一款作为第二款,将该条修改为:“破坏武器装备、军事设施、军事通信的,处三年以下有期徒刑、拘役或者管制;破坏重要武器装备、军事设施、军事通信的,处三年以上十年以下有期徒刑;情节特别严重的,处十年以上有期徒刑、无期徒刑或者死刑。

“过失犯前款罪,造成严重后果的,处三年以下有期徒刑或者拘役；造成特别严重后果的，处三年以上七年以下有期徒刑。

“战时犯前两款罪的，从重处罚。”

[新增“过失损坏武器装备、军事设施、军事通信罪”]

四、本修正案自公布之日起施行。

中华人民共和国刑法修正案(六)

一、将刑法第一百三十四条修改为：“在生产、作业中违反有关安全管理的规定，因而发生重大伤亡事故或者造成其他严重后果的，处三年以下有期徒刑或者拘役；情节特别恶劣的，处三年以上七年以下有期徒刑。

“强令他人违章冒险作业，因而发生重大伤亡事故或者造成其他严重后果的，处五年以下有期徒刑或者拘役；情节特别恶劣的，处五年以上有期徒刑。”

[新增强令违章冒险作业罪]

二、将刑法第一百三十五条修改为：“安全生产设施或者安全生产条件不符合国家规定，因而发生重大伤亡事故或者造成其他严重后果的，对直接负责的主管人员和其他直接责任人员，处三年以下有期徒刑或者拘役；情节特别恶劣的，处三年以上七年以下有期徒刑。”

[取消主体列举式的规定，取消犯罪构成的前置条件]

三、在刑法第一百三十五条后增加一条，作为第一百三十五条之一：“举办大型群众性活动违反安全管理规定，因而发生重大伤亡事故或者造成其他严重后果的，对直接负责的主管人员和其他直接责任人员，处三年以下有期徒刑或者拘役；情节特别恶劣的，处三年以上七年以下有期徒刑。”

[新增大型群众性活动重大安全事故罪]

四、在刑法第一百三十九条后增加一条,作为第一百三十九条之一:"在安全事故发生后,负有报告职责的人员不报或者谎报事故情况,贻误事故抢救,情节严重的,处三年以下有期徒刑或者拘役;情节特别严重的,处三年以上七年以下有期徒刑。"

[新增不报、谎报安全事故罪]

五、将刑法第一百六十一条修改为:"依法负有信息披露义务的公司、企业向股东和社会公众提供虚假的或者隐瞒重要事实的财务会计报告,或者对依法应当披露的其他重要信息不按照规定披露,严重损害股东或者其他人利益,或者有其他严重情节的,对其直接负责的主管人员和其他直接责任人员,处三年以下有期徒刑或者拘役,并处或者单处二万元以上二十万元以下罚金。"

[增加企业犯罪主体,增加其他重要信息的犯罪对象,增加情节构成条件]

六、在刑法第一百六十二条之一后增加一条,作为第一百六十二条之二:"公司、企业通过隐匿财产、承担虚构的债务或者以其他方法转移、处分财产,实施虚假破产,严重损害债权人或者其他人利益的,对其直接负责的主管人员和其他直接责任人员,处五年以下有期徒刑或者拘役,并处或者单处二万元以上二十万元以下罚金。"

[新增虚假破产罪]

七、将刑法第一百六十三条修改为:"公司、企业或者其他单位的工作人员利用职务上的便利,索取他人财物或者非法收受他人财物,为他人谋取利益,数额较大的,处五年以下有期徒刑或者拘役;数额巨大的,处五年以上有期徒刑,可以并处没收财产。

"公司、企业或者其他单位的工作人员在经济往来中,利用职务上的便利,违反国家规定,收受各种名义的回扣、手续费,归个人所有的,依照前款的规定处罚。

“国有公司、企业或者其他国有单位中从事公务的人员和国有公司、企业或者其他国有单位委派到非国有公司、企业以及其他单位从事公务的人员有前两款行为的,依照本法第三百八十五条、第三百八十六条的规定定罪处罚。”

[**增加其他单位工作人员,确定为非国家工作人员受贿罪**]

八、将刑法第一百六十四条第一款修改为:“为谋取不正当利益,给予公司、企业或者其他单位的工作人员以财物,数额较大的,处三年以下有期徒刑或者拘役;数额巨大的,处三年以上十年以下有期徒刑,并处罚金。”

九、在刑法第一百六十九条后增加一条,作为第一百六十九条之一:“上市公司的董事、监事、高级管理人员违背对公司的忠实义务,利用职务便利,操纵上市公司从事下列行为之一,致使上市公司利益遭受重大损失的,处三年以下有期徒刑或者拘役,并处或者单处罚金;致使上市公司利益遭受特别重大损失的,处三年以上七年以下有期徒刑,并处罚金:

“(一)无偿向其他单位或者个人提供资金、商品、服务或者其他资产的;

“(二)以明显不公平的条件,提供或者接受资金、商品、服务或者其他资产的;

“(三)向明显不具有清偿能力的单位或者个人提供资金、商品、服务或者其他资产的;

“(四)为明显不具有清偿能力的单位或者个人提供担保,或者无正当理由为其他单位或者个人提供担保的;

“(五)无正当理由放弃债权、承担债务的;

“(六)采用其他方式损害上市公司利益的。

“上市公司的控股股东或者实际控制人,指使上市公司董事、监事、高级管理人员实施前款行为的,依照前款的规定处罚。

“犯前款罪的上市公司的控股股东或者实际控制人是单位的,对单位判处罚金,并对其直接负责的主管人员和其他直接责任人员,依照第一款的规定处罚。”

[新增背信损害上市公司利益罪]

十、在刑法第一百七十五条后增加一条,作为第一百七十五条之一:“以欺骗手段取得银行或者其他金融机构贷款、票据承兑、信用证、保函等,给银行或者其他金融机构造成重大损失或者有其他严重情节的,处三年以下有期徒刑或者拘役,并处或者单处罚金;给银行或者其他金融机构造成特别重大损失或者有其他特别严重情节的,处三年以上七年以下有期徒刑,并处罚金。

“单位犯前款罪的,对单位判处罚金,并对其直接负责的主管人员和其他直接责任人员,依照前款的规定处罚。”

[新增骗取贷款、票据承兑、金融票证罪]

十一、将刑法第一百八十二条修改为:“有下列情形之一,操纵证券、期货市场,情节严重的,处五年以下有期徒刑或者拘役,并处或者单处罚金;情节特别严重的,处五年以上十年以下有期徒刑,并处罚金:

“(一)单独或者合谋,集中资金优势、持股或者持仓优势或者利用信息优势联合或者连续买卖,操纵证券、期货交易价格或者证券、期货交易量的;

“(二)与他人串通,以事先约定的时间、价格和方式相互进行证券、期货交易，影响证券、期货交易价格或者证券、期货交易量的；

“（三）在自己实际控制的帐户之间进行证券交易，或者以自己为交易对象，自买自卖期货合约，影响证券、期货交易价格或者证券、期货交易量的；

“（四）以其他方法操纵证券、期货市场的。

“单位犯前款罪的，对单位判处罚金，并对其直接负责的主管人员和其他直接责任人员，依照前款的规定处罚。”

[增加期货作为犯罪对象]

十二、在刑法第一百八十五条后增加一条，作为第一百八十五条之一：“商业银行、证券交易所、期货交易所、证券公司、期货经纪公司、保险公司或者其他金融机构，违背受托义务，擅自运用客户资金或者其他委托、信托的财产，情节严重的，对单位判处罚金，并对其直接负责的主管人员和其他直接责任人员，处三年以下有期徒刑或者拘役，并处三万元以上三十万元以下罚金；情节特别严重的，处三年以上十年以下有期徒刑，并处五万元以上五十万元以下罚金。

“社会保障基金管理机构、住房公积金管理机构等公众资金管理机构，以及保险公司、保险资产管理公司、证券投资基金管理公司，违反国家规定运用资金的，对其直接负责的主管人员和其他直接责任人员，依照前款的规定处罚。”

[新增背信运用受托财产罪]

十三、将刑法第一百八十六条第一款、第二款修改为：“银行或者其他金融机构的工作人员违反国家规定发放贷款，数额巨大或者造成重大损失的，处五年以下有期徒刑或者拘役，并处一万元以上十万元以下罚金；数额特别巨大或者造成特别重大损失的，处五年以上有期徒刑，并处二万元以上二十万元以下罚金。

“银行或者其他金融机构的工作人员违反国家规定，向关系人发放贷款的，依照前款的规定从重处罚。”

［**新增违法运用资金罪**］

十四、将刑法第一百八十七条第一款修改为：“银行或者其他金融机构的工作人员吸收客户资金不入帐，数额巨大或者造成重大损失的，处五年以下有期徒刑或者拘役，并处二万元以上二十万元以下罚金；数额特别巨大或者造成特别重大损失的，处五年以上有期徒刑，并处五万元以上五十万元以下罚金。”

［**取消牟利为目的的构成条件，取消将资金用于非法拆借、发放贷款的构成条件，增加数额构成条件**］

十五、将刑法第一百八十八条第一款修改为：“银行或者其他金融机构的工作人员违反规定，为他人出具信用证或者其他保函、票据、存单、资信证明，情节严重的，处五年以下有期徒刑或者拘役；情节特别严重的，处五年以上有期徒刑。”

［**改损失较大为情节严重的构成条件**］

十六、将刑法第一百九十一条第一款修改为：“明知是毒品犯罪、黑社会性质的组织犯罪、恐怖活动犯罪、走私犯罪、贪污贿赂犯罪、破坏金融管理秩序犯罪、金融诈骗犯罪的所得及其产生的收益，为掩饰、隐瞒其来源和性质，有下列行为之一的，没收实施以上犯罪的所得及其产生的收益，处五年以下有期徒刑或者拘役，并处或者单处洗钱数额百分之五以上百分之二十以下罚金；情节严重的，处五年以上十年以下有期徒刑，并处洗钱数额百分之五以上百分之二十以下罚金：

“（一）提供资金帐户的；

“（二）协助将财产转换为现金、金融票据、有价证券的；

“(三)通过转帐或者其他结算方式协助资金转移的；

“(四)协助将资金汇往境外的；

“(五)以其他方法掩饰、隐瞒犯罪所得及其收益的来源和性质的。”

[恐怖活动犯罪、贪污贿赂犯罪、破坏金融管理秩序犯罪、金融诈骗犯罪为上游犯罪]

十七、在刑法第二百六十二条后增加一条，作为第二百六十二条之一：“以暴力、胁迫手段组织残疾人或者不满十四周岁的未成年人乞讨的，处三年以下有期徒刑或者拘役，并处罚金；情节严重的，处三年以上七年以下有期徒刑，并处罚金。”

[新增组织残疾人、儿童乞讨罪]

十八、将刑法第三百零三条修改为：“以营利为目的，聚众赌博或者以赌博为业的，处三年以下有期徒刑、拘役或者管制，并处罚金。

“开设赌场的，处三年以下有期徒刑、拘役或者管制，并处罚金；情节严重的，处三年以上十年以下有期徒刑，并处罚金。”

[新增开设赌场罪]

十九、将刑法第三百一十二条修改为：“明知是犯罪所得及其产生的收益而予以窝藏、转移、收购、代为销售或者以其他方法掩饰、隐瞒的，处三年以下有期徒刑、拘役或者管制，并处或者单处罚金；情节严重的，处三年以上七年以下有期徒刑，并处罚金。”

[增加对象为犯罪所得及收益，增加兜底性手段行为掩饰隐瞒]

二十、在刑法第三百九十九条后增加一条，作为第三百九十九条之一：“依法承担仲裁职责的人员，在仲裁活动中故意违背事实和法律作枉法裁决，情节严重的，处三年以下有期徒刑或者拘役；情节特别严重的，处三年以上七年以下有期徒刑。”

［**新增枉法仲裁罪**］

二十一、本修正案自公布之日起施行。

中华人民共和国刑法修正案(七)

一、将刑法第一百五十一条第三款修改为:“走私珍稀植物及其制品等国家禁止进出口的其他货物、物品的,处五年以下有期徒刑或者拘役,并处或者单处罚金;情节严重的,处五年以上有期徒刑,并处罚金。”

［**新增走私国家禁止进出口的货物、物品罪**］

二、将刑法第一百八十条第一款修改为:“证券、期货交易内幕信息的知情人员或者非法获取证券、期货交易内幕信息的人员,在涉及证券的发行,证券、期货交易或者其他对证券、期货交易价格有重大影响的信息尚未公开前,买入或者卖出该证券,或者从事与该内幕信息有关的期货交易,或者泄露该信息,或者明示、暗示他人从事上述交易活动,情节严重的,处五年以下有期徒刑或者拘役,并处或者单处违法所得一倍以上五倍以下罚金;情节特别严重的,处五年以上十年以下有期徒刑,并处违法所得一倍以上五倍以下罚金。”

增加一款作为第四款:“证券交易所、期货交易所、证券公司、期货经纪公司、基金管理公司、商业银行、保险公司等金融机构的从业人员以及有关监管部门或者行业协会的工作人员,利用因职务便利获取的内幕信息以外的其他未公开的信息,违反规定,从事与该信息相关的证券、期货交易活动,或者明示、暗示他人从事相关交易活动,情节严重的,依照第一款的规定处罚。”

[新增利用未公开信息交易罪,增加“明示、暗示他人从事上述交易活动”的行为]

三、将刑法第二百零一条修改为:“纳税人采取欺骗、隐瞒手段进行虚假纳税申报或者不申报,逃避缴纳税款数额较大并且占应纳税额百分之十以上的,处三年以下有期徒刑或者拘役,并处罚金;数额巨大并且占应纳税额百分之三十以上的,处三年以上七年以下有期徒刑,并处罚金。

“扣缴义务人采取前款所列手段,不缴或者少缴已扣、已收税款,数额较大的,依照前款的规定处罚。

“对多次实施前两款行为,未经处理的,按照累计数额计算。

“有第一款行为,经税务机关依法下达追缴通知后,补缴应纳税款,缴纳滞纳金,已受行政处罚的,不予追究刑事责任;但是,五年内因逃避缴纳税款受过刑事处罚或者被税务机关给予二次以上行政处罚的除外。”

[偷税罪修改为逃税罪,将列举式行为改为概括性行为,将定量一万元改为数额较大,增加初次逃税接受处罚不入刑的规定]

四、在刑法第二百二十四条后增加一条,作为第二百二十四条之一:“组织、领导以推销商品、提供服务等经营活动为名,要求参加者以缴纳费用或者购买商品、服务等方式获得加入资格,并按照一定顺序组成层级,直接或者间接以发展人员的数量作为计酬或者返利依据,引诱、胁迫参加者继续发展他人参加,骗取财物,扰乱经济社会秩序的传销活动的,处五年以下有期徒刑或者拘役,并处罚金;情节严重的,处五年以上有期徒刑,并处罚金。”

[新增“组织、领导传销活动罪”]

五、将刑法第二百二十五条第三项修改为:“未经国家有关主管部门批准非法经营证券、期货、保险业务的，或者非法从事资金支付结算业务的；”

[增加规定了“非法从事资金支付结算业务”的行为，打击地下钱庄]

六、将刑法第二百三十九条修改为：“以勒索财物为目的绑架他人的，或者绑架他人作为人质的，处十年以上有期徒刑或者无期徒刑，并处罚金或者没收财产；情节较轻的，处五年以上十年以下有期徒刑，并处罚金。

“犯前款罪，致使被绑架人死亡或者杀害被绑架人的，处死刑，并处没收财产。

“以勒索财物为目的偷盗婴幼儿的，依照前两款的规定处罚。”

[增加规定了一档“情节较轻的，处五年以上十年以下有期徒刑”，降低刑罚]

七、在刑法第二百五十三条后增加一条，作为第二百五十三条之一：“国家机关或者金融、电信、交通、教育、医疗等单位的工作人员，违反国家规定，将本单位在履行职责或者提供服务过程中获得的公民个人信息，出售或者非法提供给他人，情节严重的，处三年以下有期徒刑或者拘役，并处或者单处罚金。

“窃取或者以其他方法非法获取上述信息，情节严重的，依照前款的规定处罚。

“单位犯前两款罪的，对单位判处罚金，并对其直接负责的主管人员和其他直接责任人员，依照各该款的规定处罚。”

[新增“出售、非法提供公民个人信息罪”和“非法获取公民个人信息罪”]

八、在刑法第二百六十二条之一后增加一条，作为第二百六十二条之二：“组织未成年人进行盗窃、诈骗、抢夺、敲诈勒索等违反治安管理活动的,处三年以下有期徒刑或者拘役,并处罚金;情节严重的,处三年以上七年以下有期徒刑,并处罚金。”

[新增“组织未成年人进行违反治安管理活动罪”]

九、在刑法第二百八十五条中增加两款作为第二款、第三款:“违反国家规定,侵入前款规定以外的计算机信息系统或者采用其他技术手段,获取该计算机信息系统中存储、处理或者传输的数据,或者对该计算机信息系统实施非法控制,情节严重的,处三年以下有期徒刑或者拘役,并处或者单处罚金;情节特别严重的,处三年以上七年以下有期徒刑,并处罚金。

“提供专门用于侵入、非法控制计算机信息系统的程序、工具,或者明知他人实施侵入、非法控制计算机信息系统的违法犯罪行为而为其提供程序、工具,情节严重的,依照前款的规定处罚。”

[新增“非法获取计算机信息系统数据、非法控制计算机信息系统罪”和“提供侵入、非法控制计算机信息系统的程序、工具罪”]

十、在刑法第三百一十二条中增加一款作为第二款:“单位犯前款罪的,对单位判处罚金,并对其直接负责的主管人员和其他直接责任人员,依照前款的规定处罚。”

[增加单位也可以构成“掩饰、隐瞒犯罪所得、犯罪所得收益罪”]

十一、将刑法第三百三十七条第一款修改为:“违反有关动植物防疫、检疫的国家规定,引起重大动植物疫情的,或者有引起重大动植物疫情危险,情节严重的,处三年以下有期徒刑或者拘役,并处或者单处罚金。”

[将“逃避动植物检疫罪”修改为“妨害动植物防疫、检疫罪”]

十二、将刑法第三百七十五条第二款修改为:“非法生产、买卖武装部队制式服装,情节严重的,处三年以下有期徒刑、拘役或者管制,并处或者单处罚金。”

增加一款作为第三款：“伪造、盗窃、买卖或者非法提供、使用武装部队车辆号牌等专用标志，情节严重的，处三年以下有期徒刑、拘役或者管制，并处或者单处罚金；情节特别严重的，处三年以上七年以下有期徒刑，并处罚金。”

原第三款作为第四款，修改为：“单位犯第二款、第三款罪的，对单位判处罚金，并对其直接负责的主管人员和其他直接责任人员，依照各该款的规定处罚。”

[将原来的“非法生产、买卖军用标志罪”分解成“非法生产、买卖武装部队制式服装罪”和“伪造、盗窃、买卖、非法提供、非法使用武装部队专用标志罪”]

十三、在刑法第三百八十八条后增加一条作为第三百八十八条之一：“国家工作人员的近亲属或者其他与该国家工作人员关系密切的人，通过该国家工作人员职务上的行为，或者利用该国家工作人员职权或者地位形成的便利条件，通过其他国家工作人员职务上的行为，为请托人谋取不正当利益，索取请托人财物或者收受请托人财物，数额较大或者有其他较重情节的，处三年以下有期徒刑或者拘役，并处罚金；数额巨大或者有其他严重情节的，处三年以上七年以下有期徒刑，并处罚金；数额特别巨大或者有其他特别严重情节的，处七年以上有期徒刑，并处罚金或者没收财产。

“离职的国家工作人员或者其近亲属以及其他与其关系密切的人，利用该离职的国家工作人员原职权或者地位形成的便利条件实施前款行为的，依照前款的规定定罪处罚。”

[新增“利用影响力受贿罪”]

十四、将刑法第三百九十五条第一款修改为：“国家工作人员的财产、支出明显超过合法收入,差额巨大的,可以责令该国家工作人员说明来源,不能说明来源的,差额部分以非法所得论,处五年以下有期徒刑或者拘役;差额特别巨大的,处五年以上十年以下有期徒刑。财产的差额部分予以追缴。"

[提高了"巨额财产来源不明罪"的法定刑]

十五、本修正案自公布之日起施行。

中华人民共和国刑法修正案(八)

一、在刑法第十七条后增加一条,作为第十七条之一:"已满七十五周岁的人故意犯罪的,可以从轻或者减轻处罚;过失犯罪的,应当从轻或者减轻处罚。"

[增加老年宽宥的规定]

二、在刑法第三十八条中增加一款作为第二款:"判处管制,可以根据犯罪情况,同时禁止犯罪分子在执行期间从事特定活动,进入特定区域、场所,接触特定的人。"

原第二款作为第三款,修改为:"对判处管制的犯罪分子,依法实行社区矫正。"

增加一款作为第四款:"违反第二款规定的禁止令的,由公安机关依照《中华人民共和国治安管理处罚法》的规定处罚。"

[增加禁止性规定]

三、在刑法第四十九条中增加一款作为第二款:"审判的时候已满七十五周岁的人,不适用死刑,但以特别残忍手段致人死亡的除外。"

[增加老年人死刑适用的特别规定]

四、将刑法第五十条修改为:"判处死刑缓期执行的,在死刑缓期执行期间,如果没有故意犯罪,二年期满以后,减为无期徒刑;如果确有重大立功表现,二年期满以后,减为二十五年有期徒刑;如果故意犯罪,查证属实的,由最高人民法院核准,执行死刑。

"对被判处死刑缓期执行的累犯以及因故意杀人、强奸、抢劫、绑架、放火、爆炸、投放危险物质或者有组织的暴力性犯罪被判处死刑缓期执行的犯罪分子,人民法院根据犯罪情节等情况可以同时决定对其限制减刑。"

[增加生刑,增加限制减刑的规定]

五、将刑法第六十三条第一款修改为:"犯罪分子具有本法规定的减轻处罚情节的,应当在法定刑以下判处刑罚;本法规定有数个量刑幅度的,应当在法定量刑幅度的下一个量刑幅度内判处刑罚。"

[增加限制减刑的规定]

六、将刑法第六十五条第一款修改为:"被判处有期徒刑以上刑罚的犯罪分子,刑罚执行完毕或者赦免以后,在五年以内再犯应当判处有期徒刑以上刑罚之罪的,是累犯,应当从重处罚,但是过失犯罪和不满十八周岁的人犯罪的除外。"

[将未成年人排除出累犯的规定]

七、将刑法第六十六条修改为:"危害国家安全犯罪、恐怖活动犯罪、黑社会性质的组织犯罪的犯罪分子,在刑罚执行完毕或者赦免以后,在任何时候再犯上述任一类罪的,都以累犯论处。"

[增加了构成特殊累犯前置犯罪范围,在原来的危害国家安全罪之外增加了恐怖活动犯罪和黑社会性质组织犯罪]

八、在刑法第六十七条中增加一款作为第三款:"犯罪嫌疑人虽不具有前两款规定的自首情节,但是如实供述自己罪行的,可以从轻处罚;因其如实供述自己罪行,避免特别严重后果发生的,可以减轻处罚。”

[增加了坦白作为法定从宽量刑情节]

九、删去刑法第六十八条第二款。

[删除了又自首又立功从轻处罚的规定]

十、将刑法第六十九条修改为:“判决宣告以前一人犯数罪的,除判处死刑和无期徒刑的以外,应当在总和刑期以下、数刑中最高刑期以上,酌情决定执行的刑期,但是管制最高不能超过三年,拘役最高不能超过一年,有期徒刑总和刑期不满三十五年的,最高不能超过二十年,总和刑期在三十五年以上的,最高不能超过二十五年。

“数罪中有判处附加刑的,附加刑仍须执行,其中附加刑种类相同的,合并执行,种类不同的,分别执行。”

[提高了数罪并罚时有期徒刑的上限,将数罪并罚最高刑期从20年提高至25年,明确了附加刑数罪并罚的规定]

十一、将刑法第七十二条修改为:“对于被判处拘役、三年以下有期徒刑的犯罪分子,同时符合下列条件的,可以宣告缓刑,对其中不满十八周岁的人、怀孕的妇女和已满七十五周岁的人,应当宣告缓刑:

“(一)犯罪情节较轻;

“(二)有悔罪表现;

“(三)没有再犯罪的危险;

“(四)宣告缓刑对所居住社区没有重大不良影响。

“宣告缓刑,可以根据犯罪情况,同时禁止犯罪分子在缓刑考验期限内从事特定活动,进入特定区域、场所,接触特定的人。

“被宣告缓刑的犯罪分子,如果被判处附加刑,附加刑仍须执行。”

[明确了缓刑适用的条件]

十二、将刑法第七十四条修改为:“对于累犯和犯罪集团的首要分子，不适用缓刑。”

[**扩大了不得适用缓刑的范围，增加规定对犯罪集团的首要分子不得适用缓刑**]

十三、将刑法第七十六条修改为：“对宣告缓刑的犯罪分子，在缓刑考验期限内，依法实行社区矫正，如果没有本法第七十七条规定的情形，缓刑考验期满，原判的刑罚就不再执行，并公开予以宣告。”

[**将缓刑纳入社区矫正的范畴**]

十四、将刑法第七十七条第二款修改为：“被宣告缓刑的犯罪分子，在缓刑考验期限内，违反法律、行政法规或者国务院有关部门关于缓刑的监督管理规定，或者违反人民法院判决中的禁止令，情节严重的，应当撤销缓刑，执行原判刑罚。”

[**明确撤销缓刑的情形**]

十五、将刑法第七十八条第二款修改为：“减刑以后实际执行的刑期不能少于下列期限：

“（一）判处管制、拘役、有期徒刑的，不能少于原判刑期的二分之一；

“（二）判处无期徒刑的，不能少于十三年；

“（三）人民法院依照本法第五十条第二款规定限制减刑的死刑缓期执行的犯罪分子，缓期执行期满后依法减为无期徒刑的，不能少于二十五年，缓期执行期满后依法减为二十五年有期徒刑的，不能少于二十年。”

[**规定了限制死缓犯减刑，并延长特殊死缓犯的实行执行刑期**]

十六、将刑法第八十一条修改为：“被判处有期徒刑的犯罪分子，执行原判刑期二分之一以上，被判处无期徒刑的犯罪分子，实际执行十三年以上，如果认真遵守监规，接受教育改造，确有悔改表现，没有再犯罪的危险的,可以假释。如果有特殊情况,经最高人民法院核准,可以不受上述执行刑期的限制。

“对累犯以及因故意杀人、强奸、抢劫、绑架、放火、爆炸、投放危险物质或者有组织的暴力性犯罪被判处十年以上有期徒刑、无期徒刑的犯罪分子,不得假释。

“对犯罪分子决定假释时,应当考虑其假释后对所居住社区的影响。”

[将适用假释的刑期由10年提高到实际执行13年以上]

十七、将刑法第八十五条修改为:“对假释的犯罪分子,在假释考验期限内,依法实行社区矫正,如果没有本法第八十六条规定的情形,假释考验期满,就认为原判刑罚已经执行完毕,并公开予以宣告。”

[将假释纳入社区矫正的范畴]

十八、将刑法第八十六条第三款修改为:“被假释的犯罪分子,在假释考验期限内,有违反法律、行政法规或者国务院有关部门关于假释的监督管理规定的行为,尚未构成新的犯罪的,应当依照法定程序撤销假释,收监执行未执行完毕的刑罚。”

[明确撤销假释的情形]

十九、在刑法第一百条中增加一款作为第二款:“犯罪的时候不满十八周岁被判处五年有期徒刑以下刑罚的人,免除前款规定的报告义务。”

[增加前科封存的规定]

二十、将刑法第一百零七条修改为:“境内外机构、组织或者个人资助实施本章第一百零二条、第一百零三条、第一百零四条、第一百零五条规定之罪的,对直接责任人员,处五年以下有期徒刑、拘役、管制或者剥夺政治权利;情节严重的,处五年以上有期徒刑。”

[修改将资助实施危害国家安全犯罪的主体从境内组织或个人增加为境内外机构、组织或者个人]

二十一、将刑法第一百零九条修改为："国家机关工作人员在履行公务期间，擅离岗位，叛逃境外或者在境外叛逃的，处五年以下有期徒刑、拘役、管制或者剥夺政治权利；情节严重的，处五年以上十年以下有期徒刑。

"掌握国家秘密的国家工作人员叛逃境外或者在境外叛逃的，依照前款的规定从重处罚。"

[删去了叛逃罪"危害中华人民共和国国家安全的"的规定，将结果犯改为行为犯]

二十二、在刑法第一百三十三条后增加一条，作为第一百三十三条之一："在道路上驾驶机动车追逐竞驶，情节恶劣的，或者在道路上醉酒驾驶机动车的，处拘役，并处罚金。

"有前款行为，同时构成其他犯罪的，依照处罚较重的规定定罪处罚。"

[新增危险驾驶罪]

二十三、将刑法第一百四十一条第一款修改为："生产、销售假药的，处三年以下有期徒刑或者拘役，并处罚金；对人体健康造成严重危害或者有其他严重情节的，处三年以上十年以下有期徒刑，并处罚金；致人死亡或者有其他特别严重情节的，处十年以上有期徒刑、无期徒刑或者死刑，并处罚金或者没收财产。"

[将生产、销售假药罪从具体危险犯改为抽象危险犯，扩大了构成范围]

二十四、将刑法第一百四十三条修改为："生产、销售不符合食品安全标准的食品，足以造成严重食物中毒事故或者其他严重食源性疾病的,处三年以下有期徒刑或者拘役,并处罚金;对人体健康造成严重危害或者有其他严重情节的,处三年以上七年以下有期徒刑,并处罚金;后果特别严重的,处七年以上有期徒刑或者无期徒刑,并处罚金或者没收财产。"

[改变了生产、销售不符合卫生标准的食品罪罚金刑的适用方式,将过去比例加倍数修改为并处罚金的概括规定]

二十五、将刑法第一百四十四条修改为:"在生产、销售的食品中掺入有毒、有害的非食品原料的,或者销售明知掺有有毒、有害的非食品原料的食品的,处五年以下有期徒刑,并处罚金;对人体健康造成严重危害或者有其他严重情节的,处五年以上十年以下有期徒刑,并处罚金;致人死亡或者有其他特别严重情节的,依照本法第一百四十一条的规定处罚。"

[改变了生产、销售有毒、有害食品罪罚金刑的适用方式,将过去比例加倍数修改为并处罚金的概括规定]

二十六、将刑法第一百五十一条修改为:"走私武器、弹药、核材料或者伪造的货币的,处七年以上有期徒刑,并处罚金或者没收财产;情节特别严重的,处无期徒刑或者死刑,并处没收财产;情节较轻的,处三年以上七年以下有期徒刑,并处罚金。

"走私国家禁止出口的文物、黄金、白银和其他贵重金属或者国家禁止进出口的珍贵动物及其制品的,处五年以上十年以下有期徒刑,并处罚金;情节特别严重的,处十年以上有期徒刑或者无期徒刑,并处没收财产;情节较轻的,处五年以下有期徒刑,并处罚金。

"走私珍稀植物及其制品等国家禁止进出口的其他货物、物品的,处五年以下有期徒刑或者拘役,并处或者单处罚金;情节严重的,处五年以上有期徒刑,并处罚金。

“单位犯本条规定之罪的，对单位判处罚金，并对其直接负责的主管人员和其他直接责任人员，依照本条各款的规定处罚。”

[将走私文物罪、走私贵重金属罪、走私珍贵动物珍贵动物制品罪死刑取消]

二十七、将刑法第一百五十三条第一款修改为：“走私本法第一百五十一条、第一百五十二条、第三百四十七条规定以外的货物、物品的，根据情节轻重，分别依照下列规定处罚：

“(一)走私货物、物品偷逃应缴税额较大或者一年内曾因走私被给予二次行政处罚后又走私的，处三年以下有期徒刑或者拘役，并处偷逃应缴税额一倍以上五倍以下罚金。

“(二)走私货物、物品偷逃应缴税额巨大或者有其他严重情节的，处三年以上十年以下有期徒刑，并处偷逃应缴税额一倍以上五倍以下罚金。

“(三)走私货物、物品偷逃应缴税额特别巨大或者有其他特别严重情节的，处十年以上有期徒刑或者无期徒刑，并处偷逃应缴税额一倍以上五倍以下罚金或者没收财产。”

[将走私普通货物物品罪死刑取消]

二十八、将刑法第一百五十七条第一款修改为：“武装掩护走私的，依照本法第一百五十一条第一款的规定从重处罚。”

[修改了武装掩护走私的刑罚规定，取消无期徒刑、死刑的适用]

二十九、将刑法第一百六十四条修改为：“为谋取不正当利益，给予公司、企业或者其他单位的工作人员以财物，数额较大的，处三年以下有期徒刑或者拘役；数额巨大的，处三年以上十年以下有期徒刑，并处罚金。

“为谋取不正当商业利益，给予外国公职人员或者国际公共组织官员以财物的,依照前款的规定处罚。

“单位犯前两款罪的,对单位判处罚金,并对其直接负责的主管人员和其他直接责任人员,依照第一款的规定处罚。

“行贿人在被追诉前主动交待行贿行为的,可以减轻处罚或者免除处罚。”

[新增对外国公职人员或者国际公共组织官员行贿罪,完善了行贿的对象范围]

三十、将刑法第一百九十九条修改为:“犯本节第一百九十二条规定之罪,数额特别巨大并且给国家和人民利益造成特别重大损失的,处无期徒刑或者死刑,并处没收财产。”

[废除了票据诈骗罪、金融凭证诈骗罪、信用证诈骗罪死刑]

三十一、将刑法第二百条修改为:“单位犯本节第一百九十二条、第一百九十四条、第一百九十五条规定之罪的,对单位判处罚金,并对其直接负责的主管人员和其他直接责任人员,处五年以下有期徒刑或者拘役,可以并处罚金;数额巨大或者有其他严重情节的,处五年以上十年以下有期徒刑,并处罚金;数额特别巨大或者有其他特别严重情节的,处十年以上有期徒刑或者无期徒刑,并处罚金。”

[增加了集资诈骗罪、票据诈骗罪、信用证诈骗罪的罚金刑种类]

三十二、删去刑法第二百零五条第二款。

[废除了虚开增值税专用发票罪死刑]

三十三、在刑法第二百零五条后增加一条,作为第二百零五条之一:“虚开本法第二百零五条规定以外的其他发票,情节严重的,处二年以下有期徒刑、拘役或者管制,并处罚金;情节特别严重的,处二年以上七年以下有期徒刑,并处罚金。

“单位犯前款罪的,对单位判处罚金,并对其直接负责的主管人员和其他直接责任人员,依照前款的规定处罚。"

[新增虚开普通发票罪]

三十四、删去刑法第二百零六条第二款。

[废除了伪造出售伪造的增值税专用发票罪死刑]

三十五、在刑法第二百一十条后增加一条,作为第二百一十条之一:"明知是伪造的发票而持有,数量较大的,处二年以下有期徒刑、拘役或者管制,并处罚金;数量巨大的,处二年以上七年以下有期徒刑,并处罚金。

"单位犯前款罪的,对单位判处罚金,并对其直接负责的主管人员和其他直接责任人员,依照前款的规定处罚。"

[新增非法持有伪造发票罪]

三十六、将刑法第二百二十六条修改为:"以暴力、威胁手段,实施下列行为之一,情节严重的,处三年以下有期徒刑或者拘役,并处或者单处罚金;情节特别严重的,处三年以上七年以下有期徒刑,并处罚金:

"(一)强买强卖商品的;

"(二)强迫他人提供或者接受服务的;

"(三)强迫他人参与或者退出投标、拍卖的;

"(四)强迫他人转让或者收购公司、企业的股份、债券或者其他资产的;

"(五)强迫他人参与或者退出特定的经营活动的。"

[在强迫交易罪中增加行为类型、删去情节严重、用人单位的规定,增加刑档、改变罚金刑适用规定,增加共犯规定]

三十七、在刑法第二百三十四条后增加一条,作为第二百三十四条之一:"组织他人出卖人体器官的,处五年以下有期徒刑,并处罚金;情节严重的,处五年以上有期徒刑,并处罚金或者没收财产。

“未经本人同意摘取其器官,或者摘取不满十八周岁的人的器官,或者强迫、欺骗他人捐献器官的,依照本法第二百三十四条、第二百三十二条的规定定罪处罚。

“违背本人生前意愿摘取其尸体器官,或者本人生前未表示同意,违反国家规定,违背其近亲属意愿摘取其尸体器官的,依照本法第三百零二条的规定定罪处罚。”

[新增非法买卖人体器官罪]

三十八、将刑法第二百四十四条修改为:“以暴力、威胁或者限制人身自由的方法强迫他人劳动的,处三年以下有期徒刑或者拘役,并处罚金;情节严重的,处三年以上十年以下有期徒刑,并处罚金。

“明知他人实施前款行为,为其招募、运送人员或者有其他协助强迫他人劳动行为的,依照前款的规定处罚。

“单位犯前两款罪的,对单位判处罚金,并对其直接负责的主管人员和其他直接责任人员,依照第一款的规定处罚。”

[修改了强迫职工劳动罪的罪状,扩大了其打击范围]

三十九、将刑法第二百六十四条修改为:“盗窃公私财物,数额较大的,或者多次盗窃、入户盗窃、携带凶器盗窃、扒窃的,处三年以下有期徒刑、拘役或者管制,并处或者单处罚金;数额巨大或者有其他严重情节的,处三年以上十年以下有期徒刑,并处罚金;数额特别巨大或者有其他特别严重情节的,处十年以上有期徒刑或者无期徒刑,并处罚金或者没收财产。”

[废除了盗窃罪死刑]

四十、将刑法第二百七十四条修改为:“敲诈勒索公私财物,数额较大或者多次敲诈勒索的,处三年以下有期徒刑、拘役或者管制,并处或者单处罚金;数额巨大或者有其他严重情节的,处三年以上十年以下有期徒刑,并处罚金;数额特别巨大或者有其他特别严重情节的,处十年以上有期徒刑,并处罚金。”

[将多次行为纳入敲诈勒索的犯罪构成,衔接了劳教制度的废除,提高了法定刑]

四十一、在刑法第二百七十六条后增加一条,作为第二百七十六条之一:“以转移财产、逃匿等方法逃避支付劳动者的劳动报酬或者有能力支付而不支付劳动者的劳动报酬,数额较大,经政府有关部门责令支付仍不支付的,处三年以下有期徒刑或者拘役,并处或者单处罚金;造成严重后果的,处三年以上七年以下有期徒刑,并处罚金。

“单位犯前款罪的,对单位判处罚金,并对其直接负责的主管人员和其他直接责任人员,依照前款的规定处罚。

“有前两款行为,尚未造成严重后果,在提起公诉前支付劳动者的劳动报酬,并依法承担相应赔偿责任的,可以减轻或者免除处罚。”

[新增恶意欠薪罪]

四十二、将刑法第二百九十三条修改为:“有下列寻衅滋事行为之一,破坏社会秩序的,处五年以下有期徒刑、拘役或者管制:

“(一)随意殴打他人,情节恶劣的;

“(二)追逐、拦截、辱骂、恐吓他人,情节恶劣的;

“(三)强拿硬要或者任意损毁、占用公私财物,情节严重的;

“(四)在公共场所起哄闹事,造成公共场所秩序严重混乱的。

“纠集他人多次实施前款行为,严重破坏社会秩序的,处五年以上十年以下有期徒刑,可以并处罚金。”

[完善并明确化寻衅滋事罪的规定,增加从严惩处首要分子的规定]

四十三、将刑法第二百九十四条修改为:“组织、领导黑社会性质的组织的,处七年以上有期徒刑,并处没收财产;积极参加的,处三年以上七年以下有期徒刑,可以并处罚金或者没收财产;其他参加的,处三年以下有期徒刑、拘役、管制或者剥夺政治权利,可以并处罚金。

“境外的黑社会组织的人员到中华人民共和国境内发展组织成员的,处三年以上十年以下有期徒刑。

“国家机关工作人员包庇黑社会性质的组织,或者纵容黑社会性质的组织进行违法犯罪活动的,处五年以下有期徒刑;情节严重的,处五年以上有期徒刑。

“犯前三款罪又有其他犯罪行为的,依照数罪并罚的规定处罚。

“黑社会性质的组织应当同时具备以下特征:

“(一)形成较稳定的犯罪组织,人数较多,有明确的组织者、领导者,骨干成员基本固定;

“(二)有组织地通过违法犯罪活动或者其他手段获取经济利益,具有一定的经济实力,以支持该组织的活动;

“(三)以暴力、威胁或者其他手段,有组织地多次进行违法犯罪活动,为非作恶,欺压、残害群众;

“(四)通过实施违法犯罪活动,或者利用国家工作人员的包庇或者纵容,称霸一方,在一定区域或者行业内,形成非法控制或者重大影响,严重破坏经济、社会生活秩序。”

[明确了黑社会性质组织犯罪的特征,提高了该罪的法定刑]

四十四、将刑法第二百九十五条修改为:“传授犯罪方法的,处五年以下有期徒刑、拘役或者管制;情节严重的,处五年以上十年以下有期徒刑;情节特别严重的,处十年以上有期徒刑或者无期徒刑。”

[废除了传授犯罪方法罪死刑]

四十五、将刑法第三百二十八条第一款修改为:“盗掘具有历史、艺术、科学价值的古文化遗址、古墓葬的,处三年以上十年以下有期徒刑,并处罚金;情节较轻的,处三年以下有期徒刑、拘役或者管制,并处罚金;有下列情形之一的,处十年以上有期徒刑或者无期徒刑,并处罚金或者没收财产:

“(一)盗掘确定为全国重点文物保护单位和省级文物保护单位的古文化遗址、古墓葬的;

“(二)盗掘古文化遗址、古墓葬集团的首要分子;

“(三)多次盗掘古文化遗址、古墓葬的;

“(四)盗掘古文化遗址、古墓葬,并盗窃珍贵文物或者造成珍贵文物严重破坏的。”

[废除了盗掘古文化遗址古墓葬罪、盗掘古人类化石古脊椎动物化石罪死刑]

四十六、将刑法第三百三十八条修改为:“违反国家规定,排放、倾倒或者处置有放射性的废物、含传染病病原体的废物、有毒物质或者其他有害物质,严重污染环境的,处三年以下有期徒刑或者拘役,并处或者单处罚金;后果特别严重的,处三年以上七年以下有期徒刑,并处罚金。”

[改变了重大环境污染事故罪的构成要件,将造成重大事故致使重大损失或严重后果改为严重污染环境的,降低了入罪条件,扩大了其处罚范围]

四十七、将刑法第三百四十三条第一款修改为:“违反矿产资源法的规定,未取得采矿许可证擅自采矿,擅自进入国家规划矿区、对国民经济具有重要价值的矿区和他人矿区范围采矿，或者擅自开采国家规定实行保护性开采的特定矿种，情节严重的，处三年以下有期徒刑、拘役或者管制，并处或者单处罚金；情节特别严重的，处三年以上七年以下有期徒刑，并处罚金。"

[删除了非法采矿罪的构成前置条件，将重大损失改为情节严重，扩大了构成范围]

四十八、将刑法第三百五十八条第三款修改为："为组织卖淫的人招募、运送人员或者有其他协助组织他人卖淫行为的，处五年以下有期徒刑，并处罚金；情节严重的，处五年以上十年以下有期徒刑，并处罚金。"

[明确了协助组织卖淫罪的构成要件]

四十九、在刑法第四百零八条后增加一条，作为第四百零八条之一："负有食品安全监督管理职责的国家机关工作人员，滥用职权或者玩忽职守，导致发生重大食品安全事故或者造成其他严重后果的，处五年以下有期徒刑或者拘役；造成特别严重后果的，处五年以上十年以下有期徒刑。

"徇私舞弊犯前款罪的，从重处罚。"

[新增食品安全监管失职罪]

五十、本修正案自2011年5月1日起施行。

中华人民共和国刑法修正案(九)

一、在刑法第三十七条后增加一条，作为第三十七条之一："因利用职业便利实施犯罪，或者实施违背职业要求的特定义务的犯罪被判处刑罚的，人民法院可以根据犯罪情况和预防再犯罪的需要，禁止其自刑罚执行完毕之日或者假释之日起从事相关职业,期限为三年至五年。

"被禁止从事相关职业的人违反人民法院依照前款规定作出的决定的,由公安机关依法给予处罚;情节严重的,依照本法第三百一十三条的规定定罪处罚。

"其他法律、行政法规对其从事相关职业另有禁止或者限制性规定的,从其规定。"

[增加了职业禁止的规定]

二、将刑法第五十条第一款修改为:"判处死刑缓期执行的,在死刑缓期执行期间,如果没有故意犯罪,二年期满以后,减为无期徒刑;如果确有重大立功表现,二年期满以后,减为二十五年有期徒刑;如果故意犯罪,情节恶劣的,报请最高人民法院核准后执行死刑;对于故意犯罪未执行死刑的,死刑缓期执行的期间重新计算,并报最高人民法院备案。"

[将死缓改为立即执行的故意犯罪条件增加情节恶劣的规定,限制死刑的适用]

三、将刑法第五十三条修改为:"罚金在判决指定的期限内一次或者分期缴纳。期满不缴纳的,强制缴纳。对于不能全部缴纳罚金的,人民法院在任何时候发现被执行人有可以执行的财产,应当随时追缴。

"由于遭遇不能抗拒的灾祸等原因缴纳确实有困难的,经人民法院裁定,可以延期缴纳、酌情减少或者免除。"

[增加罚金刑执行经法院裁定的程序和延期缴纳的规定]

四、在刑法第六十九条中增加一款作为第二款:"数罪中有判处有期徒刑和拘役的,执行有期徒刑。数罪中有判处有期徒刑和管制,或者拘役和管制的,有期徒刑、拘役执行完毕后,管制仍须执行。"

原第二款作为第三款。

[将有期徒刑、管制和拘役的并罚作了明确规定]

五、将刑法第一百二十条修改为："组织、领导恐怖活动组织的，处十年以上有期徒刑或者无期徒刑，并处没收财产；积极参加的，处三年以上十年以下有期徒刑，并处罚金；其他参加的，处三年以下有期徒刑、拘役、管制或者剥夺政治权利，可以并处罚金。

"犯前款罪并实施杀人、爆炸、绑架等犯罪的，依照数罪并罚的规定处罚。"

[增加了财产刑]

六、将刑法第一百二十条之一修改为："资助恐怖活动组织、实施恐怖活动的个人的，或者资助恐怖活动培训的，处五年以下有期徒刑、拘役、管制或者剥夺政治权利，并处罚金；情节严重的，处五年以上有期徒刑，并处罚金或者没收财产。

"为恐怖活动组织、实施恐怖活动或者恐怖活动培训招募、运送人员的，依照前款的规定处罚。

"单位犯前两款罪的，对单位判处罚金，并对其直接负责的主管人员和其他直接责任人员，依照第一款的规定处罚。"

[增加了资助培训和招募运送人员的行为类型]

七、在刑法第一百二十条之一后增加五条，作为第一百二十条之二、第一百二十条之三、第一百二十条之四、第一百二十条之五、第一百二十条之六：

"第一百二十条之二　有下列情形之一的，处五年以下有期徒刑、拘役、管制或者剥夺政治权利，并处罚金；情节严重的，处五年以上有期徒刑，并处罚金或者没收财产：

"(一)为实施恐怖活动准备凶器、危险物品或者其他工具的；

“（二）组织恐怖活动培训或者积极参加恐怖活动培训的；

“（三）为实施恐怖活动与境外恐怖活动组织或者人员联络的；

“（四）为实施恐怖活动进行策划或者其他准备的。

“有前款行为，同时构成其他犯罪的，依照处罚较重的规定定罪处罚。

［新增准备实施恐怖活动罪］

“第一百二十条之三　以制作、散发宣扬恐怖主义、极端主义的图书、音频视频资料或者其他物品，或者通过讲授、发布信息等方式宣扬恐怖主义、极端主义的，或者煽动实施恐怖活动的，处五年以下有期徒刑、拘役、管制或者剥夺政治权利，并处罚金；情节严重的，处五年以上有期徒刑，并处罚金或者没收财产。”

［新增宣扬恐怖主义、极端主义、煽动实施恐怖活动罪］

“第一百二十条之四　利用极端主义煽动、胁迫群众破坏国家法律确立的婚姻、司法、教育、社会管理等制度实施的，处三年以下有期徒刑、拘役或者管制，并处罚金；情节严重的，处三年以上七年以下有期徒刑，并处罚金；情节特别严重的，处七年以上有期徒刑，并处罚金或者没收财产。”

［新增利用极端主义破坏法律实施罪］

“第一百二十条之五　以暴力、胁迫等方式强制他人在公共场所穿着、佩戴宣扬恐怖主义、极端主义服饰、标志的，处三年以下有期徒刑、拘役或者管制，并处罚金。”

［新增强制穿戴宣扬恐怖主义、极端主义服饰、标志罪］

“第一百二十条之六　明知是宣扬恐怖主义、极端主义的图书、音频视频资料或者其他物品而非法持有，情节严重的，处三年以下有期徒刑、拘役或者管制，并处或者单处罚金。”

[**新增非法持有宣扬恐怖主义、极端主义物品罪**]

八、将刑法第一百三十三条之一修改为:"在道路上驾驶机动车,有下列情形之一的,处拘役,并处罚金:

"(一)追逐竞驶,情节恶劣的;

"(二)醉酒驾驶机动车的;

"(三)从事校车业务或者旅客运输,严重超过额定乘员载客,或者严重超过规定时速行驶的;

"(四)违反危险化学品安全管理规定运输危险化学品,危及公共安全的。

"机动车所有人、管理人对前款第三项、第四项行为负有直接责任的,依照前款的规定处罚。

"有前两款行为,同时构成其他犯罪的,依照处罚较重的规定定罪处罚。"

[**增加了行为类型和新类型的过失共犯**]

九、将刑法第一百五十一条第一款修改为:"走私武器、弹药、核材料或者伪造的货币的,处七年以上有期徒刑,并处罚金或者没收财产;情节特别严重的,处无期徒刑,并处没收财产;情节较轻的,处三年以上七年以下有期徒刑,并处罚金。"

[**废除走私武器、弹药、核材料、伪造的货币的死刑**]

十、将刑法第一百六十四条第一款修改为:"为谋取不正当利益,给予公司、企业或者其他单位的工作人员以财物,数额较大的,处三年以下有期徒刑或者拘役,并处罚金;数额巨大的,处三年以上十年以下有期徒刑,并处罚金。"

[**增加了罚金刑**]

十一、将刑法第一百七十条修改为:"伪造货币的,处三年以上十年以下有期徒刑，并处罚金；有下列情形之一的，处十年以上有期徒刑或者无期徒刑，并处罚金或者没收财产：

“（一）伪造货币集团的首要分子；

“（二）伪造货币数额特别巨大的；

“（三）有其他特别严重情节的。”

十二、删去刑法第一百九十九条。

十三、将刑法第二百三十七条修改为：“以暴力、胁迫或者其他方法强制猥亵他人或者侮辱妇女的，处五年以下有期徒刑或者拘役。

“聚众或者在公共场所当众犯前款罪的，或者有其他恶劣情节的，处五年以上有期徒刑。

“猥亵儿童的，依照前两款的规定从重处罚。”

［强制猥亵罪增加对象，增加了情节恶劣的加重情形］

十四、将刑法第二百三十九条第二款修改为：“犯前款罪，杀害被绑架人的，或者故意伤害被绑架人，致人重伤、死亡的，处无期徒刑或者死刑，并处没收财产。”

［将绑架罪的绝对确定刑改为相对确定刑］

十五、将刑法第二百四十一条第六款修改为：“收买被拐卖的妇女、儿童，对被买儿童没有虐待行为，不阻碍对其进行解救的，可以从轻处罚；按照被买妇女的意愿，不阻碍其返回原居住地的，可以从轻或者减轻处罚。”

［规定了收买被拐卖的妇女儿童罪一律入刑］

十六、在刑法第二百四十六条中增加一款作为第三款：“通过信息网络实施第一款规定的行为，被害人向人民法院告诉，但提供证据确有困难的，人民法院可以要求公安机关提供协助。”

[对网络信息犯罪提供证据的公安协助作了明确规定]

十七、将刑法第二百五十三条之一修改为："违反国家有关规定，向他人出售或者提供公民个人信息，情节严重的，处三年以下有期徒刑或者拘役，并处或者单处罚金；情节特别严重的，处三年以上七年以下有期徒刑，并处罚金。

"违反国家有关规定，将在履行职责或者提供服务过程中获得的公民个人信息，出售或者提供给他人的，依照前款的规定从重处罚。

"窃取或者以其他方法非法获取公民个人信息的，依照第一款的规定处罚。

"单位犯前三款罪的，对单位判处罚金，并对其直接负责的主管人员和其他直接责任人员，依照各该款的规定处罚。"

[出售提供个人信息罪中扩大了主体、放宽了条件、增加了刑档]

十八、将刑法第二百六十条第三款修改为："第一款罪，告诉的才处理，但被害人没有能力告诉，或者因受到强制、威吓无法告诉的除外。"

[对虐待罪中的告诉作出了明确规定]

十九、在刑法第二百六十条后增加一条，作为第二百六十条之一："对未成年人、老年人、患病的人、残疾人等负有监护、看护职责的人虐待被监护、看护的人，情节恶劣的，处三年以下有期徒刑或者拘役。

"单位犯前款罪的，对单位判处罚金，并对其直接负责的主管人员和其他直接责任人员，依照前款的规定处罚。

"有第一款行为，同时构成其他犯罪的，依照处罚较重的规定定罪处罚。"

[虐待罪增加了对象、增加了单位主体]

二十、将刑法第二百六十七条第一款修改为："抢夺公私财物，数额较大的，或者多次抢夺的，处三年以下有期徒刑、拘役或者管制，并处或者单处罚金；数额巨大或者有其他严重情节的，处三年以上十年以下有期徒刑，并处罚金；数额特别巨大或者有其他特别严重情节的，处十年以上有期徒刑或者无期徒刑，并处罚金或者没收财产。”

[抢夺罪增加了多次行为类型、增加了严重情节的构成条件]

二十一、在刑法第二百七十七条中增加一款作为第五款："暴力袭击正在依法执行职务的人民警察的，依照第一款的规定从重处罚。”

[将暴力袭警确定为妨碍公务罪从重处罚]

二十二、将刑法第二百八十条修改为："伪造、变造、买卖或者盗窃、抢夺、毁灭国家机关的公文、证件、印章的，处三年以下有期徒刑、拘役、管制或者剥夺政治权利，并处罚金；情节严重的，处三年以上十年以下有期徒刑，并处罚金。

“伪造公司、企业、事业单位、人民团体的印章的，处三年以下有期徒刑、拘役、管制或者剥夺政治权利，并处罚金。

“伪造、变造、买卖居民身份证、护照、社会保障卡、驾驶证等依法可以用于证明身份的证件的，处三年以下有期徒刑、拘役、管制或者剥夺政治权利，并处罚金；情节严重的，处三年以上七年以下有期徒刑，并处罚金。”

[伪造变造证件印章罪增加了罚金刑、增加了身份证的对象范围和买卖行为及刑档]

二十三、在刑法第二百八十条后增加一条作为第二百八十条之一："在依照国家规定应当提供身份证明的活动中，使用伪造、变造的或者盗用他人的居民身份证、护照、社会保障卡、驾驶证等依法可以用于证明身份的证件，情节严重的，处拘役或者管制，并处或者单处罚金。

“有前款行为，同时构成其他犯罪的，依照处罚较重的规定定罪处罚。”

[新增使用虚假身份证件罪]

二十四、将刑法第二百八十三条修改为:“非法生产、销售专用间谍器材或者窃听、窃照专用器材的,处三年以下有期徒刑、拘役或者管制,并处或者单处罚金;情节严重的,处三年以上七年以下有期徒刑,并处罚金。

“单位犯前款罪的,对单位判处罚金,并对其直接负责的主管人员和其他直接责任人员,依照前款的规定处罚。”

[非法生产销售间谍专用器材罪中增加了对象、增加了刑档、增加了单位主体、增加了罚金刑]

二十五、在刑法第二百八十四条后增加一条,作为第二百八十四条之一:“在法律规定的国家考试中,组织作弊的,处三年以下有期徒刑或者拘役,并处或者单处罚金;情节严重的,处三年以上七年以下有期徒刑,并处罚金。

“为他人实施前款犯罪提供作弊器材或者其他帮助的,依照前款的规定处罚。

“为实施考试作弊行为,向他人非法出售或者提供第一款规定的考试的试题、答案的,依照第一款的规定处罚。

“代替他人或者让他人代替自己参加第一款规定的考试的,处拘役或者管制,并处或者单处罚金。”

[新增组织考试作弊罪、非法出售、提供试题、答案罪、代替考试罪]

二十六、在刑法第二百八十五条中增加一款作为第四款:“单位犯前三款罪的,对单位判处罚金,并对其直接负责的主管人员和其他直接责任人员,依照各该款的规定处罚。”

[非法侵入计算机信息系统罪增加单位主体]

二十七、在刑法第二百八十六条中增加一款作为第四款："单位犯前三款罪的，对单位判处罚金，并对其直接负责的主管人员和其他直接责任人员，依照第一款的规定处罚。"

[增加了单位主体]

二十八、在刑法第二百八十六条后增加一条，作为第二百八十六条之一："网络服务提供者不履行法律、行政法规规定的信息网络安全管理义务，经监管部门责令采取改正措施而拒不改正，有下列情形之一的，处三年以下有期徒刑、拘役或者管制，并处或者单处罚金：

"（一）致使违法信息大量传播的；

"（二）致使用户信息泄露，造成严重后果的；

"（三）致使刑事案件证据灭失，情节严重的；

"（四）有其他严重情节的。

"单位犯前款罪的，对单位判处罚金，并对其直接负责的主管人员和其他直接责任人员，依照前款的规定处罚。

"有前两款行为，同时构成其他犯罪的，依照处罚较重的规定定罪处罚。"

[新增拒不履行信息网络安全管理义务罪]

二十九、在刑法第二百八十七条后增加二条，作为第二百八十七条之一、第二百八十七条之二：

第二百八十七条之一　利用信息网络实施下列行为之一，情节严重的，处三年以下有期徒刑或者拘役，并处或者单处罚金：

（一）设立用于实施诈骗、传授犯罪方法、制作或者销售违禁物品、管制物品等违法犯罪活动的网站、通讯群组的；

（二）发布有关制作或者销售毒品、枪支、淫秽物品等违禁物品、管制物品或者其他违法犯罪信息的；

(三)为实施诈骗等违法犯罪活动发布信息的。

单位犯前款罪的，对单位判处罚金，并对其直接负责的主管人员和其他直接责任人员，依照第一款的规定处罚。

有前两款行为，同时构成其他犯罪的，依照处罚较重的规定定罪处罚。

第二百八十七条之二　明知他人利用信息网络实施犯罪，为其犯罪提供互联网接入、服务器托管、网络存储、通讯传输等技术支持，或者提供广告推广、支付结算等帮助，情节严重的，处三年以下有期徒刑或者拘役，并处或者单处罚金。

单位犯前款罪的，对单位判处罚金，并对其直接负责的主管人员和其他直接责任人员，依照第一款的规定处罚。

有前两款行为，同时构成其他犯罪的，依照处罚较重的规定定罪处罚。

[新增非法利用信息网络罪和帮助信息网络犯罪活动罪]

三十、将刑法第二百八十八条第一款修改为："违反国家规定，擅自设置、使用无线电台(站)，或者擅自使用无线电频率，干扰无线电通讯秩序，情节严重的，处三年以下有期徒刑、拘役或者管制，并处或者单处罚金；情节特别严重的，处三年以上七年以下有期徒刑，并处罚金。"

[扰乱无线电管理秩序罪降低了入罪条件、扩大了入罪范围、增加了刑档]

三十一、将刑法第二百九十条第一款修改为："聚众扰乱社会秩序，情节严重，致使工作、生产、营业和教学、科研、医疗无法进行，造成严重损失的，对首要分子，处三年以上七年以下有期徒刑；对其他积极参加的，处三年以下有期徒刑、拘役、管制或者剥夺政治权利。"

增加二款作为第三款、第四款："多次扰乱国家机关工作秩序，经行政处罚后仍不改正，造成严重后果的，处三年以下有期徒刑、拘役或者管制。

"多次组织、资助他人非法聚集，扰乱社会秩序，情节严重的，依照前款的规定处罚。"

[聚众扰乱国家秩序罪增加对象和多次行为、增加组织资助非法聚集罪]

三十二、在刑法第二百九十一条之一中增加一款作为第二款："编造虚假的险情、疫情、灾情、警情，在信息网络或者其他媒体上传播，或者明知是上述虚假信息，故意在信息网络或者其他媒体上传播，严重扰乱社会秩序的，处三年以下有期徒刑、拘役或者管制；造成严重后果的，处三年以上七年以下有期徒刑。"

[新增编造、故意传播虚假信息罪]

三十三、将刑法第三百条修改为："组织、利用会道门、邪教组织或者利用迷信破坏国家法律、行政法规实施的，处三年以上七年以下有期徒刑，并处罚金；情节特别严重的，处七年以上有期徒刑或者无期徒刑，并处罚金或者没收财产；情节较轻的，处三年以下有期徒刑、拘役、管制或者剥夺政治权利，并处或者单处罚金。

"组织、利用会道门、邪教组织或者利用迷信蒙骗他人，致人重伤、死亡的，依照前款的规定处罚。

"犯第一款罪又有奸淫妇女、诈骗财物等犯罪行为的，依照数罪并罚的规定处罚。"

[组织、利用会道门、邪教组织、利用迷信破坏法律实施罪增加了财产刑、完善了刑档、增加了构成、数罪并罚规定]

三十四、将刑法第三百零二条修改为："盗窃、侮辱、故意毁坏尸体、尸骨、骨灰的，处三年以下有期徒刑、拘役或者管制。”

[盗窃、侮辱尸体罪增加了对象]

三十五、在刑法第三百零七条后增加一条，作为第三百零七条之一：“以捏造的事实提起民事诉讼，妨害司法秩序或者严重侵害他人合法权益的，处三年以下有期徒刑、拘役或者管制，并处或者单处罚金；情节严重的，处三年以上七年以下有期徒刑，并处罚金。

“单位犯前款罪的，对单位判处罚金，并对其直接负责的主管人员和其他直接责任人员，依照前款的规定处罚。

“有第一款行为，非法占有他人财产或者逃避合法债务，又构成其他犯罪的，依照处罚较重的规定定罪从重处罚。

“司法工作人员利用职权，与他人共同实施前三款行为的，从重处罚；同时构成其他犯罪的，依照处罚较重的规定定罪从重处罚。”

[新增虚假诉讼罪]

三十六、在刑法第三百零八条后增加一条，作为第三百零八条之一：“司法工作人员、辩护人、诉讼代理人或者其他诉讼参与人，泄露依法不公开审理的案件中不应当公开的信息，造成信息公开传播或者其他严重后果的，处三年以下有期徒刑、拘役或者管制，并处或者单处罚金。

“有前款行为，泄露国家秘密的，依照本法第三百九十八条的规定定罪处罚。

“公开披露、报道第一款规定的案件信息，情节严重的，依照第一款的规定处罚。

“单位犯前款罪的，对单位判处罚金，并对其直接负责的主管人员和其他直接责任人员，依照第一款的规定处罚”。

[新增泄露不应公开的案件信息罪和披露、报道不应公开的案件信息罪]

三十七、将刑法第三百零九条修改为:“有下列扰乱法庭秩序情形之一的,处三年以下有期徒刑、拘役、管制或者罚金:

“(一)聚众哄闹、冲击法庭的;

“(二)殴打司法工作人员或者诉讼参与人的;

“(三)侮辱、诽谤、威胁司法工作人员或者诉讼参与人,不听法庭制止,严重扰乱法庭秩序的;

“(四)有毁坏法庭设施,抢夺、损毁诉讼文书、证据等扰乱法庭秩序行为,情节严重的。”

[扰乱法庭秩序罪明确和增加了行为类型]

三十八、将刑法第三百一十一条修改为:“明知他人有间谍犯罪或者恐怖主义、极端主义犯罪行为,在司法机关向其调查有关情况、收集有关证据时,拒绝提供,情节严重的,处三年以下有期徒刑、拘役或者管制。”

[拒绝提供间谍证据罪增加了对象]

三十九、将刑法第三百一十三条修改为:“对人民法院的判决、裁定有能力执行而拒不执行,情节严重的,处三年以下有期徒刑、拘役或者罚金;情节特别严重的,处三年以上七年以下有期徒刑,并处罚金。

“单位犯前款罪的,对单位判处罚金,并对其直接负责的主管人员和其他直接责任人员,依照前款的规定处罚。”

[拒不履行判决裁定罪增加了刑档]

四十、将刑法第三百二十二条修改为:“违反国(边)境管理法规,偷越国(边)境,情节严重的,处一年以下有期徒刑、拘役或者管制,并处罚金;为参加恐怖活动组织、接受恐怖活动培训或者实施恐怖活动,偷越国(边)境的,处一年以上三年以下有期徒刑,并处罚金。”

[偷越国边境罪增加了恐怖目的的加重刑档]

四十一、将刑法第三百五十条第一款、第二款修改为:“违反国家规定,非法生产、买卖、运输醋酸酐、乙醚、三氯甲烷或者其他用于制造毒品的原料、配剂,或者携带上述物品进出境,情节较重的,处三年以下有期徒刑、拘役或者管制,并处罚金;情节严重的,处三年以上七年以下有期徒刑,并处罚金;情节特别严重的,处七年以上有期徒刑,并处罚金或者没收财产。

“明知他人制造毒品而为其生产、买卖、运输前款规定的物品的,以制造毒品罪的共犯论处。”

[非法生产、买卖、运输制毒原料罪扩大了构成范围、增加刑档]

四十二、将刑法第三百五十八条修改为:“组织、强迫他人卖淫的,处五年以上十年以下有期徒刑,并处罚金;情节严重的,处十年以上有期徒刑或者无期徒刑,并处罚金或者没收财产。

“组织、强迫未成年人卖淫的,依照前款的规定从重处罚。

“犯前两款罪,并有杀害、伤害、强奸、绑架等犯罪行为的,依照数罪并罚的规定处罚。

“为组织卖淫的人招募、运送人员或者有其他协助组织他人卖淫行为的,处五年以下有期徒刑,并处罚金;情节严重的,处五年以上十年以下有期徒刑,并处罚金。”

[废除了组织强迫卖淫罪的死刑]

四十三、删去刑法第三百六十条第二款。

[删去嫖宿幼女罪]

四十四、将刑法第三百八十三条修改为:“对犯贪污罪的,根据情节轻重,分别依照下列规定处罚:

“(一)贪污数额较大或者有其他较重情节的,处三年以下有期徒刑或者拘役,并处罚金。

“(二)贪污数额巨大或者有其他严重情节的,处三年以上十年以下有期徒刑,并处罚金或者没收财产。

“(三)贪污数额特别巨大或者有其他特别严重情节的,处十年以上有期徒刑或者无期徒刑,并处罚金或者没收财产;数额特别巨大,并使国家和人民利益遭受特别重大损失的,处无期徒刑或者死刑,并处没收财产。

“对多次贪污未经处理的,按照累计贪污数额处罚。

“犯第一款罪,在提起公诉前如实供述自己罪行、真诚悔罪、积极退赃,避免、减少损害结果的发生,有第一项规定情形的,可以从轻、减轻或者免除处罚;有第二项、第三项规定情形的,可以从轻处罚。

“犯第一款罪,有第三项规定情形被判处死刑缓期执行的,人民法院根据犯罪情节等情况可以同时决定在其死刑缓期执行二年期满依法减为无期徒刑后,终身监禁,不得减刑、假释。”

[改变了贪污受贿犯罪的构成条件,提升了定罪数额和量刑数额,允许诉前悔罪、退赃的刑罚奖励的规定]

四十五、将刑法第三百九十条修改为:“对犯行贿罪的,处五年以下有期徒刑或者拘役,并处罚金;因行贿谋取不正当利益,情节严重的,或者使国家利益遭受重大损失的,处五年以上十年以下有期徒刑,并处罚金;情节特别严重的,或者使国家利益遭受特别重大损失的,处十年以上有期徒刑或者无期徒刑,并处罚金或者没收财产。

“行贿人在被追诉前主动交待行贿行为的,可以从轻或者减轻处罚。其中,犯罪较轻的,对侦破重大案件起关键作用的,或者有重大立功表现的,可以减轻或者免除处罚。”

[**增加了罚金刑**]

四十六、在刑法第三百九十条后增加一条,作为第三百九十条之一:"为谋取不正当利益,向国家工作人员的近亲属或者其他与该国家工作人员关系密切的人,或者向离职的国家工作人员或者其近亲属以及其他与其关系密切的人行贿的,处三年以下有期徒刑或者拘役,并处罚金;情节严重的,或者使国家利益遭受重大损失的,处三年以上七年以下有期徒刑,并处罚金;情节特别严重的,或者使国家利益遭受特别重大损失的,处七年以上十年以下有期徒刑,并处罚金。

"单位犯前款罪的,对单位判处罚金,并对其直接负责的主管人员和其他直接责任人员,处三年以下有期徒刑或者拘役,并处罚金。"

[**增加了罚金刑**]

四十七、将刑法第三百九十一条第一款修改为:"为谋取不正当利益,给予国家机关、国有公司、企业、事业单位、人民团体以财物的,或者在经济往来中,违反国家规定,给予各种名义的回扣、手续费的,处三年以下有期徒刑或者拘役,并处罚金。"

[**增加了罚金刑**]

四十八、将刑法第三百九十二条第一款修改为:"向国家工作人员介绍贿赂,情节严重的,处三年以下有期徒刑或者拘役,并处罚金。"

[**增加了罚金刑**]

四十九、将刑法第三百九十三条修改为:"单位为谋取不正当利益而行贿,或者违反国家规定,给予国家工作人员以回扣、手续费,情节严重的,对单位判处罚金,并对其直接负责的主管人员和其他直接责任人员,处五年以下有期徒刑或者拘役,并处罚金。因行贿取得的违法所得归个人所有的,依照本法第三百八十九条、第三百九十条的规定定罪处罚。"

[增加了罚金刑]

五十、将刑法第四百二十六条修改为:“以暴力、威胁方法,阻碍指挥人员或者值班、值勤人员执行职务的,处五年以下有期徒刑或者拘役;情节严重的,处五年以上十年以下有期徒刑;情节特别严重的,处十年以上有期徒刑或者无期徒刑。战时从重处罚。”

[废除阻碍执行军事职务罪死刑]

五十一、将刑法第四百三十三条修改为:“战时造谣惑众,动摇军心的,处三年以下有期徒刑;情节严重的,处三年以上十年以下有期徒刑;情节特别严重的,处十年以上有期徒刑或者无期徒刑。”

[废除战时造谣惑众罪死刑]

五十二、本修正案自2015年11月1日起施行。

中华人民共和国刑法修正案(十)

为了惩治侮辱国歌的犯罪行为,切实维护国歌奏唱、使用的严肃性和国家尊严,在刑法第二百九十九条中增加一款作为第二款,将该条修改为:

“在公共场合,故意以焚烧、毁损、涂划、玷污、践踏等方式侮辱中华人民共和国国旗、国徽的,处三年以下有期徒刑、拘役、管制或者剥夺政治权利。

“在公共场合,故意篡改中华人民共和国国歌歌词、曲谱,以歪曲、贬损方式奏唱国歌,或者以其他方式侮辱国歌,情节严重的,依照前款的规定处罚。”

[新增侮辱国歌罪]

本修正案自公布之日起施行。

后 记

终于,自己的第一本专著要出版了。

记得自己在厦门大学读研究生的时候,导师陈立就嘱咐我,要找一个既有理论深度又有现实意义的方向,平时看见相关的问题就收集,日积月累,集腋成裘,专注于此,方能成就。只是其后的若干年中,仍在读闲散的书,泛舟刑法海洋,蜻蜓点水而足迹斑驳,信马由缰而筑室谋道。

在中国社科院读博期间,信老师在第一次见面的时候就提出,你要找一个可以研究一辈子的领域,通过做博士论文进行积淀,然后不停的积累,最终才可以做好做精。茫然之中,苦苦追求。一日正在图书馆苦熬,在外地出差的信老师打来电话,告诉我,刑法修正案结合刑事政策进行研究是一个目前没有人从事的领域,这么多修正案需要系统性的梳理,需要从不同的视角进行研究,以检视过去指引未来。就此,我选定了博士论文题目,沉心研究。

完成自己第一部专著作为自己学术积淀的新开始,心中充满了感激。作为信老师的学生,内心无比忐忑,信老师对自己的关心、爱护无时不在,只能铭记在心。感谢刘海年老师,读博过程中全过程的组织和辛苦的付出。感谢自己的工作单位给予资助和支持,感谢家人的支持,感谢同学和同门的关心和帮助。

路漫漫其修远兮,默默祝福自己的第一步,记住前行的方向。

2019 年 12 月

图书在版编目(CIP)数据

刑法修正案研究：以刑事政策为视角／吴贵森著. -- 北京：法律出版社，2019
ISBN 978-7-5118-9030-6

Ⅰ. ①刑… Ⅱ. ①吴… Ⅲ. ①刑法-法律解释-中国 Ⅳ. ①D924.05

中国版本图书馆 CIP 数据核字(2019)第 295743 号

刑法修正案研究
——以刑事政策为视角
XINGFA XIUZHENG AN YANJIU
—YI XINGSHI ZHENGCE WEI SHIJIAO

吴贵森 著

策划编辑 张 岩
责任编辑 张 岩
装帧设计 李 瞻

出版 法律出版社
总发行 中国法律图书有限公司
经销 新华书店
印刷 北京虎彩文化传播有限公司
责任校对 郭艳萍
责任印制 张建伟

编辑统筹 独立项目策划部
开本 A5
印张 9.875
字数 225 千
版本 2019 年 12 月第 1 版
印次 2019 年 12 月第 1 次印刷

法律出版社／北京市丰台区莲花池西里 7 号(100073)
网址／www.lawpress.com.cn
投稿邮箱／info@lawpress.com.cn
举报维权邮箱／jbwq@lawpress.com.cn
销售热线／400-660-8393
咨询电话／010-63939796

中国法律图书有限公司／北京市丰台区莲花池西里 7 号(100073)
全国各地中法图分、子公司销售电话：
统一销售客服／400-660-8393/6393
第一法律书店／010-83938432/8433
西安分公司／029-85330678
重庆分公司／023-67453036
上海分公司／021-62071639/1636
深圳分公司／0755-83072995

书号：ISBN 978-7-5118-9030-6
定价：58.00 元